普通高等学校体育专业教材

体育经济学

白宇飞 主编

中国教育出版传媒集团
高等教育出版社·北京

内容提要

本书为普通高等学校体育专业教材，内容注重基础理论体系构建，强调与市场需求接轨，顺应当前体育产业高质量发展趋势。本教材共12章，主要内容包括导论、体育消费、体育生产、体育产品市场、体育劳动力市场、体育资本市场、体育产业、群众体育、职业体育、赛事经济、体育对外贸易、数字体育。

本教材可作为普通高等学校体育教育专业、体育经济与管理专业的专业必修课教材，也可作为社会体育指导与管理、休闲体育、体育旅游等专业的专业选修课教材，还可作为应用经济学和工商管理类专业的公共选修课教材，对从事体育经济活动或研究的人员也具有较强的参考价值。

图书在版编目（CIP）数据

体育经济学 / 白宇飞主编. -- 北京：高等教育出版社，2024.6
　　ISBN 978-7-04-061842-6

Ⅰ.①体… Ⅱ.①白… Ⅲ.①体育经济学-高等学校-教材 Ⅳ.①G80-05

中国国家版本馆CIP数据核字(2024)第047884号

体育经济学
Tiyu Jingjixue

策划编辑	范　峰	责任编辑	廖倩雯　李　淼	封面设计	姜　磊	版式设计	马　云
责任绘图	裴一丹	责任校对	王　雨	责任印制	赵义民		

出版发行	高等教育出版社	网　　址	http://www.hep.edu.cn
社　　址	北京市西城区德外大街4号		http://www.hep.com.cn
邮政编码	100120	网上订购	http://www.hepmall.com.cn
印　　刷	山东润声印务有限公司		http://www.hepmall.com
开　　本	787mm×960mm　1/16		http://www.hepmall.cn
印　　张	19.5		
字　　数	300千字	版　　次	2024年6月第1版
购书热线	010-58581118	印　　次	2024年6月第1次印刷
咨询电话	400-810-0598	定　　价	39.90元

本书如有缺页、倒页、脱页等质量问题，请到所购图书销售部门联系调换
版权所有　侵权必究
物料号　61842-00

编委会

主　编：

白宇飞

副主编：

范松梅　王德显　冯　珺　宋赫民

编　委：

边　际　陈　刚　陈　建　陈莉娜　程文广　高晓波
关　权　关　伟　靳厚忠　靳　星　李　锐　李树旺
骆　明　王　飞　王裕雄　王兆红　邢尊明　武晓楠
杨　涛　杨铁黎　杨　越　余守文　郑志强　张　宾
张　虹　周正卿

前　言

体育经济学是伴随着经济社会发展和体育经济趋向繁荣而逐渐产生的一门交叉学科,是体育学与经济学的有机融合,主要运用经济学的基础理论和研究方法,分析体育问题、阐释体育现象、促进体育发展。

"十三五"时期,我国经济实力、科技实力、综合国力和人民生活水平跃上新的台阶,全面建成小康社会取得伟大历史性成就,中华民族伟大复兴向前迈出了新的一大步。在此期间,体育经济愈加得到广泛关注,体育消费逐渐成为拉动内需的新抓手和促进经济发展的新亮点,体育产业在国民经济中占比持续上升。"十四五"时期是我国全面建设社会主义现代化国家、向第二个百年奋斗目标进军的第一个五年,也是推动体育经济大发展、奋力实现体育现代化的开局阶段。《中华人民共和国国民经济和社会发展第十四个五年规划和2035年远景目标纲要》明确提出,到2035年建成体育强国。党的二十大报告进一步强调"促进群众体育和竞技体育全面发展,加快建设体育强国"。建设体育强国离不开体育经济的高度繁荣,而后者的实现对体育专业人才的培养质量提出了更高要求。基于此,适应时代要求的体育经济学教材出版迫在眉睫。

为了能够编写一部紧扣时代脉搏、紧跟时代节奏、凸显时代特点的中国特色体育经济学教材,本教材编写团队先后召开了数十场大中型研讨会，组织了超过30所高校和20家体育企业参与研讨、修改，历经七轮完善后最终定稿。

本教材坚持以习近平新时代中国特色社会主义思想为指导，深入贯彻党的二十大精神，抓住建设体育强国和推动体育产业成为国民经济支柱性产业的关键阶段，坚持紧密联系中国实际并有鉴别地吸收西方经济学和国际体育经济领域最新研究成果。本教材主要特色如下：

理论与实践相融合。本教材高度重视理论知识体系的完整性和国内外案例的丰富性，使学生通过教材的学习能够培养起良好的经济学思维方式，可以正确认知体育经济领域的各类现象，熟练掌握解决体育产业发展过程中出现的不同问题的有效工具和方法。本教材运用微观经济学原理聚焦体育消费、体育生产、体育资本市场等进行系统阐释，又围绕体育产业、赛事经济、数字体育等热点问题进行实践应用分析，强调理论与实践相融合。

呈现方式立体化。本教材采取全新的"1+N"立体化呈现模式，即基于一本纸质教材，建设教学课件、配套习题集、案例及微视频，同时定期发布相关课程资讯和教研成果，全方位、多维度提升学生的学习效果和任课教师的教学效果。

本教材由北京体育大学白宇飞教授担任主编，范松梅、王德显、冯珺、宋赫民担任副主编。李鸿昕参与了执笔，曹希烨、高京豪、考秋实、廉方池、林静茹、刘文静、林郁箐、兰怡清、隋馥如、陶雨阳、王炳旭、王健舒、王晔媛、王卓霖、徐雯、许哲豪、游龙飞、杨松、周光远、邹美、赵倩、左文、张岩松、赵子桐、赵镇基、张张小荷参与了资料收集与梳理，陈柏君参与了统稿工作。

值《体育经济学》出版之际，由衷感谢所有参与教材编写和为教材建设提供过宝贵建议的学者、同仁，特别感谢教材出版过程中给予大力支持的高等教育出版社范峰、马庆宝、廖倩雯、李淼以及北京体育大学的各位同仁。

由于本教材内容的复杂性和作者知识的局限性，难免存在遗漏、观点片面甚至错误之处，希望同行专家和诸位读者不吝赐教，以期在未来修订再版时能够更加完善。

白宇飞

2023年10月

目 录

第一章　导论 / 1

第一节　体育与经济的关系 / 2

第二节　体育经济学的产生与发展 / 11

第三节　体育经济学的研究对象和研究方法 / 23

第二章　体育消费 / 31

第一节　体育消费的概念与类型 / 32

第二节　体育消费者的偏好和效用 / 35

第三节　体育消费者的最优选择 / 43

第四节　影响体育消费的主要因素 / 46

第三章　体育生产 / 51

第一节　体育企业 / 52

第二节　生产函数 / 57

第三节　生产成本 / 68

第四节　最优化生产 / 78

第四章　体育产品市场 / 85

第一节　体育产品市场概述 / 86

第二节　垄断竞争的体育产品市场 / 88

第三节　寡头垄断的体育产品市场 / 95

第五章　体育劳动力市场 / 101

第一节　体育市场的劳动力要素和失业 / 102

第二节　体育从业者的劳动报酬 / 108

第三节　体育市场中的企业家精神 / 115

第六章　体育资本市场 / 121

第一节　体育投融资 / 122

第二节　体育赞助 / 128

第三节　体育彩票 / 136

第七章　体育产业 / 147

第一节　体育产业概述 / 148

第二节　体育产业的分类 / 154

第三节　体育产业结构 / 157

第八章　群众体育 / 165

第一节　体育决策与消费 / 166

第二节　体育教育与培训 / 172

第三节　体育休闲旅游 / 180

第九章　职业体育 / 187

第一节　职业体育概述 / 188

第二节　职业体育俱乐部 / 191

第三节　体育经纪人 / 200

第十章 赛事经济 / 207

第一节 赛事经济概述 / 208

第二节 奥运经济 / 215

第三节 世界杯经济 / 232

第十一章 体育对外贸易 / 241

第一节 体育用品对外贸易 / 242

第二节 体育资本的"引进来"和"走出去" / 249

第十二章 数字体育 / 257

第一节 数字经济与数字体育概述 / 258

第二节 数字体育应用实践 / 268

第三节 数字体育运动项目——电子竞技 / 272

第四节 我国数字体育未来发展趋势 / 290

第一章 导论

本章导语

体育经济学是体育学和经济学有机融合的一门新兴交叉学科。体育经济学的发展不但可以促进实现体育"增强人民体质"的目标,更能指导体育产业早日成长为国民经济支柱性产业。首先,本章介绍了体育与经济的关系,论证了经济是体育发展的基础、体育是促进经济发展的动力、经济发展促进体育经济的产生。其次,本章回顾了体育经济学产生的时代背景,论述了体育经济学的学科属性,总结了国内外体育经济学领域的教研进展。最后,本章指明了体育经济学的研究任务,总结了学习体育经济学的意义。

学习目标

◆ 了解体育和经济的辩证关系、体育经济学的产生过程、学习体育经济学的意义。

◆ 理解国外体育经济学的产生和发展概况、体育经济学的研究对象和研究任务。

◆ 掌握我国体育经济学的发展概况、体育经济学的理论基础、体育经济学的学科属性、体育经济学的研究方法。

第一节 体育与经济的关系

随着我国社会主义市场经济体制逐步建立和完善，体育产业得到了快速发展。进入新时代，体育发展迈入新阶段，体育领域各类资源投入不断增加，体育包含的内容不断丰富，体育发展的质量和效益不断提升，体育对于实现人民对美好生活向往的能力不断增强。尤其是国务院办公厅印发的《体育强国建设纲要》，进一步指明了体育在全面建设社会主义现代化国家新征程中的重要作用，描绘了体育强国建设的路线图，并明确到2035年体育产业成为国民经济支柱性产业的战略目标。与我国社会主义市场经济建设同步，体育产业作为前景广阔的朝阳产业，其发展面临的各类市场与体制机制问题亟待进一步研究和解决。系统总结我国体育产业中各类经济主体的发展经验，正确认识体育产业发展、经济增长与社会发展之间的良性互动关系，在遵循马克思主义经济学基本原理的基础上，完善和发展中国特色体育经济学，是构建新时代现代化经济体系的重要内容，是培育新时代体育事业管理者和接班人的重要基础，是指导我国体育事业更好、更快、更稳发展的理论指引。

一、经济是体育发展的基础

（一）经济为体育发展提供资金和物质基础

体育的发展速度和水平受国民经济发展的规模、速度和水平制约，是由社会生产力发展水平决定的。没有社会生产力的发展，没有经济为体育提供资金和物质基础，体育发展就是空谈。历史上，欧洲之所以能够成为现代体育的主要发源地，主要就在于其发达的经济和强大的资金投入。自中华人民共和国成立以来，党和政府十分重视体育工作，把"发展体育运动，增强人民体质"作为一项重要任务来抓。70多年来，我国体育运动随着经济快速发展，取得了巨大成就。从新中国成立初期的初立基业，到冲出亚洲、走向世界。特别是党的十一届三中全会以来，随着改革开放不断深入，我国经济飞速发展，更推动体育发展，硕果累累：体育场地数量迅速增长，竞技水平显著提升，国际大赛摘金夺银，世界纪录屡被刷新，从2008年夏季奥运会到2022年冬季奥运会，北京成为全球首个"双奥之城"。我国体育所取得的成就正是我国政治稳定、经济强盛、社会进步、文化繁荣、团结和谐的生动体现，是改革开放40多年伟大发展成果的典型展示。因此，经济是体育发展的基础。

（二）经济发展水平决定体育运动发展特点

社会经济发展的阶段和生产力发展水平，决定了体育发展的特点。在经济发展和科技进步的快速推动下，体育发展呈现以下特点：

第一，体育的社会地位越来越高。为了突出体育的社会地位，20世纪60年代以来，不少国家制定或完善了体育立法。如日本1961年制定了第一部体育法律《体育振兴法》，法国1982年对早前颁布的《国家发展体育运动法》进行修改补充，美国1978年第95届国会通过了《业余体育法》，并于1998年将该法案修订为《奥林匹克与业余体育法》。通过法律的形式巩固体育的社会地位，也推动体育逐渐成为发达国家国民经济的支柱产业。我国1995年颁布了《中华人民共和国体育法》并几经修订，最新修订版于2023年1月1日起施行。

第二，体育社会化程度越来越高。生产的社会化、现代化促进了体育的社会化、现代化。体育社会化主要表现在：体育逐步深入社会生活的各个领域、体育人口不断扩大、社会体育水平日渐提高、体育组织稳步增加、大众体育意识普遍提高等方面。

第三，体育国际化程度越来越高。随着生产力的发展、科学技术的进步，经济的联系已远远超出了国家的范围，跨国经营、全球营销已成为当代世界经济发展的主流。经济全球化对体育发展的影响突出表现为体育资源的全球化、体育赛事的国际化、体育活动的联动化和体育管理的一体化。

第四，体育中的科技含量越来越高。现代奥林匹克运动会，不仅是体育健儿的竞技场，更是参赛国科技的角斗场。从人类体能"极限"的突破、训练方法的改进到各种新型体育器材的问世，一场科技界的奥运会也同样如火如荼地展开。除了竞技体育中的高科技，大数据、云计算、物联网、人工智能等技术也已进入大众体育消费生活。

（三）经济发展制约体育发展的规模和水平

国家衰则体育弱，国家盛则体育强。这是社会生产力发展水平制约体育水平的生动写照。自有奥运会以来，经济制约体育水平的问题，从奥运金牌的国家分布中就可见一斑。其背后的逻辑不难理解：影响竞技体育水平的因素包括文化教育水平、人口数量、国民身体素质、体育运动训练以及科研水平等，而经济发展水平和经济实力是一切因素的基础。纵观奥运会主办国不难发现，截至目前，奥运会的主办国基本都是发达国家或部分经济发展水平较高的发展中国家。根据国际奥委会的规定，申办奥运会，除了具备安定的社会环境和本身是体育大国，还必须具备一定的经济实力。举办奥运会，从场馆建设到基础设施改善，从安保服务到人员接待，需要投入的资金动辄几十亿美元，甚至过百亿美元，如2012年伦敦奥运会、2014年索契冬奥会、2020年东京奥运会的支出均超过100亿美元。

知识链接

★ 顾拜旦和其"奥林匹克"观

皮埃尔·德·顾拜旦（Le baron Pierre De Coubertin，1863—1937年）是法国著名教育家、国际体育活动家、现代奥林匹克运动的发起人。1896年至1925年，任国际奥林匹克委员会主席，并设计了奥运会会徽、奥运会会旗。由于他对奥林匹克不朽的功绩，被誉为"奥林匹克之父"。

1863年1月1日，皮埃尔·德·顾拜旦诞生于法国巴黎贵族家庭，幼时被送进军校。入学后，他非常喜爱拳击、划船、击剑和骑马等运动，同时特别敬佩博学多才的修辞学老师卡龙神甫，因此缘故，对文史课程有浓厚的兴趣，并饶有兴味地涉猎了古希腊的灿烂文化。在古希腊文化的熏陶和当时英国资产阶级教育的影响下，顾拜旦逐渐萌发了改革法国教育制度和倡导体育运动的思想。

大学毕业后，顾拜旦没有按父母的规划进入军界、法律界，毅然选择了从事教育和体育的道路，并陆续发表了《1870年后的法国史》《教育制度的改革》《运动的指导原理》《运动心理之理想》《英国与希腊回忆记》《英国教育学》等一系列论著，提出了不少改革教育和发展体育的建议，引起法国人民的注意，并产生了一定的国际影响。

1912年，为捍卫奥林匹克精神的纯洁性，顾拜旦在斯德哥尔摩奥运会期间，发表了他的名作《体育颂》，热情地讴歌了体育，抒发了他的奥林匹克理想，并由此荣获了该届奥运会文学艺术比赛的金质奖章。1913年，顾拜旦精心地为国际奥委会设计了会旗，即一面中间由蓝、黑、红、黄、绿五个彩色圆环相套接而成的白色无边旗。它象征着五大洲的团结，以及全世界运动员以公正、坦率的比赛和友好的精神在奥林匹克运动会上相见。他还倡议燃放奥林匹克火焰、设立奥林匹克杯等。在确定奥林匹克运动会口号的问题上，顾拜旦最初觉得应以"团结、友好、和平"来指导比赛。后来，他的朋友狄东神甫提出了"更快、更高、更强"的口号，得到顾拜旦的赞赏，认为它体现了人类永远向上、不断进取的伟大精神，便倡议以此作为国际奥林匹克运动会的口号。

从1896年至1925年，顾拜旦一直担任国际奥委会主席，负责该组织的领导工作。在其任职期间，国际奥委会成员由14个发展到40个。同时，在他的支持下，先后成立了20多个国际专项运动联合会。

不过，需要指出的是，受制于当时的社会生产力和经济发展水平，顾拜旦的"奥林匹克"还不是我们现在看到的样貌：没有商业赞助，没有女性参加，尤其是没有职业运动员参加。直到萨马兰奇上任和改革，才有了如今的奥林匹克。1924年，顾拜旦因年事已高，主动提出辞去国际奥委会主席职务，后被聘为国际奥委会终身名誉主席。

经济发展还决定着一国的科技实力，尤其是进入21世纪之后，资本和科技成为影响竞技水平的关键因素。竞技体育中的科技含量越来越高。在奥运会比赛中，选手成绩的提高不仅凝结着教练员、运动员的心血和努力，新的科学技术知识、新的检测手段以及生物学、生物力学、遗传学、运动医学、信息技术等学科的发展和现代科学的运用，也对运动竞赛成绩提高发挥了显著的作用，而现代科学的进步显然离不开人力、物力、财力的大量投入。

二、体育是促进经济发展的动力

经济发展水平决定体育的发展特点，体育则是促进经济发展的强劲动力，具体表现为促进经济增长的各种能力，即体育在社会生产的各个环节，包括生产、分配、交换、消费等过程中所起的作用。在促进人的全面发展的伟大事业中，体育也发挥着重要作用。因此，研究体育的经济价值和经济功能时，一方面应牢记体育产品的生产要满足人的需要，实现人的自由、全面发展；另一方面，要充分发挥体育的经济功能，不断发挥其提高社会生产力、促进经济增长的作用。

（一）体育可以促进劳动力再生产

体育对劳动力生产和再生产的作用，主要表现在体育是发展和保护劳动力、提高劳动力质量、提高劳动力身体素质的重要因素。所谓劳动力是指人们征服自然、改造自然的能力。劳动力素质包括身体素质、文化技术素质、思想道德素质。劳动者身体素质的提高，一靠物质条件增强身体营养；二靠体育锻炼。在社会平均物质条件下，体育锻炼是提升身体素质的有效途径，进而为人们提升文化知识水平、思想道德素质铸造健康体魄。因为身体素质好，才可以有更多的时间、充沛的体力和精力从事学习和研究。居里夫人常说："科学的基础是健康的身体。"启蒙思想家卢梭也说过："如果不活动，我几乎不能思维。因此必须使我的身体处于动态，我的思想才能开始活动。"在以毛泽东为代表的中国共产党人的"人才观"中，体育始终占据重要位置，这就决定了体育在我国劳动力培养和成长过程中的地位和作用。体育对于劳动力的生产和再生产具有四大重要作用，即体育具有"培养""增强""保护""延长"劳动力的作用。

（1）体育可以培养劳动力。新时代的教育，以立德树人为根本任务，要培养"德、智、体、美、劳"全面发展的社会主义建设者和接班人。体育教育在实现这一目标过程中具有不可替代的作用。科学的体育活动是儿童青少年拥有健康的体魄、旺盛的精力、健美的体态、反应灵敏的身体素质的根本保证。参加体育训练、体育活动、体育比赛，还可以培养儿童青少年的坚强意志、拼搏精神、集体主义观念和爱国主义热情。

（2）体育可以增强劳动力。体育可以提升劳动者身体素质，经常参加体育锻炼，可以不断改善人体各器官、系统的功能，增强肌肉收缩力量，使劳动者的身体更加强壮有力，能承担各种繁重、艰苦的工作；可以不断提高劳动者大脑的反应速度和能力，促进劳动者智力的开发；可以不断提高呼吸系统的功能；可以促进神经系统的发育，提高神经系统的灵敏性。增强劳动力,提升劳动者身体素质,体育是最佳途径。

(3)体育可以保护劳动力。所谓保护劳动力,是指体育服务产品消费和体育锻炼在维持劳动力正常发挥过程中的作用。经常观赏体育表演和参加体育锻炼,能够不断改善人体机能的状况,减少疾病发病率,保证劳动者的机体正常运转。同时,积极参加体育锻炼可以使劳动者保持身体强壮、精力充沛、肢体灵敏、动作协调,在劳动操作过程中减少生产事故和伤亡事故。此外,对于现代社会的某些疾病,如冠心病、高血压、糖尿病、肥胖症、肺气肿、内脏下垂、四肢损伤、颈椎病、肩周炎、严重的脊髓损伤等,体育疗法的效果也是其他方法所不能代替的。

(4)体育可以延长劳动力。所谓延长劳动力,就是指适度的体育活动可以延长劳动者寿命。随着年龄的增长,人的机体会不可避免地走向衰老,各器官、系统的功能趋于减弱。坚持合理、科学的体育锻炼,可以延缓机体衰老的过程,不但可以预防多种老年疾病,还可以延长劳动者寿命。在我国劳动力缺口扩大和人口老龄化形势严峻的当下,"延长劳动力"的功能尤其重要。

知识链接

★ 毛泽东"谈体育"

青年时代的毛泽东深刻地意识到,只有"文明其精神,野蛮其体魄"方能刚毅有为。1917年,毛泽东在《新青年》上发表《体育之研究》一文,明确指出:"国力苶弱,武风不振,民族之体质日趋轻细。此甚可忧之现象也。"他认为体育的作用在于能"强筋骨""增知识""调感情""强意志"。他指出,"善其身无过于体育。体育于吾人实占第一之位置,体强壮而后学问道德之进修勇而收效远""体育一道,配德育与智育,而德智皆寄于体,无体是无德智也"。

1952年6月,毛泽东为中华全国体育总会成立大会题词:"发展体育运动,增强人民体质",深刻揭示了体育的地位、作用和目的。这12个光辉大字,科学地阐释了体育运动与增强体质的内在联系,同时又明确指出了社会主义体育必须为人民服务的社会属性,由此确定了新中国体育的根本目的和任务。1953年6月,毛泽东在接见中国新民主主义青年团第二次全国代表大会主席团时,充满热情和希望地说:"我给青年们讲几句话:一、祝贺他们身体好；二、祝贺他们学习好；三、祝贺他们工作好。"所谓"三好学生"即来源于此。

以习近平同志为核心的党中央，继承了毛泽东等老一辈无产阶级革命家的强国理念，先后明确提出了建设"健康中国""体育强国"的伟大目标，多次强调发展体育事业，促进体教融合，充分肯定了体育在增强人民体质、促进经济发展、促进国家强盛和民族复兴中的巨大作用。

（二）体育可以促进经济增长

从"发展才是硬道理"到"高质量发展是新时代的硬道理"，发展特别是经济发展问题始终是党和国家关注的头等大事，而经济发展的重要衡量指标则是经济增长。随着我国体育产业的快速崛起，体育为经济增长赋能直观表现为促进就业，降低失业率。其就业增加效应一方面是指增加本部门的就业岗位，另一方面是增加与体育有关的工业和服务业部门的就业岗位。在总供给函数中，就业的增加意味着总供给的增加，即经济增长。

根据体育在经济增长过程中作用的路径不同，其对经济增长的推动方式主要可分为如下三类：① 渗透式。体育是全面提高劳动者素质的重要手段，而劳动力是经济增长函数中最活跃的要素。体育在发挥培养、增强、保护、延长劳动力等功能过程中，可以通过提高劳动者的出勤率和劳动效率、培养劳动者的团队凝聚力和企业家精神等途径渗透到国民经济各部门生产函数中，从而促进整个国民经济的增长。② 相关式。相关式是指与体育产品的生产、交换、消费相关的其他经济关系，借助体育可以得到相应的经济增长。因为体育的存在与发展，尤其是举办国内外大型体育赛事，能够极大地增加对各类运动产品的需求，从而促进运动器材、运动服装、运动鞋、运动饮料食品、餐饮旅游等产业的发展。③ 依托或联姻式。依托或联姻式是指依托在体育领域中与体育联姻合办的其他行业，如体办产业、体办商业、体办旅游、体育饮食服务业等。这些既是体育发展的必要条件，又是体育发展对经济增长的作用体现。此外，体育的发展还有提高企业知名度、扩大产品销售渠道等作用，这也是联姻的形式之一。

知识链接

★ 体育赛事举办与经济增长

体育赛事具有显著的经济促进效应,尤其是奥运经济。在奥运前的基础设施建设、奥运举办过程中的观赛和旅游、奥运后的遗产等方面,奥运促进经济发展既有渗透式,也有相关式,还体现了依托式,成为促进经济发展的重要途径。例如,1964年的东京奥运会有力推动了日本经济的繁荣,并被称为"奥林匹克景气"。因举办2000年悉尼奥运会,仅旅游业一项就为澳大利亚带去超过42亿美元的收入。2004年雅典奥运会期间,希腊共接待了入境游客50万人次,而在接下来的两年,希腊的入境旅游人数也分别增长了5.60%和8.44%。

欧洲杯不仅仅是足球盛事,更是商业运营的典范,还是欧洲经济复苏的助推力。在商业世界里,足球不仅仅是一项体育运动,它串起了一整条产业链,从赛事的运营到商业赞助,从比赛的转播到衍生品的开发、生产与销售,还有占一定比例的票务,在这条产业链上每个环节都蕴含着商机。2008年欧洲杯的总收视人次达到了80亿,总收入为13.51亿欧元。虽然受美国经济危机和欧债危机双重影响,2012年欧洲杯仍然获得了总计13.91亿欧元的收益,球场的上座率高达98%。2016年的欧洲杯则获得19.16亿欧元的总收入,为法国带来了11.34亿欧元的收入,还提供了总计超过5.4万个工作岗位,并且使数以百计的法国企业受到其带来的红利影响。

三、经济发展促进体育经济产生

第一次工业革命发端于英国,体育经济的形成也源自英国。一方面,借助第一次工业革命成果,人类创造了丰富的物质财富。工业革命后,人类发展的一大趋势是人口从农村流向城市,人类的城市化进程不断加速。对生活在城市中的居民来说,精神和身体的放松成为一种生理需求,在紧张的工作节奏中放松身心,呼唤新的娱乐身心的方式和途径。体育运动既能降低精神压力,又能促进身体健康,遂成为一种必然需求和最佳选择。另一方面,英国具有深厚的体育文化底蕴和促进体育发展的沃土,体育文化和体育活动极为兴盛,英国人对体育活动如足球、高尔夫、橄榄球、拳击等非常推崇,创立了大量的体育俱乐部和多种多样的户外运动项目。体育经济发展的沃土（供给侧）和体育独特的性质满足了当时的社会需求（需求侧），体育经济应运而生。体育经济的发展蕴含着丰富的元素，不断进步的生产技术、大量投入的资本、优秀的人力资源、灵活的制度等，成为体育经济创新发展的基石。

随着英国经济贸易的对外扩展，体育经济也迅速向欧美国家传播。早在18世纪中期，作为英国的殖民地，美国就受到英国体育经济的影响。到18世纪末期，美国沿海城市出现了以赛马、斗鸡为娱乐内容的民间体育项目。赛马俱乐部通过向观众出售门票的方式增加俱乐部的营收，开创了体育经济的先例。19世纪，随着职业体育在美国的兴起，美国诞生了第一家体育用品公司，即泰勒公司。第二次工业革命为美国经济发展提供了强大动力，并逐渐形成了排球、棒球等团队参与式运动项目的俱乐部。不同于英国的业余俱乐部，美国以棒球为先行者的联盟制翻开了体育经济发展的新篇章。

第二次世界大战后，亚洲地区的稳定和发展为体育经济的兴起创造了良好的物质基础。战后的日本经济迅速恢复，带动了日本体育的发展。日本早在1961年就颁布了《体育振兴法》，又在1989年和2000年分别制定了《关于面向21世纪的体育振兴策略》《体育振兴基本计划》。系列法规政策的出台，促进了日本体育的快速发展，助推了日本体育经济的增长。1964年的东京奥运会，更创造了著名的"奥林匹克景气"，彰显经济发展和体育经济发展的良性互动。作为"亚洲四小龙"之一的韩国，也是随着经济实力的增强，先后成功举办了1986年汉城亚运会、1988年汉城奥运会和2018年平昌冬奥会，并与日本携手实现了2002年韩日世界杯的亚洲落户，为体育经济研究提供了更加丰富的素材。同样，从国际一流的大型体育场馆相继落成到世界顶尖赛事的密集举办，再到安踏、李宁等跻身全球第一梯队的民族体育企业的不断涌现，以及近年来一轮接一轮的全民体育消费热潮，无不是得益于改革开放以来所取得的举世瞩目成就，正是因为有了经济底气，才有了体育经济在我国的落地生根和趋向繁荣。

当前，体育经济发展成就已成为衡量一国综合国力的关键指标。习近平总书记指出："体育是促进经济社会发展的重要动力""体育强则中国强，国运兴则体育兴"。在全面建设社会主义现代化国家新征程，向第二个百年奋斗目标进军路上，需要把体育放在"五位一体"总体布局和"四个全面"战略布局中去推进，特别是通过促进我国体育经济的不断繁荣，加快建设体育强国。

第二节　体育经济学的产生与发展

一、体育经济学的产生背景

体育经济学是现代社会体育运动发展及体育与经济相结合的产物。随着社会进步，人们对体育运动的需要和体育运动自身的发展为体育经济学的产生提供了主观条件；经济学理论体系的成熟和体育市场机制的完善，为体育经济学的产生提供了客观条件。主客观条件共同作用，促进了体育经济学的诞生，具体表现在以下四个方面：

第一，体育和经济的密切联系需要体育经济学提供理论支撑。随着经济的发展和体育事业规模的扩大，体育与经济的联系越来越密切。一方面，体育越来越明显地依赖于经济，受经济发展水平的制约。无论举办大型运动竞赛还是培养优秀运动员及后备力量，都需要巨大的财力支持，必须思考如何筹集充足的资金。体育部门还通过提供有偿体育服务及多种经营增加收入，扩大体育经费来源。另一方面，体育对经济增长的影响作用也在增强，表现为：体育作为一个产业部门自身会创造产值，体育运动促进社会生产力提高可以间接创造产值，体育事业的发展可以刺激和促进与体育有关产业的发展。体育与经济在上述两个方面联系的加强，促使体育部门与社会经济生活密切联系，这就有了研究体育经济学的必要。

第二，体育产业化和体育消费需要体育经济学提供理论解释。随着社会经济的发展和消费水平的提高，人们对体育的需求不断增长，体育逐渐从军事、文化、娱乐、保健等活动中分化出来，成为一种独立的社会活动。为了适应这种需要，在社会分工中出现了体育这个行业，且其日益成为国民经济中具有特殊职能的一个产业部门，拥有相当可观的投入与产出，并不断增强对国民经济的影响。为了维持体育部门的正常运转，国家和社会对体育部门投入的人、财、物越来越多。体育作为一个产业部门，同样存在生产、交换、分配、消费等经济问题，也存在人与人之间的经济关系，还存在合理组织并有效使用人、财、物的效益问题，这些问题均需要从理论与实践的结合上进行研究。

第三，体育市场建设和完善为体育经济学产生提供了丰富素材。早在20世纪90年代，我国就明确了体育"六化六转变"的改革思路与发展方向。随着以市场经济为目标的经济体制改革和体育部门改革的深化，体育部门的许多产品和服务以商品形式进入流通领域，社会主义体育市场逐渐形成，体育领域出现了和其他经济领域一样的多种所有制和多种经营方式。体育部门改革和发展的新形势不仅要求体育部门组织机构的管理者遵循体育运动的规律，还要求其探索在体育领域如何运用经济规律来组织、推动体育事业的发展。经济改革、体育改革的深化，不仅使我国体育事业稳定发展、蒸蒸日上，而且增强了体育工作者的经济意识、效益观念和价值观念，且将其渗透到体育管理和运行过程中的环节，成为体育部门决策者考虑体育事业发展的一个依据，也成为体育部门及各体育机构管理人员经常思考和讨论的热门话题。体育工作者的这些思考研究，为体育经济学的建立提供了条件。

知识链接

⭐ 体育工作的"六化六转变"

1995年8月，时任国家体委主任的伍绍祖在北京体育大学宣讲《体育法》时指出，有了《体育法》后，过去体育工作的"五化五转变"应该再加上"一化一转变"，这就是体育要法制化，体育工作要从"人治"向"法治"转变。另外的"五化五转变"是：体育要生活化，费用要从福利型向消费型转变；体育要普遍化，体育活动要由一家办向大家办转变；体育要科学化，干部素质要从经验型向科学型转变；体育要社会化，体育活动组织形式要从行政型向社会型转化；体育要产业化，体育场馆和有关体育设施要从事业型向经营型转变。

资料来源：摘自《体育之春》，1995年第11期。

第四，体育领域面临的经济问题是体育经济学产生的直接动力。首先是资金问题。如果说需要是体育发展的发动机，资金投入就是体育发展的主燃料。世界各国体育发展的实践表明，财政支出相对于体育产业发展的需要是杯水车薪，体育产业的发展必须具备多元化渠道下源源不断的资金支持。如何筹集资金、资金的来源如何确定、资金的使用监督等，这些理论和实际问题都需要进行研究与探讨。其次是效益问题。市场经济条件下，一切资本的流动以效益为核心。如何提高体育投资的效益，花较少的钱办更多的事；体育事业还具有公共产品的特性，体育投资如何兼顾社会效益和经济效益，这些都是实践迫切需要回答的问题。最后是体育与市场的关系。在社会主义公有制下，如何协调运动员在俱乐部的流动和为国效力，如何正确处理竞技体育和群众体育的发展关系，如何充分发挥好举国体制和市场机制的作用，如何认识体育市场的特点、规律等，都是市场经济条件下体育改革与发展必须回答的问题，而要回答这些问题就不能不研究体育经济学。

二、体育经济学的学科属性

体育经济学从诞生之时就面临着一个重要问题，即学科属性。如果体育经济学包含内容过多、过杂，就容易造成学术研究的泛化，使体育经济学丧失它的学科属性；反之，则不利于学科的繁荣发展。所以，如何界定体育经济学的学科属性就成了首要问题。只有确立了科学、合理的学科属性，才能使该学科的研究方向和研究内容具有充足的理论依据。

（一）体育经济学的学科属性

体育经济学强调运用经济学的理论和工具分析解决体育领域相关问题，是典型的经济学和体育学有机融合的交叉学科，兼具经济学和体育学的学科特点，具体表现在：第一，体育经济学聚焦研究体育产业和体育经济发展过程中产生的问题，具有鲜明的体育性；第二，体育经济学研究和解决问题的思维方式和工具手段来自经济学，指导性原理源自马克思主义政治经济学，具有明确的经济分析范式；第三，确立体育经济学为经济学和体育学有机融合的学科，符合我国体育经济发展的实践，更加有利于推动实现我国体育强国建设的目标和2035年实现体育产业成为国民经济支柱性产业的规划。

（二）体育经济学的理论溯源

万物皆有源，作为一门新兴专业学科，体育经济学的萌芽和发展必然包含在人类知识和文化的不断积累和进步之中。作为经济学和体育学有机融合的交叉学科，体育经济学中的许多理论都已经蕴含在人类文化的发展历程中。体育经济学可以追溯至古希腊哲学这一源头。对体育经济学的历史溯源，不但可以清楚认识古代哲学家对体育经济学的看法，更可以启迪读者，站在巨人的肩上，深化理论学习，促进理论创新，为体育经济学的进一步发展打下坚实基础。

1. 古希腊哲学中的体育经济思想

古希腊的哲学家中，与体育经济思想有关的包括色诺芬、柏拉图和亚里士多德。色诺芬尤其重视体育锻炼对国家、经济、社会和个人的积极作用；柏拉图的经济思想则对整个经济学包括对当今体育经济学的形成具有重要意义；亚里士多德包含健康理念的幸福观对后世有深远影响。这一时期出现的古代奥林匹克活动，其运动、组织、思想等体系都成为今天体育运动乃至体育经济思想的源泉。

（1）色诺芬的体育观。色诺芬（Xenophon，约公元前430—前354年）在经济方面的观点主要包括他的财富观（财富即有用的事物）、社会分工论（没有人是万事通，社会需要分工）、供求价格论及财政职能观。色诺芬非常重视农业，并指出农业是"百业之母"，从事农业生产劳动可以获得健康的身体，与体育在劳动力生产中的作用异曲同工，这可以称为现代体育经济功能的萌芽思想理论。

（2）柏拉图经济思想对体育经济的影响。柏拉图（Plato，公元前427—前347年）出身于雅典贵族家庭，与色诺芬同为思想家苏格拉底的学生。其经济思想主要反映在《理想国》(*The Republic*)和《法律论》(*The Laws*)两本著作中。柏拉图主要从市场发育与社会分工、货币与利息和理想国三个方面来阐述他的经济观点。柏拉图认为，引起社会分工的首要原因是人生而具有的天然禀性，禀性不同的人从事不同的工作（分工），可以使物品生产得更丰富、更方便和有更好的质量。正是社会分工，促进了体育及相关职业的产生和经济社会的发展。例如，在柏拉图的理想国中，武士不从事任何经济活动，而是严格训练，担负着守土抗敌、保家卫国的重责，体现了所谓"体育的社会（国家）需求"。

（3）亚里士多德的"幸福观"。亚里士多德（Aristotle，公元前384—前322年）为希腊雅典人，是柏拉图的学生、亚历山大大帝的老师。亚里士多德对经济现象的论述主要体现在《政治学》和《伦理学》中。在其众多经济思想中，亚里士多德坚持的"人类活动的目的是幸福，而幸福的意义之一是健康"观点，是当前体育经济思想的重要起源。亚里士多德认为，健康指的是机体良好且能应对各种环境：机体良好，生理自然健康；能应对各种环境，其心理、社会层面的健康也就不言而喻。《"健康中国2030"规划纲要》指出，健康是促进人的全面发展的必然要求，是经济社会发展的基础条件。体育则是促进健康的重要抓手。由此可知，2 000多年前亚里士多德的健康观对现代社会具有深远影响。

2. 古希腊经济学中的体育经济思想

古典经济学是现代经济学的开端，为经济学的后续发展打下了厚重的基础，无论现代西方经济学还是马克思主义经济学，都从古典经济学中汲取了丰富的营养。体育经济学，必然也可以从古典经济学中找到其思想的启迪。

大卫·休谟（David Hume，1711—1776年），古典经济学时期重要的哲学家、经济学家，他在哲学上以提出人性论和不可知论而闻名。他指出，在人的自然性情中"自私"是最主要的一种，并认为人们总要追求三种福利：一是我们内心的满意；二是我们身体外表的优点；三是对我们凭勤劳和幸运而获得的所有物的享用。前两点对我们今天理解体育价值功能有很大的帮助，而第三点，不仅反映了当时新兴资产阶级的呼声和要求，具有推动时代进步的意义，而且其中已经蕴含了在日后得到充分论证的关于体育经济学研究的部分重要内容，如体育产品的特性以及人们进行体育消费的效用满足。

让·巴蒂斯特·萨伊（J. B. Say，1767—1832年），因为提出"供给创造其需求"而成为西方供给学派的鼻祖。萨伊的"无形产品"论影响着我们对体育产品的认知："有这样一种价值，它必定是实在的价值，因为人们非常珍惜它，愿以贵重和经久的产品交换它，但它自己却没有永久性，一生产出来，便立即归于消灭。我把它叫作无形产品。"据此，医生、音乐家、演员、律师、法官以及公务人员等，都被他列入生产无形产品的行列，同理，运动员、教练员等工作也属于无形产品。例如，体育服务产品的非实物性、产品同生产行为不能分离（产品的非贮存性）、生产和消费的时空一致性等，大多不难在萨伊关于无形产品的论述中找到历史依据和经济学理论基础。

托尔斯坦·本德·凡勃伦（Thorstein Bunde Veblen，1857—1929年），美国经济学家，制度学派的创始人和主要代表人物。《有闲阶级论》是凡勃伦的代表作，也是制度经济学的奠基之作。该书在社会学和经济学领域都占有重要位置，对于体育经济学也有着不容忽视的影响。他阐明了习惯、文化、制度如何塑造人类行为，以及人类行为的变化怎样影响经济。这些观点和思想对于今天体育经济学中体育消费行为、类型、动机以及社会、经济、文化等影响因素的研究，甚至包括体育消费对整个社会经济的影响等方面都具有重要的历史价值和借鉴意义。

3. 当代经济学中的体育经济思想

提及当代经济学，萨缪尔森就是一座丰碑，永远无法绕开。当代经济学中对体育经济产生重要影响的概念之一是"公共产品"。按照萨缪尔森对公共产品的严格定义，纯粹的公共产品具有两个重要特征：非竞争性和非排他性，公共产品意在满足公共需求。在体育领域中，常见的公共产品有体育事业的国家支出、城市范围内的马拉松比赛、卫星体育电视节目、社区范围内的公共体育设施等。公共产品诞生之后，就有了对体育产品的区分，有的体育产品可以通过市场机制获得有效供给，而有的却无法或者不能完全提供有效的市场供给，比如全民健身场所、大众体育活动等，这些不能由私营部门通过私人市场提供的体育产品，则需要财政学中有关公共产品，甚至公共支出等理论的支持。

案例

★ 一位获得诺贝尔经济学奖的体育高手

1939年2月14日，尤金·法玛（Eugene F. Fama）出生于美国马萨诸塞州波士顿，幼年时代的法玛在长跑、美式足球和棒球等方面都有过人之处。高中阶段的法玛还曾改变规则，他说"我是足球中散锋位置的发明者"。因在篮球、棒球和美式足球领域取得不俗成绩，他还进入了学校的体育名人堂。连他自己也没想到将来会成为一位经济学家。法玛17岁进入塔夫茨大学学习法语，当时的打算是大学毕业后做一个高中教师或者体育教练。两年后，法玛与高中时代的恋人佐里安·迪美喜结连理。过了一年，他们的第一个孩子降生，迫于生计，法玛开始重新规划职业。

随后，法玛走上了经济学的道路。20世纪50年代的塔夫茨大学汇聚了一批从哈佛毕业的优秀教师。法玛在那里遇到了酷爱高尔夫球的哈里·恩斯特（Harry Ernst）教授，恩斯特对股票市场价格模式非常感兴趣，当时正在定期做股票市场预测的研究。对体育的共同热爱，使恩斯特决定雇法玛作为基金的研究助理，主要工作是研究营利性交易策略。1960年修业期满不久，法玛来到芝加哥大学。在这里，法玛遇到了哈里·罗伯茨——一位优秀的统计学家，他对经验研究的哲学意义有独到见解，被法玛称作其"一生中事业上的北极星"。

1965年，法玛的博士论文成果分别发表在《商业杂志》和《金融分析家杂志》上，与萨缪尔森等人一同开启了有效市场理论的研究。此后提出的有效市场假说成为法玛对经济学最主要的贡献。其对有效市场的定义是：如果在一个证券市场中，价格完全反映了所有可以获得的信息，那么就称这样的市场为有效市场。凭借对金融行业的超高贡献与理论总结，法玛一直享誉市场，且于2013年与罗伯特·席勒一同获得了诺贝尔经济学奖。尽管有诺贝尔经济学奖光环加持，法玛还常戏称，自己是一个被经济学耽误的体育高手。

当代经济学中的一个重要领域是"博弈论"。博弈论诞生于第二次世界大战早期的大西洋海战。冯·诺伊曼与摩根斯坦1944年合作出版的《博弈论与经济行为》，标志着博弈论的诞生。美国数学家、经济学家纳什（John Nash），美籍匈牙利经济学家海萨尼（John C. Harsanyi）和德国经济学家泽尔腾（R. Selten）因对博弈论的卓越贡献而获得1994年诺贝尔经济学奖。

博弈论中有许多经典案例，如囚徒困境、智猪博弈、斗鸡博弈、性别大战，在现实中应用较为广泛。实际上，许多体育现象也蕴含着丰富的博弈论思想，如反兴奋剂过程中的政府博弈、体育彩票发行过程中与福利彩票的博弈，以及体育场馆建设中的演化博弈等。

（三）体育经济学的理论基础

研究体育经济学需要多方面的知识，包括借鉴和吸收西方经济学中的有益成分。但中国的体育经济学必须坚持马克思主义经济学理论基础，通过研究和总结社会主义社会中体育领域的经济活动和经济规律，建立社会主义体育经济学。"社会主义"一词表明我们要建立的体育经济学是社会主义性质的，其阶级性非常鲜明，体育经济学是为社会主义服务的，是为无产阶级和劳动人民服务的，必然以马克思主义经济学为理论基础，体育经济学的基本理论问题及实践问题，都可以在马克思主义经济学的指导下获得正确的解决。离开马克思主义经济学，体育经济学的研究就会迷失方向，体育领域的经济问题就无法得到解释，社会主义体育经济学也就无从建立。具体而言，研究体育经济学所依据的马克思主义经济学原理主要有以下五种。

1. 社会再生产理论

马克思主义经济学认为，物质资料的再生产是人类社会存在和发展的基础。"不管生产过程的社会形式怎样，它必须是连续不断的，或者说，必须周而复始地经过同样一些阶段。一个社会不能停止消费，同样，它也不能停止生产。因此，每一个社会生产过程，从经常联系和它不断更新来看，同时也就是再生产过程。"[①] 社会再生产不仅是物质资料的再生产，也是劳动力和生产关系的再生产。在社会再生产过程中，体育不但是提高劳动者素质、实现劳动力再生产的手段，而且贯穿于社会再生产的各个环节，是参与社会再生产的重要元素。

2. 生产劳动理论

马克思在《剩余价值理论》一书中就已把劳动产品分为实物产品和服

---

① 中共中央马克思，恩格斯，列宁，斯大林著作编译局译. 马克思恩格斯全集（第23卷）[M]. 北京：人民出版社，1972：621.

务产品。马克思认为服务这种非实物形式、"运动形式"的使用价值是"服务形式上存在的消费品",与"物品形式上存在的消费品"一道,构成社会消费品。相应地,马克思把劳动过程区分为非生产劳动与生产劳动,据此,由社会主义体育部门的工作人员提供的体育服务,就不但具备使用价值,还具备交换价值,体育部门工作人员的劳动也是生产劳动。

3. 社会生产目的和实质理论

马克思主义经济学认为,社会生产的目的和实质不是由个人或某些人的主观意志来决定的,而是由社会经济条件,首先是由生产资料所有制决定的。体育部门无论作为从属于社会生产的一种服务事业还是作为第三产业的一部分,它的目的与该社会物质生产的目的是一致的。在以公有制为基础的社会主义社会里,体育部门的根本目的不是获取利润,而是为满足人民日益增长的美好生活需要,实现人的全面发展服务。

4. 社会主义商品经济、市场经济理论

党的十二届三中全会《中共中央关于经济体制改革的决定》确认:我国社会主义经济是公有制基础上的有计划的商品经济。党的十四大进一步明确规定,我国经济体制改革的目标是建立社会主义市场经济体制。党的二十大指出:充分发挥市场在资源配置中的决定性作用,更好发挥政府作用。在社会主义市场经济的大环境下,我国体育部门不能远离市场、排斥市场,而是要善用市场的手段,通过各类资源的优化配置,提升我国体育产业的效率和效益。

5. 社会主义物质利益原则理论

马克思主义经济学关于物质利益原则的理论认为,在社会主义社会里,人们的物质利益关系集中表现为国家、集体、个人三者之间的利益关系。这种利益关系是在社会主义公有制基础上形成的,三者的根本利益是一致的。人民的利益是社会主义体育事业的终极目的,是国家利益和集体利益的基础和归宿;国家的利益和需要又代表着劳动者的长远利益。不过,国家、集体、个人又存在着具体的利益矛盾。正确处理这三方面的关系,兼顾三者的利益,使之正确结合,这是社会主义现代化建设的需要,也是体育事业发展的需要。贯彻物质利益原则体现在分配制度上,必须实行以按劳分配为主的分配原则,又要体现体育部门的特点,这是研究体育部门工

作者工资待遇、奖金福利等问题的理论依据。

最后，研究体育经济学，还必须注意马克思主义经济学的新发展，注意吸收经济学及有关学科研究的新成果，贯彻习近平新时代中国特色社会主义思想，博采西方经济学、西方管理学等学科方面的新知识和新观念，丰富体育经济学的知识体系，使体育经济学随着时代的发展不断前进。

三、体育经济学的教研进展

（一）国外体育经济学的教研进展

体育经济学的发展历史不长，公认的第一篇体育经济学文献是罗滕贝格（Rottenberg）于1956年发表在 Journal of Political Economy 上的研究职业棒球劳动力市场的论文。学术界对体育经济学的理解有两种：一是指利用体育产业领域的经验证据验证和发展经济学假说。例如，2017年诺贝尔经济学奖获得者塞勒（Thaler）利用美国职业橄榄球大联盟（NFL）选秀中的经验证据，论证了关于心理决策的几个重要假设；利希特尔（Lichter）等通过研究空气污染程度对职业足球比赛中球员技术表现的影响，检验空气污染对个体生产率的影响。二是指利用经济学理论、范式和方法来解释体育事业和产业中的现象和问题。一般所说的体育经济学，更偏向于第二种含义。本书认为，体育经济学是经济学与体育学的有机融合，是运用经济学的基本理论和研究方法阐释体育现象、分析体育问题、促进体育发展的一门新兴交叉学科。

体育经济学的快速发展始于20世纪70年代。苏联体育运动委员会和全苏体育科学研究所于1975年在莫斯科召开了第一届全苏体育运动经济问题科学会议，并讨论了为体育学院制定的"体育经济学"教学大纲。1976年，苏联体育与运动出版社出版了由库兹马克和奥辛采夫合著的《体育与运动的社会经济问题》一书。该书比较系统地论述了与体育运动有关的经济问题。

美国和欧洲一些国家的体育消费和体育产业在这一时期实现爆发式增长。1999年，国际体育经济学会（IASE）在法国正式成立，西方国家的体育经济学随之快速发展。以美国为例，Butterworth-Heinemann、Random

House、Pearson Prentice Hall、Fitness Information Technology 等知名出版社均出版了体育经济学相关教材。李明、苏珊·霍华斯、丹·马宏尼主编的《体育经济学》（*Economics of Sports*，Li M，Hofrace S，Mahony D，2001）为体育运动的商业性分析提供了新的经济思维方式。它是第一本以体育产业为经济分析主题的著作，且利用了不同的经济学理论（宏观经济学、微观经济学、产业经济学、劳动经济学和国际经济学）分析了美国四大职业联赛，还对大学联赛、休闲体育、体育用品业和未来体育产业发展等作了宏观的经济分析，有利于读者了解美国体育产业快速发展的真正原因。

由李明、苏珊·霍华斯、丹·马宏尼编著，叶公鼎主译的《体育经济学》和迈克尔·利兹等著、杨玉明等译的《体育经济学》，是21世纪之初就被引入我国并被普遍接受的体育经济学教材。两本译著在我国比较流行。两者均以北美，特别是美国为蓝本展开对体育经济问题的分析。迈克尔·利兹的《体育经济学》概括了核心经济学课本的主要关注点和研究方向，并向读者提供了丰富多样的应用和案例。

（二）我国体育经济学的教研进展

1. 我国体育经济学的创立

我国对体育经济学的研究始于20世纪80年代。党的十一届三中全会后，随着经济体制改革不断深化，体育部门也在进行市场化改革，改革过程中出现了大量经济相关问题，需要正确解答。因此，我国高等体育院校理论工作者和体育部门的实践工作者率先开始研究我国体育部门改革中出现的各种经济问题。1984年，在福建省泉州市召开的全国体育哲学社会科学论文报告会上，专家学者交流了20多篇有关体育经济学的学术论文，并首次提出了创建我国体育经济学学科的倡议。1988年，四川教育出版社公开出版了由张岩、张尚权、曹缔训教授编著的《体育经济学》一书。这是我国第一本以"体育经济学"命名的教材，标志着体育经济学作为一门独立的学科在我国正式创立。

2. 我国体育经济学研究进展

在我国体育部门和相关体育院校的共同推动下，经过近40年的发展，体育经济学研究已取得了可喜的进展，主要表现在以下三个方面：

第一，体育经济学的学科体系已初步建立。1992年发布的由国家科委和国家技术监督局制定的《中华人民共和国国家标准学科分类与代码》已将体育经济学列为体育科学所属的12个子学科之一。在2003年《国家社会科学基金项目申报数据代码表》中，则可以找到体育经济学的学科分类代码。这些均表明体育经济学作为独立的学科已经得到国家权威部门的确认。

第二，出现了一大批体育经济学研究成果。截至2023年年底，以北京大学图书馆和北京体育大学图书馆为基础，检索到我国体育经济学教材（含再版）近30种。通过中国知网数据库查询结果表明：以体育经济为主题的文献逾7 000篇，体育经济文献数据库初步形成。

第三，体育经济学已进入相关院校的培养方案。20世纪80年代末，体育经济学开始以必修课程或选修课程的形式列入我国高等院校的教学计划。目前，我国有许多体育类、师范类、财经类高等院校的体育经济与管理、体育市场营销、社会体育指导与管理、休闲体育、体育旅游等本科专业或相关研究生专业的人才培养方案中均包含"体育经济学"课程，体育经济学已成为体育专业人才培养体系的有机组成部分。

综上所述，尽管我国对体育经济学的研究起步较晚，但发展较快。随着我国社会主义市场经济体制逐步完善、综合国力显著提高、体育产业政策红利不断释放、人民收入和生活水平不断提升、人民健康意识不断增强，我国体育产业从中央支持到统计核算更加科学化，从竞技体育成绩提升到群众运动普及推广、从产业发展到理论总结等都取得了长足进步，为体育经济学发展提供了肥沃土壤。

3. 我国体育经济学教材建设概览

1988年，成都体育学院张岩教授等编写了国内第一部体育经济学教材，以体育经济教学内容作为体育教材的萌芽，拉开了出版中国体育经济学教材的序幕。自2001年以来，国内出版的体育经济学教材日渐丰富，其相关内容也体现了时代变化和要求，内容编排也更加系统；中国加入世界贸易组织后进一步开放了市场，加强了对外经贸往来，使得体育经济学学科建设及教材的编写更加国际化。北京体育大学的靳英华、宁波大学的丛湖平、上海体育大学的钟天朗、首都体育学院的骆秉全等学者相继出版了有关体育经济学的教材20余部。

党的十八大以来，中国特色社会主义进入了新时代，现代化经济体系构建、实现高质量发展、落实新发展理念等对新时代体育经济学教材编写提出了更高要求。2021年4月，习近平总书记在清华大学考察时指出：我国社会主义教育就是要培养德智体美劳全面发展的社会主义建设者和接班人。从《体育产业发展"十三五"规划》到《体育强国建设纲要》，从"带动三亿人参与冰雪运动"到"体育是提高人民健康水平的重要途径，是满足人民群众对美好生活向往、促进人的全面发展的重要手段，是促进经济社会发展的重要动力，是展示国家文化软实力的重要平台"，体育发展的时代背景更加明确、历史重任更加突出，体育育人的目标更加具体、教材需求更加急迫。教材是铸魂育人、固本培元的关键支撑和重要载体，因此，新时代的体育经济学教材，要立足中华民族伟大复兴战略全局和世界百年未有之大变局，始终坚持以习近平新时代中国特色社会主义思想为指导，紧跟时代步伐，为我国体育专业人才培养、体育强国建设和体育产业高质量发展贡献力量。

第三节 体育经济学的研究对象和研究方法

一、体育经济学的研究对象与研究任务

一门学科的研究对象关系到其发展方向、基本内容和学科性质，确定研究对象对一门学科有重要意义。体育经济学的研究对象就是体育与经济的关系、体育领域的经济现象，以及经济活动的本质、特点和规律。具体来说，包括体育与经济的关系和体育领域的经济活动两个方面。体育与经济的关系是由社会物质生产过程中占统治地位的经济关系决定的，离开社会经济这个大环境，离开经济对体育的制约关系，就不能理解体育领域经济现象和经济活动的本质，不能揭示体育领域经济活动的特点和规律。同样，离开对体育领域经济现象和经济活动的分析，就不可能全面、深入地把握体育与经济的关系，不能深刻理解经济对体育的制约，也不能充分认识体育在经济发展中的作用。明确了体育经济学的研究对象，就可以进一

步明确体育经济学的研究任务，包括：

第一，研究体育与经济的关系。体育经济学在研究体育与经济的关系时，既要研究经济对体育的制约、决定作用，体育如何适应经济的发展，更应着重研究体育对经济增长的促进作用，研究体育的经济功能和社会经济价值。体育的经济功能和体育的经济价值，既有联系又有区别。体育的经济功能是指体育运动在经济增长中的作用和对国民经济的影响，这是体育运动固有的本质功能所派生出的一种社会功能。体育的经济价值则反映了体育与人这一社会主体的关系，反映了体育在经济方面给社会主体——人带来的好处。离开了体育的经济功能当然谈不上体育的经济价值。揭示体育的经济功能，充分认识体育在经济增长中的作用，才能摆正体育在国民经济中的地位。

第二，揭示体育经济的本质和规律。体育事业的发展既有和其他经济事业相同的共性，也有其个性。体育经济学既要研究体育部门与其他部门经济活动过程的共性，又要研究体育部门经济活动的特殊性。体育领域的经济活动和经济关系也是有规律的。体育经济学研究体育领域的经济活动，就是要揭示体育领域经济现象的本质、特点和经济规律的作用及表现。其涉及的经济规律大体上有两类：一类是在整个国民经济中起作用的经济规律，如社会主义基本经济规律、供求规律、价值规律、按劳分配规律等。另一类是在体育领域起作用的特殊规律，它们反映体育领域经济现象的内在联系、本质特点和发展趋势。这一类规律过去尚未被探讨过，随着体育领域内经济活动日益频繁，人们可以透过大量的体育经济现象去揭示隐藏在其后面的经济规律。

第三，探索提升体育经济效益的途径。研究体育领域的经济现象、经济活动，揭示体育领域经济规律的目的，就是要提高体育部门的经济效益和社会效益。经济学研究资源优化配置，体育经济学则要研究如何以较小的资源投入，获得更多满足人民群众对美好生活向往的产品和服务。只有深入探索体育领域的经济规律并合理运用，正确处理体育领域的各种经济关系，改进体育事业的管理，完善制度供给，优化人、财、物配置，才能有效地提高体育部门的经济效益和社会效益，进而促进体育事业和体育产业更好地发展。

第四，探讨体育相关部门改革之路。随着我国经济体制改革的不断深化，我国体育部门的改革也在不断深化。体育部门的改革究竟应该朝什么方向发展与推进，应该通过什么方法、什么途径，制定什么政策与措施来进一步推进我国体育部门的改革实践并降低改革的成本，这一切均需要我们从理论上进行探讨并指导改革实践。

二、体育经济学的研究方法

体育经济学属于社会科学性质的学科，是经济学和体育学的交叉学科，必须以马克思主义经济学为基础，坚持马克思主义哲学的指导。因此，辩证唯物主义与历史唯物主义是研究体育经济学的基本方法。研究体育经济学除运用社会科学的一般研究方法外，应注意以下四种结合。

第一，规范分析和实证分析相结合。

规范分析所要解决的是"应该是什么"的问题，从理论分析的角度通过逻辑推理，得到研究结论，作为制定或修改经济政策的依据。采用规范分析主要是从给定的前提中逻辑推演出结论，把注意力集中在"应该怎样"上，带有一定的主观色彩。例如，研究在社会主义市场经济条件下体育与经济的关系"应该怎样"。这种严格基于理论的逻辑推演的研究方法当然是必要的，但也是不够的。学术界更普遍的研究方法是实证分析。实证分析要求首先弄清现在的实际状况"是什么"，对客观存在的事实及其内在的联系如实地加以描述和说明。没有这种描述和说明，不弄清实际状况"是什么"，对客观存在的实际事实和关系就没有清晰的概念，就难以进行深入的分析和思考。马克思曾指出："只有抛开互相矛盾的教条，而去观察构成这些教条的隐蔽背景的各种互相矛盾的事实和实际的对抗，才能把政治经济学变成一种实证科学。"[①] 这段话对体育经济学的研究也是完全适用的。因此，体育经济学的研究要重视运用实证分析，将规范分析和实证分析更好地结合起来。

第二，定性分析与定量分析相结合。

任何经济现象都有质和量两个方面，都是质和量的统一。因此，在体

[①] 中共中央马克思，恩格斯，列宁，斯大林著作编译局译. 马克思　恩格斯《资本论》书信集[M]. 北京：人民出版社，1976：285.

育经济学的研究中既要研究经济现象的质，进行定性分析，又要研究事物的量，进行定量分析。定性分析是定量分析的前提，没有正确的定性分析，定量分析就会迷失方向；定量分析为定性分析提供材料和依据，使定性分析更加准确，深化对事物性质的认识。定量分析就是要用数学方法研究数量关系、数量变化，以分析事物的发展趋势和规律性。"一种科学只有在成功地运用数学时，才算达到了真正完善的地步。"[①] 实证方法的运用必然要求加强对量的分析，需要更多地运用偏重数量统计的归纳方法。经济学的规律很多是统计规律，很大程度上表现为数量关系的变动。体育经济学的正确结论应当是对经济现象数量关系的准确概括。因此，应当学会并广泛运用数量分析的方法，把定性分析与定量分析很好地结合起来。

第三，宏观分析与微观分析相结合。

对体育运动中经济问题的分析，根据研究范围可分为两个层次，即宏观分析和微观分析。宏观分析就是从全社会，或从体育事业的总体来分析体育经济问题。例如，从总体上研究体育与经济的关系，体育在国民经济中的地位和作用，国民经济对体育发展的制约，社会主义市场经济条件下体育运行机制的特点。微观分析是以某一个或某一类体育机构，如体育场馆、体校、体育企业为单位，或以家庭、个人为单位，分析体育运动中的经济问题，如个人和家庭对体育需求的变化，体校、体育场馆、运动队、体育俱乐部的投入与产出，经费的来源、管理、分配与使用等。宏观分析与微观分析的对象是一致的，只是两者研究的范围与角度有所不同。把宏观分析与微观分析结合起来才能深入把握体育运动中经济活动的规律性。

第四，经济分析方法与体育分析方法相结合。

体育经济学的研究对象是体育领域的经济活动、经济关系，这里既有体育现象又有经济现象，两者是相互联系、相互交叉的。研究对象的这一特点决定了体育经济学是一门"两栖"的"跨学科"的学科。因此，在研究方法上既要采用经济学的研究方法，又要采用体育学的研究方法，要学会在体育经济学的研究中把这两种方法结合起来。与此同时，还应当吸收社会学等社会科学的一般研究方法，逐渐形成一整套体育经济学研究方法

---

① 保尔·拉法格. 回忆马克思恩格斯 [M]. 北京：人民出版社，1973：7.

体系。

三、学习体育经济学的意义

随着社会主义现代化事业的推进,体育事业日益发展,用于体育事业的经济资源逐渐增多,体育事业面临许多迫切需要研究的经济问题。体育经济学正是社会主义现代化建设和体育事业实践需要的产物,研究体育经济学是现代体育运动发展的需要,对我国体育事业的发展和深化体育改革有重要意义。

第一,可以认识体育在国民经济中的地位和作用。

体育不但有健身、教育、娱乐的功能,可以满足人们身体的、精神的、交往的需要,还可以直接或间接地促进经济的增长。体育促进经济增长的作用是现代体育派生出的一种重要功能。研究体育经济学,充分揭示体育对国民经济的影响和促进经济增长的作用,有助于正确认识体育在国民经济中的地位,改变那种认为体育部门是没有产出的纯消费事业的观念,纠正轻视体育和体育工作的思想。

第二,可以掌握经济规律在体育工作中的运用,有助于体育工作的宏观决策。

体育事业的发展目标和发展战略,体育经费的来源、管理、分配和使用,体育经费在国民收入和国家财政支出中的比例,体育投资的效益等,都属于体育事业宏观管理上需要正确处理的问题。要处理好这些问题,正确作出宏观决策,不但要依体育规律办事,也要依经济规律办事。研究体育经济学,揭示体育领域的经济规律,结合我国体育运动的实际情况和所处的经济环境,制定体育事业的有关经济政策,科学处理体育工作宏观决策上的重大问题,可以防止体育工作的盲目性、随意性,加快体育事业发展。

第三,可以使体育部门工作人员增强经济观念,重视经济问题。

体育事业与教育、文化、卫生等事业一样,具有公共产品的特性,应该首先考虑其社会效益,但同时也讲求经济效益,要努力提高投入与产出之比,向社会提供质量更好、数量更多的体育服务。只有不断提高体育部门的经济效益,才能更好地发挥体育投资的社会效益。研究体育经济学有助于克服那种不算经济账、不讲效益、不计消耗、不注意节约的思想，牢固树立产业意识、市场意识、经营意识，增强经济观念、效益观念，使体育部门工作人员在业务工作中注重经济分析，改善经营管理，厉行节约，反对浪费，提高人、财、物的使用效率，以等量的投入获得更大的产出。

第四，可以繁荣我国经济科学和体育科学。

研究体育经济学还有其理论上的意义。改革开放40多年来，我国经济科学空前繁荣，新的分支学科不断出现。在经济科学与其他科学接壤的边缘地带，一些新学科如教育经济学、卫生经济学、数字经济学等先后问世。有几亿人口参加活动，每年投入大量人力、物力和财力的体育事业，其经济问题的研究也不能踟蹰前行。从体育科学来看，在体育科学与有关的社会科学、人文科学相交叉的边缘地带的研究正在加强，运用哲学、社会学、历史学、管理学、法学、美学等理论和知识研究体育领域问题已成为一股潮流，体育史学、体育社会学、体育管理学、体育哲学等新学科已经破土而出。体育经济学的创立和发展，不但可以为我国体育经管人才的培养提供有力的教材保障，还将进一步彰显学科融合的巨大优势，拓宽经济学和体育学的研究领域，进一步繁荣体育领域和经济领域的研究创新成果。

复习思考题

一、名词解释

1. 规范分析
2. 定量分析
3. 公共产品
4. 体育经济学

二、问答题

1. 试述体育和国民经济的关系。
2. 简要回答体育经济学产生的时代背景。
3. 简述西方经济思想中蕴含的体育经济思想。
4. 简述体育经济学的理论基础。

5. 简要回答体育经济学的研究对象和研究任务。
6. 谈谈学习体育经济学的意义。

延伸阅读

[1] 马克思. 资本论(马克思诞辰200周年纪念版)[M]. 北京：人民出版社, 2018.

[2] 江小涓. 体育消费 发展趋势与政策导向[M]. 北京：中信出版社, 2019.

[3] BACKHOUSE R E. Founder of Modern Economics: Paul A. Samuelson[M]. New York: Oxford University Press, 2017.

[4] [美] 冯·诺伊曼, [美] 摩根斯坦. 博弈论与经济行为(60周年纪念版)[M]. 王建华, 顾玮琳, 译. 北京：北京大学出版社, 2018.

第二章 体育消费

✺ 本章导语

随着我国经济社会的持续发展,人们对体育消费的需求不断增加,体育消费正在成为新的经济增长点。本章基于微观经济学中有关消费者偏好、效用、无差异曲线、消费者均衡等理论,首先对体育消费的概念与类型进行了介绍,明确了体育消费是企业生产消费的一个组成部分,更是广大人民群众生活消费的一个重要方面。继而以生活型体育消费为重点,阐释了体育消费者的偏好和效用,说明了体育消费者的无差异曲线、边际替代率、需求曲线的性质及预算约束,从而推导出体育消费者的最优选择。最后,本章介绍了一些共性的体育消费影响因素,分为宏观因素和微观因素两大类,宏观因素包括经济发展水平、文化因素、社会体育资源配置等因素,微观因素包括消费者的收入水平、受教育程度、闲暇时间、性格与兴趣爱好、体育消费动机等。

📔 学习目标

- ◆ 理解体育消费的概念和分类。
- ◆ 理解体育消费者的偏好与效用。
- ◆ 理解体育消费的主要影响因素。
- ◆ 掌握体育消费者最优选择的推导方法。

第一节 体育消费的概念与类型

消费是人类社会经济活动的重要行为和过程。广义的消费包括生产消费和生活消费两个方面。其中生产消费是指生产者使用和消耗各种生产要素、进行物质资料和劳务生产的行为和过程；生活消费是指人们消耗生活资料或接受服务以满足生活需要的行为和过程。体育消费是企业生产消费的一个组成部分，更是广大人民群众生活消费的一个重要方面。

一、体育消费的概念

体育消费是人民群众为满足多样化的体育需求，采用不同的方式消耗体育物质产品和服务产品的过程，是人民群众在物质生活条件满足基本需要的前提下所引发的为适应更高层次的需要、满足对美好生活的向往、促进人的全面发展所作出的一种选择。

体育消费分为狭义和广义两方面。狭义的体育消费是指直接性体育消费，即在直接参与体育活动中对体育物质产品和服务产品的消费，如健身休闲消费、竞赛观赏消费、体育用品消费等。广义的体育消费不仅包含直接性体育消费，还包括间接性体育消费。例如，参加体育活动需要外出，交通费、住宿费以及购买食品饮料的费用支出等属于间接性体育消费。

知识链接

★ 体育消费结构变化的一般规律

19世纪，德国统计学家恩格尔根据统计资料，对消费结构的变化进行研究后得出一个规律：一个家庭的收入越少，家庭收入（或总支出）中用来购买食物的支出所占的比例就越大；随着家庭收入的增加，家庭收入（或总支出）中用来购买食物的支出份额则会下降。恩格斯从物质资料角度提出了社会人的需要层次，即生存需要、享受需要和发展需要。马斯洛从心理学角度提出了需要层次论，即生理需要、安全需要、归属和爱的需要（社交需要）、尊重需要和自我实现需要。这些研究发现为居民消费结构的变动规律提供了有力解释，也为体育消费模型的产生和发展提供了理论支持。在温饱阶段，人们的体育消费支出很少，以体育物质产品消费为主（如购买体育服饰、鞋帽等）；在由温饱向小康过渡阶段，人们的体育消费支出逐渐增加，体育物质产品的消费仍是主体，但已经有了少量的体育服务产品的消费（如购买球赛门票）；进入小康阶段，人们的体育物质产品消费明显升级（如购买各种体育健身器材），同时体育服务产品消费显著扩大（如购买健身俱乐部的会员卡）；到了富裕阶段，人们的体育消费则主要集中在体育服务产品。

二、体育消费的类型

（一）按体育消费者分类

1. 个人体育消费

个人体育消费是指以不同的个体或家庭为单位而形成的体育消费，如人们参加各种付费健身活动、观赏运动竞赛，以及购买运动器材、运动服装等的货币支出。个人体育消费行为主要由个人可支配收入的情况决定，但社会性因素也是影响个人体育消费行为的重要方面。

2. 企业体育消费

企业体育消费是指以企业为单位而形成的体育消费，如企业为员工购买体育用品、体育赛事门票等的货币支出。企业通过向体育组织、体育活动提供赞助以扩大自身影响力的行为，也属于广义上的企业体育消费。

3. 社会公共体育消费

社会公共体育消费是指为满足社会的集体需求而统筹安排的体育消费。从增强体质、提高国民素质、弘扬民族精神等价值来看，体育是一项社会公益事业，势必涉及社会公共消费支出，如由政府提供学校、社区、公园、体育中心、体育场馆等社会体育公共产品等。

（二）按购买目的分类

1. 生活型体育消费

生活型体育消费是指人们消耗体育物质产品和服务产品是为了满足自身发展的需要。

2. 生产型体育消费

生产型体育消费是指企业将体育物质产品和服务产品作为其再生产的投入品，目的在于获取更高的经济收益。

（三）按消费内容分类

1. 体育实物性消费

体育实物性消费是指人们使用货币购买各种与体育活动有关的物质资料的消费行为。根据物质产品的用途，体育实物性消费主要包括运动服装（含鞋、帽、衣服等）、运动护具、运动器材（有小型和大型、家用和商用之分）、户外休闲运动装备（如渔具、郊游和登山用品等）、运动食品、运动饮料、体育纪念品（包括体育邮票、体育纪念币、球星卡、吉祥物，以及带有会徽、名称、吉祥物等标志的各类纪念品）、体育出版物（体育杂志、图书、音像制品等）、体育彩票等。体育实物性消费是人们体育消费的有机组成部分，是衡量体育消费水平的重要指标。尽管它在功能上对于非体育属性的同类产品有一定的替代性，但是消费者购买的主要动机是参与体育运动，并且随着人们生活水平的不断提高，这类产品对一般生活用品的替代性将逐步降低。

2. 体育劳务性消费

体育劳务性消费是指人们使用货币购买各种与体育活动有关的服务资料的消费行为。它又可以分为两类：第一类是观赏性体育消费。观赏性体育消费是指以观看和欣赏为主要形式，以达到视听神经满足和精神愉悦目的的各种消费行为。如观看各种体育竞赛、体育表演的门票消费，以及购买体育相关的电视节目、网络节目等的消费。需要说明的是，消费者收看免费的电视转播、网络视频直播等尽管没有付出直接费用，但投入了闲暇时间，因此从机会成本的角度理解同样属于消费活动。第二类是参与性体育消费。参与性体育消费是指人们购买体育活动的参与权、享受相应服务的消费行为。例如，购买会员卡成为某健身俱乐部的会员，定期或不定期地接受俱乐部提供的各类服务，或者缴费参加某一个运动项目的培训班以获取专业知识和技能等。

第二节 体育消费者的偏好和效用

在解释消费行为的过程中，经济学依赖一个基本的前提假定，即人们倾向选择在他们看来具有最高价值的那些物品和服务。通常，经济学家采用"效用"这个概念表示消费者在消费商品时得到的满足程度。在需求理论中，人们希望自身获得的效用最大化，也就是说人们总是选择自己最偏好的消费品组合，由此可以推导出消费者的需求曲线。研究体育消费，首先必须解决一个重要问题：消费者愿意支付多少货币购买多少数量的体育消费品。于是，我们需要仔细分析体育消费者的行为，以判定体育消费品的需求，以及这一需求对于价格的依赖程度。

一、效用和无差异曲线

（一）效用

效用是指消费者在消费商品时所感受到的满足程度。效用有一个重要的心理成分，因为人们是通过获取使他们快乐的东西，回避使他们痛苦的东西来得到效用的。例如，某一体育消费者爱看足球赛，也爱购买球星写真，经济学家可以通过该消费者的效用函数（U）来评价他分别对待足球赛和写真集的偏好。或者说，消费者的效用函数可以告诉我们他从购买不同数量的足球赛门票和写真集中获得的快乐（效用）。我们可以把效用函数（U）理解为对消费者偏好的一种数学表达方式。在这个例子中，消费者的效用函数仅仅包括足球赛门票（T）和写真集（B），所以他的效用函数可以写成：

$$U = U(T, B) \tag{2.1}$$

式 2.1 表示消费者从消费 T 张门票和消费 B 本写真集之中获得的满足程度。

（二）无差异曲线

无差异曲线表示的是消费者偏好相同的两种商品的全部组合。或者说，其表示能够给消费者带来相同效用水平或满足程度的两种商品的全部组合。由于两种商品（X 和 Y）的每一种组合都会产生某一效用水平，因此每一个组合点都必然处在某一条无差异曲线上。于是，全部的无差异曲线将会充满坐标图的所有区域。我们可以绘制出一组无差异曲线，这被称为无差异曲线图，如图 2-1 所示。

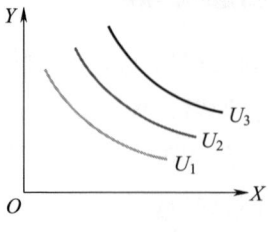

图 2-1　无差异曲线图

一条无差异曲线表示能带给消费者相同效用水平的商品组合。也就是说，在这条无差异曲线上的任何一点，个人的偏好程度是无差异的。尽管无差异曲线可能呈现诸多不同形状，但大多数无差异曲线都表现为向下倾斜、互不相交、凸向原点的平滑曲线。

无差异曲线是向下倾斜的。要理解这一特征不妨假设：给消费者更多他所喜欢的任何一件商品，消费者的快乐就会增加。要恢复他最初的效用水平，就得拿走部分他认为有价值的其他物品，即某种物品的增加意味着另一种物品的减少，所以无差异曲线走势是向下的。如果能同时拥有两种以上商品，消费者的快乐就增加了，他的效用水平也更高。如图 2-1 所示，在无差异曲线 U_3 上的任何一个选择都比在 U_2 上的任何一个选择更受消费者偏爱，而后者又比 U_1 上的任何一个选择更受消费者偏爱。

无差异曲线是互不相交的平滑线。如果无差异曲线相交，我们对于消费者的行为就会得出一些颇为奇怪的判断。如图 2-2 所示，如果消费者的两条无差异曲线 U_1 与 U_2 在 A 点相交，将会出现什么情况呢？在 A 点之上，无差异曲线 U_2 位于 U_1 的右方，意味着他无须放弃任何球赛就能拥有更多的写真集，他得到了更多的快乐和享受。结果是，较之于 U_1 上所有点代表的组合，他更喜欢 U_2 上所有点代表的组合。然而，在 A 点之下，无差异曲线的位置刚好相反，意味着消费者更倾向于 U_1 上的点而非 U_2 上的点代表的组合。更让人不解的是，既然两条曲线上存在一个共同点 A，那么他在两条曲线上得到的效用水平就应该是一样的。由这些矛盾可以推知，无差异曲线必然不会相交。当然，互不相交的

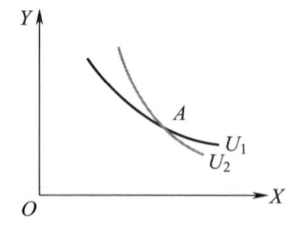

图 2-2　无差异曲线不可能相交

无差异曲线的数目是无穷多的，每一条无差异曲线都代表了消费者效用的某种满足程度。事实上，每一个可能的商品消费组合都会对应于某一条无差异曲线上的某点。

通常情况下，一条无差异曲线最初的走势是陡峭的，随着向下及向右延伸而逐渐变得平缓，即我们通常说的无差异曲线是凸向原点的。其原因在于，当消费者观看过多足球赛却无法阅览到任何一本写真集时，他将愿意以很多场比赛换得几本写真集。消费者观看的足球赛越多和写真集越少，他愿意放弃的足球赛门票越多，以换取写真集消费的增加。反之同理，当消费者拥有的写真集越多而观看的球赛越少时，为了获得更多的足球赛门票，他愿意放弃的写真集也越多。

（三）边际替代率

经济学上为了将消费者愿意放弃一种商品而获取另一种商品的数量加以量化，采用了一种名为边际替代率（MRS）的度量方式。具体而言，写真集对门票的 MRS 是消费者为了获得额外 1 本写真集而愿意放弃的门票的最大数量。如果 MRS 是 6，那么消费者愿意放弃 6 场足球赛的消费来得到另外一本写真集；如果 MRS 是 2，那么消费者愿意放弃 2 场足球赛的消费来得到另外一本写真集。

上例中，写真集对足球赛门票的 MRS 就是消费者为了获得额外的 1 本写真集愿意放弃的足球赛门票的最大数量。在图 2-1 中，无差异曲线的斜率代表了二者之间的边际替代率，亦即：

$$MRS_{BT} = -\Delta T/\Delta B \qquad (2.2)$$

式中：MRS_{BT} 表示边际替代率；

ΔB 表示写真集数量的变化；

ΔT 表示足球门票数量的变化；

加一个负号是为了使边际替代率成为正数（ΔT 总是负的）。

经济学理论把消费者的行为特征总结为边际替代率递减规律。该规律表明，当消费者连续放弃一种"正常商品"时，为了维持效用水平不变，他需要不断增加另一种"正常商品"的数量。边际替代率递减规律与边际效用递减规律联系紧密。边际效用递减规律阐述的是随着个人消费越来越多的某种物品，他从中得到的新增的（或边际的）效用量是下降的。

如表2-1所示，当消费者购买第一件皇家马德里足球队的队服时，产品带给他的效用为10；当消费者购买第二件时，产品带给他的总效用为18；购买第三件时，总效用为24；购买第四件时，总效用为28……当消费者购买较多的相同产品时，总效用会趋向于增加。但是，根据边际效用递减规律，当消费者购买越来越多的相同产品时，消费者所得到的总效用会以越来越缓慢的速度增加。总效用增加缓慢是因为消费者所得到的边际效用越来越少。在本例中，边际效用是指消费者从购买一件额外的足球队队服中所获得的额外满足。如消费者购买的足球队队服从1件增加至2件，此时边际效用可能是8；从2件增加至3件，边际效用可能是6；从3件增加至4件，边际效用可能是4……边际效用随着队服消费的数量增加而减少。边际效用递减规律揭示了这样一个事实：消费者从购买足球队队服中得到的享受和快乐，会随着足球队队服的数量增多而下降。

▶ 表2-1　总效用与边际效用

消费数量	总效用	边际效用
1	10	10
2	18	8
3	24	6
4	28	4
⋮	⋮	⋮

（四）需求曲线的性质

现在，我们可以用效用理论来解释消费者需求，并理解需求曲线的性质。为此，我们需要思考：作为一个消费者，在什么条件下可以从消费品的不同数量组合中得到最大满足。也就是说，消费者怎样使他的效用最大化。可以肯定地说，如果物品A的价格是物品B的两倍，那么只有当物品A的边际效用至少是物品B的两倍时，消费者才会愿意购买物品A。所以在研究如何使消费者效用最大化时，必须考虑消费者的货币收入，也就是研究单个消费者如何把有限的货币收入分配在各种商品的购买中以获得最大的效用。换言之，我们旨在寻找单个消费者在既定收入下实现效用最大化的均衡条件。这一条件可以表述为：在消费者的收入固定，以及所面临的各种物品的市场价格既定的条件下，当花费在任意一种物品上的最后1元所得到的边际效用，正好等于花费在其他任何一种物品上的最后1元所得的边际效用时，该消费者实现了效用最大化。

为什么要符合这个条件呢？这是因为，如果花费在某种物品上的最后1元能够提供更多的边际效用，那么钱就会从其他物品的花费中转移到该物品上去，直到边际效用递减规律使得花费在该物品上的最后1元的边际效用下降到与其他物品相等时为止。反之，如果花费在某种物品上的最后1元提供的边际效用低于其他物品的一般边际效用水平，那么消费者可以减少购买该类物品，直到花费在该物品上的最后1元所提供的边际效用上升到一般边际效用水平为止。

在前述例子中，体育消费者对足球赛的需求价格取决于其观看足球赛的边际效用。由于边际效用递减规律的作用，随着消费者观看足球赛数量连续增加，其观看足球赛的边际效用是下降的。相应地，消费者为购买足球赛门票所愿意支付的需求价格也是递减的，这意味着体育消费者对足球赛的需求曲线是向右下方倾斜的。同时，根据消费者效用最大化的实现条件可以断言，足球赛需求曲线上的每一点都是满足消费者效用最大化均衡条件的足球赛门票价格和需求量的组合点。

二、预算约束

（一）预算约束线

无差异曲线图描绘了消费者对不同商品和服务组合的偏好，但偏好并不意味着消费者行为的全部。为了达到效用最大化，消费者的选择要尽可能处在最高的那条无差异曲线上。事实上，人们可以用于体育消费的时间、体力、收入等因素均受到限制，即存在经济学上所说的预算约束，个人的消费行为会受到预算约束的限制。

为了理解预算约束是如何限制体育消费选择的,我们假设消费者只受到收入因素的约束,如消费者的收入(I)为1 000元,看一场足球赛的支出是200元,购买一本写真集的支出是20元。如果收入只用来购买足球赛门票,他可以买下5张;如果只用来买写真集,他可以买到50本。由于1本写真集的价格等于0.1张足球赛门票的价格,于是,他的预算约束线是一条斜率为 -0.1 的直线,该直线与坐标轴的两个交点分别表示5张足球赛门票和0本写真集、0张足球赛门票和50本写真集所对应的消费组合点,如图2-3所示。

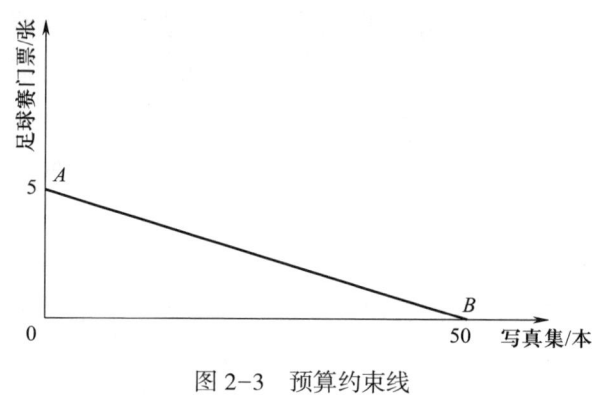

图2-3 预算约束线

预算约束线是在两种商品的价格水平既定时,消费者用给定的收入可能购买的两种商品组合点的轨迹。图2-3中的预算约束线表示消费者在购买足球赛门票和写真集的总支出等于收入的情况下,足球赛门票和写真集消费数量的所有可能组合。此处假设他的体育消费只涉及这两种商品,因而消费者所购买的门票和写真集的数量组合点全部位于该预算约束线上。

体育消费的预算约束线可以用代数式表达:

$$200T + 20B = 1\ 000$$

亦即:

$$P_t T + P_b B = I$$

式中:P_t 表示足球赛门票价格;

P_b 表示写真集价格;

T 表示足球赛门票数量;

B 表示写真集数量。

沿着预算约束线，消费者在门票上的体育消费越来越少，而在写真集上的消费越来越多。容易理解，为了多消费一本写真集而必须放弃的门票的数量，是由门票价格和写真集价格共同决定的。在此例中，由于门票价格是写真集价格的 10 倍，消费者要多购买一本写真集就必须放弃 0.1 场足球赛。预算约束线的斜率 $\frac{\Delta T}{\Delta B} = -0.1$，度量了门票和写真集的相对成本。斜率的大小即在不改变总支出的情况下两种商品相互替代的比率。

要弄清收入与价格的变化如何影响预算约束线，我们可以改变收入和价格，然后看看预算约束线会发生什么变化。

（二）预算约束线的变化

1. 收入变化与预算约束

当收入变化时，预算约束线会发生什么变化呢？从预算约束线的方程可以看到，收入变化改变了预算约束线横、纵截距，但并不改变斜率，因为两种商品的价格都保持不变。如果收入增加一倍（如从 1 000 元增加至 2 000 元），预算约束线发生外移。需要注意的是，新的预算约束线与原来的预算约束线平行。如果收入倍增，体育消费者可以多买一倍的门票和写真集。同理，如果他的收入减少一半（如从 1 000 元减至 500 元），预算约束线则发生内移，他只能买到原来一半数量的门票和写真集。

2. 价格变化与预算约束

如果足球赛门票的价格发生变化，而写真集的价格保持不变，预算约束线又会怎样变化呢？如果足球赛门票价格翻倍为 400 元，消费者的购买机会就会减少。这时如果他把钱全部花在购买足球赛门票上，也只能观看 2.5 场足球赛。现在足球赛门票的价格是写真集价格的 20 倍，体育消费者放弃一场足球赛的观看，可以购买 20 本写真集，预算约束线的斜率为 -0.05。如果足球赛门票价格下降为 100 元，消费者的购买机会增加。这时如果他把全部的钱花在购买足球赛门票上，可以买到 10 张足球赛门票。现在门票的价格是写真集价格的 5 倍，体育消费者放弃 0.2 张足球赛门票可以换得 1 本写真集，预算约束线的斜率为 -0.2。

如果足球赛门票和写真集的价格都有所变化，只不过两者价格之比保持不变，情况又会怎样呢？因为预算约束线的斜率等于两者价格之比，故斜率保持不变，而预算约束线的截距发生改变，以使新的预算约束线平行于旧的预算约束线。例如，两种商品的价格都下跌一半，那么预算约束线的斜率不变，但两处截距都增加一倍，预算约束线外移。

这里可以引入购买力的概念。所谓购买力是指消费者购买商品的能力。由预算约束线可知，购买力不仅取决于收入，也取决于价格。如果消费者收入增加一倍，或者商品的价格下降一半，消费者的购买力都可以翻一番。

由此可见，如果消费者的收入无限，他就可以通过购买无数的门票和写真集使自己获得的效用最大化。然而无论多么富有，个人都不可能拥有取之不尽的资源和财富。种种限制迫使我们必须作出理性的体育消费决策，牺牲部分"此类"商品来获得更多的"彼类"商品。经济学家把人们在资源有限情况下使自己尽可能快乐的这一目标称为约束条件下的效用最大化。

案例

★ 我国体育消费"热"起来

随着我国经济社会的发展，休闲健身、赛事体验、体育培训等成为人们追求高品质生活的重要内容，其中蕴藏的体育消费潜力得到进一步释放。人们越来越重视健康，花在体育上的钱也越来越多，花钱能买到的体育产品和服务也越来越多了：在体育馆的官方网站上提前预约场地，就能和朋友打一场羽毛球；给孩子报课外班，篮球、围棋、游泳等运动项目都是备选；下班后无论跑步还是"举铁"，先从头到脚置办一身运动"行头"；到了假期，去山中徒步、海里冲浪、沙漠探险，可以在各式各样的线路中体验不同的风景……

"不是在露营，就是在去露营的路上。"从山林到城郊，从城市公园到小区绿地，一顶顶天幕帐篷在假期成为一道风景。《天猫2022年五一消费趋势报告》显示，4月20日至5月4日，天幕（帐篷）在天猫的销售额同比增长20倍以上，成为销售火爆的"人气单品"。与此相关的飞盘、钓具、滑板车等户外运动产品也随之大卖。

> 从居家健身到亲近大自然，体育消费品热销的背后是人们对健康生活的追求。从体育消费趋势来看，尽管热销商品有差异，但不变的是，大家都是优先选择能够给自己带来身心健康的活动和产品，而这背后隐含的原理之一恰恰就是约束条件下的效用最大化。
>
> 资料来源：根据人民网报道《挖掘潜力　促进体育消费》改编。

第三节　体育消费者的最优选择

消费者的最优选择指的是在客观条件允许且理性购买的前提下，使消费者的主观愿望得到最大程度的满足，即在预算约束下使效用最大化。在已知消费者偏好和预算约束的条件下，可以分析消费者对最优商品组合的选择。具体的做法是，把前面考察过的消费者的无差异曲线和预算约束线结合在一起，来分析消费者追求效用最大化的购买选择行为。

消费者的最优购买选择行为必须满足两个条件：第一，最优的商品购买组合必须是消费者最偏好的商品组合。换言之，最优的商品购买组合必须是能够给消费者带来最大效用的商品组合。第二，最优的商品购买组合必须位于给定的预算约束线上。

现在可以将无差异曲线和预算约束线结合起来，以分析体育消费的选择过程。如图 2-4 所示，图中三条无差异曲线均是消费者对足球赛门票和球星写真集偏好的不同组合，从中可以清楚地看出，最外面的无差异曲线 U_3 产生的满足程度或效用最大，无差异曲线 U_2 次之，无差异曲线 U_1 最小。

三条曲线上分别标有 C、D、E 三点，通过进一步分析可以厘清消费者是如何做出选择的。首先，注意在无差异曲线 U_1 上的 C 点不是最受偏好的选择。这可

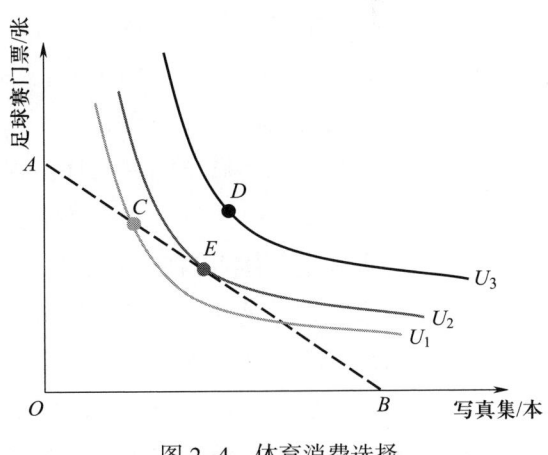

图 2-4　体育消费选择

以通过与 E 点的情形比较得知。由于 C 点和 E 点同处在一条预算约束线上，从 C 点移向 E 点可以看出，消费者花费同样多的钱，在 E 点所获得的快乐要远远大于在 C 点所获得的享受。这是因为 E 点处在比无差异曲线 U_1 效用更大的无差异曲线 U_2 上。其次，看位于无差异曲线 U_3 上的 D 点。由无差异曲线的特性可知，D 点所带来的体育消费满足程度较 A、B 两点更高。但是，D 点位于预算约束线之外，以消费者现在的收入水平无法实现购买行为。由此，通过对 C、D、E 三点的比较可知，E 点可以使消费者的效用达到最大化。

从几何上看，在 E 点当预算约束线的斜率（写真集与门票的价格之比）恰好等于无差异曲线的斜率（两种物品的边际效用之比）时，体育消费的效用达到最大化。

由于边际替代率是无差异曲线斜率的相反数，因此可以认为在既定的预算约束条件下，满足消费者效用最大化的点具有以下特征：

$$MRS = P_b/P_t \qquad (2.3)$$

由式 2.3 可知，当边际替代率（B 对 T）等于价格（B 对 T）之比的时候，消费者能够得到最大的满足。于是消费者为了使自己获得最大的满足，最好的办法就是根据不同商品的价格情况调整体育商品的消费量，使得 MRS 等于价格之比。

需要说明的是，即使每一个消费者的 MRS 数值都是相同的，但由于每个消费者的品位不同，仍然无法据此判断他们消费的体育商品组合的具体情形。如果消费者的品位不同，那么即使每一个 MRS 值都是相同的，他们也会消费不同数量的不同体育商品。

现在我们可以看到，一个人的偏好可以用一系列无差异曲线来表示，而一个人如何做出消费选择，则需将无差异曲线和预算约束线综合起来考虑。那么，针对这一过程能否逆向思考呢？即如果知道了消费者的选择，能否推定其体育消费偏好呢？答案是肯定能推定，但有一个重要前提，就是必须知道足够多的有关消费者选择的信息，且这些选择是在价格和收入水平不断变化时做出的。

譬如，一家健身俱乐部历来对愿意按小时付费的任何消费者开放设施和场地。现在俱乐部决定变更定价政策，在收取更低小时费的同时，按年度收取会员费。这一新的经营策略会比旧策略更令消费者获益还是受损呢？问题的答案取决于顾客的体育消费偏好。

假设消费者每周有 100 元可用于娱乐活动，包括锻炼、看电影、外出用餐等。当健身俱乐部每小时收费 4 元时，消费者每周选择购买 10 小时的体育健身服务。在新的经营策略下，消费者每周要花 30 元来获得会员身份，但在获得会员身份后只需每小时花费 1 元就可以使用这些设施。

这一变化对促进俱乐部的体育消费有好处吗？图 2-5 展示了偏好分析的结果。其中，L_1 线代表了在原先的经营策略下消费者所面临的预算约束。在这种情况下，他选择了 A 点，即消费 10 小时的锻炼服务，并在其他娱乐活动中花费 60 元，来使其效用最大化。在新的经营策略下，预算约束线移至 L_2 处。这时他可以继续选择 A 点，但是由于 U_1 显然不与 L_2 相切，所以消费者选择 B 点能够使自己获益更大，如消费 25 小时的锻炼服务，并在其他娱乐活动中花费 45 元。既然消费者在可以选择 A 点的情况下选择了 B 点，可以认为他在 A 点与 B 点之间更加偏好 B 点（B 点位于一条更高的无差异曲线 U_2 上），即新的经营策略使消费者获益。由此，我们可以利用消费者在价格和收入变化时做出的选择来确定他们的偏好。如前所述，当消费者可以在 A 点消费的时候却选择了 B 点，就可以推知 B 点比 A 点更受偏爱。

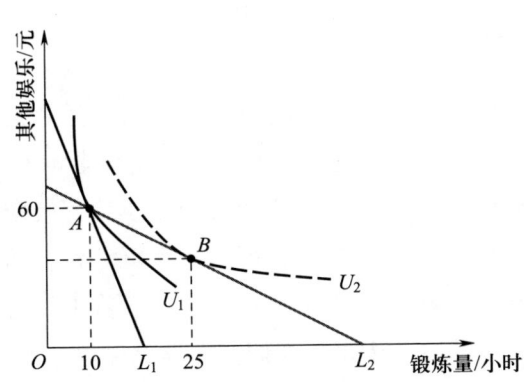

图 2-5　由体育消费者选择推测其偏好

第四节　影响体育消费的主要因素

人们的体育消费受到多种因素的影响和制约。由于消费者在家庭收入水平、受教育程度、地方风俗习惯等方面存在差异，必然会导致不尽相同的体育消费观念、价值取向、行为偏好等。本书将一些共性的体育消费影响因素分为宏观因素和微观因素两大类并予以介绍。其中宏观因素包括经济发展水平、文化因素、社会体育资源配置等因素，微观因素包括消费者的收入水平、受教育程度、闲暇时间、性格与兴趣爱好、体育消费动机等因素。

一、宏观因素

（一）经济发展水平

体育消费属于"软消费"，人们体育消费观念的形成与发展受到经济发展水平的制约。一般情况下，经济发展水平越高，人们的体育消费潜力越大。"十三五"前四年我国国内生产总值年均增速保持在6.5%以上，这一时期体育产业增加值年均增长保持在11.5%以上，我国经济水平的提高明显促进了居民体育消费的发展。

（二）文化因素

文化对人们体育消费行为的影响更为深远与广泛。文化以两种方式影响居民的体育消费行为：一是间接影响，即文化会影响人们的兴趣、爱好、生活习惯等，进而影响人们的体育消费行为；二是直接影响，即文化本身规定着社会中哪些体育产品可存在、可购买和可消费。两者相较而言，后一种影响更为明显。如在中国传统文化中，以"养生"为特征的健康文化元素影响着我国大众的健身意识，人们更多地关注体育的健身和祛病功能，太极拳、八段锦等传统健身武术广受欢迎。

（三）社会体育资源配置

社会体育资源配置是指一个国家将其所拥有的体育资源（包括人力、

物力、财力等）以一定的方式配置给不同地区和不同人群的分配方式。目前，我国社会体育资源配置既存在人均体育资源配置不充分的问题，又存在"重城镇，轻农村""东部多，西部少"的不均衡问题，这些问题在一定程度上会影响人们的体育消费行为。

二、微观因素

（一）收入水平

如果不考虑消费信贷，居民收入是居民体育消费的硬约束。人们在满足必要的个人生存需求之后，才会倾向于其他消费。随着收入的增加，当较低层次的需求得到满足以后，人们就会追求较高层次的需求，而体育消费属于享受型需求和发展型需求的典型对象。因此，收入水平的高低直接制约着居民的体育消费水平，二者呈正向相关关系。

（二）受教育程度

受教育程度是居民体育消费支出的重要影响因素。一方面，受教育程度较高的个体往往容易接触新信息和新事物，对于身体的健康水平更加重视，对一些新颖的运动项目更易接受。另一方面，受教育程度较高的个体往往收入也处于较高水平，其体育消费标准也相应更高。

（三）闲暇时间

体育消费实质上是一种闲暇消费。所谓闲暇消费是指人们利用闲暇时间，从事个人享受和自身发展的一种消费活动。缺乏闲暇时间是阻碍居民进行体育消费的重要因素。例如，欧洲国家的球迷时常会驱车去邻镇观看球赛，这需要花费大量时间，不仅包括在场地上观看球赛的时间，还包括驱车前往比赛目的地的时间，甚至包括一些社交时间，如与球迷朋友交流的时间等。

（四）性格与兴趣爱好

消费者在选择购买体育商品和服务的过程中常受到自身个性的影响，

如性格独立、意志坚定的消费者在挑选体育商品的过程中，表现得更加大胆和自信，对于体育消费过程中可能伴随的风险表现出更强的承受意愿。此外，体育消费与个体的兴趣爱好之间也存在密切关系，当消费者已经对某品牌的体育商品，或某竞赛项目、著名球队、著名球星形成偏爱后，与之相关的消费欲望也会被进一步激发。

（五）体育消费动机

体育消费动机是指消费者针对特定的体育消费目标发出的一种内驱力或冲动，具体表现为体育消费的意图、愿望和信念等。常见的体育消费动机包括提高生活质量、调节心理、强身健体、休闲娱乐、社会交往、审美追求、追寻体育成就、追逐潮流、从众攀比等。

复习思考题

一、名词解释

1. 体育消费
2. 边际效用递减规律
3. 无差异曲线
4. 预算约束线

二、问答题

1. 体育消费的类型有哪些？
2. 什么是体育消费的最优选择？
3. 影响体育消费的主要因素有哪些？

延伸阅读

[1] DOYLE J P, FILO K, et al. Exploring PERMA in spectator sport: Applying positive psychology to examine the individual-level benefits of sport consumption [J]. Sport Management Review, 2016,

19(5): 506-519.

[2] LERA-LÓPEZ, FERNANDO, RAPÚN-GÁRATE, et al. The Demand for Sport: Sport Consumption and Participation Models [J]. Journal of Sport Management, 2007, 21(1): 103-122.

[3] MUMCU C, LOUGH N L, BARNES J C. Examination of Women's Sports Fans' Attitudes and Consumption Intentions [J]. Journal of Applied Sport Management, 2016, 8(4): 25-47.

[4] YIM B H, BYON K K, BAKER T A, et al. Identifying critical factors in sport consumption decision making of millennial sport fans: mixed-methods approach [J]. European Sport Management Quarterly, 2020(2): 1-20.

第三章 体育生产

本章导语

体育企业是体育产品市场的供给方，充分理解体育企业生产决策的过程和结果，有助于我们更好地了解体育市场运行规律。本章基于微观经济学中生产函数、成本函数、最优化生产等理论，首先对体育企业的概念与类型进行了介绍。进而重点分析短期生产函数和长期生产函数，考察体育企业在生产过程中产量的变化规律。同时对体育厂商的生产成本加以介绍，明确了影响最优化生产的另一因素，考察了企业在生产过程中成本的变化规律。最后，综合前两者的分析结论，推导出体育企业的最优化生产决策，即体育企业实现利润最大化的均衡条件为边际收益等于边际成本。

学习目标

◆ 理解体育企业的概念和分类。

◆ 掌握体育企业在生产过程中总产量、平均产量和边际产量的变化规律。

◆ 掌握体育企业在生产过程中总成本、平均成本和边际成本的变化规律。

◆ 掌握最优化生产决策的推导方法。

第一节　体育企业

体育企业是体育市场的产品供给主体，也被称作体育厂商或体育生产者，是指以营利为目的，以追求利润最大化为目标，运用各种生产要素（土地、劳动力、资本、技术和企业家才能等）向体育市场提供产品，并进行统一生产决策的单个经济单位。

体育企业向市场供给的产品具有多样化和差异化特征。体育产品既包括能够满足人们欲望和需求的有形物质产品，如体育器材、设备、体育场馆设施、运动服饰等，也包括各类无形产品和服务，如体育健身娱乐产品、竞赛表演产品、体育教育培训产品等。

依据体育产品的差异性，可以把体育企业分为健身休闲服务企业、体育竞赛表演服务企业、体育培训服务企业和体育用品企业等。其中，健身休闲服务企业以各类健身俱乐部和运动俱乐部为代表，体育竞赛表演服务企业以职业体育组织为代表，体育培训服务企业则以各类体育培训营利机构为代表。

一、健身休闲服务企业

从现代体育产业的发展历程看，1750年由一批贵族在英国纽马克特市成立的赛马俱乐部（The Jockey Club）是世界上第一个按照所有权与经营权分离原则运营、具有现代独立法人模式的商业化体育俱乐部。在现代健身休闲服务行业中，传统的俱乐部运营模式尽管仍被广泛承袭和采用，但社会经济的发展使得资本、人才和知识不断涌入该行业，出现了新的组织形态和经营模式，健身企业集团、企业联盟等组织形态，连锁经营、特许经营等经营模式逐渐成为健身休闲服务企业的主流形式。

企业的组织结构与其规模密切相关。在行业发展之初，体育服务产品的差异性较大，健身休闲服务企业规模通常较小，其组织结构的复杂性也低于制造业企业。此外，健身休闲服务具有生产与消费同时发生的特性，缩短了生产链条，因而该行业所对应的企业组织结构也较为简化。但随着经济的快速发展，一些具有一定品牌知名度、形成一定经营规模的健身休闲服务企业希望进一步扩大市场份额。在这一背景下，连锁经营则作为一种新的企业组织形式和经营方式被引入健身休闲服务企业的经营与管理中。

目前，商业健身俱乐部已经成为健身休闲服务企业的典型代表，连锁经营的商业健身俱乐部则成为行业内最重要的企业组织形式。连锁经营是指经营同类商品或服务的若干个店铺，以一定的形式组合成一个联合体，在整体规划下进行专业化分工，并在分工的基础上实施集中化管理，使复杂的商业活动简单化，以获取规模效益。商业健身俱乐部连锁经营主要有直营连锁和特许连锁两种形式。

（一）直营连锁

直营连锁是指连锁企业总部通过独资、控股或兼并等途径开设门店，所有门店在总部的统一领导下经营，总部对各门店实施人、财、物及商流、物流、信息流等方面的统一管理。直营连锁的特点是分店的所有权和经营权统一于总部，管理方式是总部集中领导、垂直管理，各直营连锁店实行标准化经营管理；直营连锁中，各连锁店经理是雇员而非所有者。直营连锁的意义在于"渠道经营"，是一种空间上横向扩张的方式，通过经营渠道的拓展获取更多的利润。直营连锁往往需要总部拥有充足的资本。

就健身休闲服务企业的直营连锁而言，总部负责课程的设计和研发，对运动装备和器材进行统一采购，各分店主要从事健身服务产品的销售和服务，而总部有关职能部门则为各门店提供所需要的支持性服务。

直营连锁的优势在于：可以更有效地统一调动财力、物力和人力，统一经营战略；在人才培养使用、新技术和产品的开发推广以及信息、物流和管理现代化等方面，更容易发挥整体优势。

直营连锁的劣势在于：需要雄厚的自有资本，发展速度和规模会受到限制。大型的直营连锁企业通常管理系统庞大，容易产生官僚化弊病，也必然会提高管理成本。

直营连锁中的委托代理关系是典型的雇主与雇员之间的关系。其中，连锁店经理是总部的雇员和代理人，而作为雇主的总部负责人是委托人身份。总部一方面要制定业绩指标来考核分店经理，另一方面要采取绩效工资、产权激励和长期合约等方式来激励分店经理。

（二）特许连锁

特许连锁是指特许人（总部）以特许经营合同的形式授予受许人（加盟店）有偿使用其商标、商号、专有技术及经营模式等的权利，受许人按合同规定在特许人统一的业务模式下从事经营活动，并向特许人支付相应费用的组织形式。特许连锁的特点是受许人拥有加盟店的所有权和管理执行权，但在经营业务及方式上则高度统一，经营权高度集中于特许人（总部），受许人在特许人统一的商业模式下，接受特许人的指导和控制。特许连锁是特许人利用自己的品牌、专有技术、经营管理模式等，与他人资本相结合来扩大经营规模的一种商业发展模式。与直营连锁资本的扩张不同，特许连锁是技术和品牌的扩张，是经营模式的克隆。

特许连锁的优势在于：能实现特许人和受许人双赢的局面。对于特许人来说，一方面可以用较少的资金和有限的人员迅速占领健身休闲服务市场，获得连锁经营体系所带来的规模效益；另一方面则可以专注于品牌价值增值、经营技术的创新和发展，并以上述相关无形资产作为特许权，一次开发投入、多次长期获利。而对受许人来说，一方面可利用特许人总部的成功经验，接受总部持续的业务指导，经营受到市场欢迎认可的商品和服务，降低投资风险；另一方面则可以享受连锁系统的广泛信息、共同性促销活动以及总部的信誉和支持，获得规模效益带来的低成本好处。

特许连锁的劣势在于：特许人与受许人之间存在双向道德风险。道德风险是指从事经济活动的行为主体在追求自身效用最大化时做出不利于他人的行动，双向道德风险则是指特许人与受许人都可能在信息不对称的情况下做出损害对方的行为。一方面，作为受许人的加盟店可以将特许人的技术、品牌、商标等私自转授给第三人牟取私利，从而使特许人的利益受到损害。另一方面，作为特许人的总部有可能出于自身收益最大化考虑，减少用于特许品牌或产品的宣传，使加盟店的利益受损，或者与其他加盟店签订协议侵害现有加盟店的利益。

特许连锁中特许人与受许人是两个产权关系相对独立的平等主体。二者之间不存在雇佣关系，也不属于母公司与子公司或总部与分支机构的上下级关系，并不存在典型的委托代理关系。但是，由于特许人和受许人之间的关系建立在契约基础之上，特许人通过授予特许权的方式将一定的品牌使用权和经营技术托付给受许人，而受许人则以出资的形式委托特许人维护连锁品牌，这种关系实际上也具备了委托代理关系的某些特征。对于特许连锁的委托代理问题，设计完善的契约和激励以约束双方行为，是避免产生双向道德风险的有效措施。

二、体育竞赛表演服务企业

体育竞赛是一种合作基础上的竞争，一方面存在两个或两个以上的竞赛者在赛场上激烈对抗、追求胜利，另一方面体育竞赛的前提是参与者在规则、赛程、服装、场地等诸多方面须达成一致。体育竞赛因其独特魅力激发着社会的消费需求，并形成了专门的体育竞赛表演服务市场。为了更清晰地了解体育竞赛表演服务企业，此处以职业体育联盟的治理模式和委托代理关系为例重点说明。

（一）职业体育联盟的治理模式

由于俱乐部分属不同的所有者，职业体育联盟本质上是俱乐部进行联合生产的组织。就生产组织的分类而言，职业体育联盟是典型的企业间战略联盟，是俱乐部间进行分工合作的合资企业。俱乐部共同组建具有法人资格的公司或社团组织，对联盟的事务进行管理。该组织并不是基于股权关系建立的，而是基于联盟内俱乐部共同签署的协议而建立的，因此职业体育联盟是典型的契约型联盟。在职业体育联盟中没有所谓的核心俱乐部，各俱乐部享受平等地位，不存在控制与被控制的关系。俱乐部会依据协议在统一的赛程、规则以及整体电视转播权的销售等具有正外部性的领域进行合作，但在协议之外的领域俱乐部独立自主，相互间依然是竞争对手的关系。

> **知识链接**
>
> ● **职业体育联盟的典型代表：北美职业冰球联盟**
>
> 北美职业冰球联盟（NHL）是一个由北美冰球队伍所组成的联盟制职业体育组织。NHL提供全世界最高层级的职业冰球比赛，是北美四大联盟制职业体育组织之一，目前已

发展成为职业化和商业化十分成功的联盟制职业体育组织的典型代表。NHL 于 1917 年在加拿大魁北克蒙特利尔成立，成立之初共有 5 支队伍。在一系列扩军之后，目前共有 32 支球队，25 支位于美国，7 支位于加拿大。传统上，因为 NHL 起源于加拿大，大多数球员都为加拿大籍。在 NHL 积极向美国扩展之后，欧洲球员和美国球员人数有明显增加的趋势。受疫情影响，NHL 在最新的赛季将参赛队伍根据地域分配至东部、西部、中部和北部四个赛区。NHL 从 2017—2018 赛季开始引入中国，目前已分别在北京、上海和深圳等地举办过 4 场季前赛，并于 2020 年在中国独家上线"NHL 观察员"项目，通过招募内容创作者和宣传大使为中国市场提供更多的本土化内容。

（二）职业体育联盟的委托代理关系

在职业体育联盟中，由俱乐部组成的董事会或股东大会是委托人，由他们选举或委派的联盟管理机构是代理人。实际上，联盟制就是职业俱乐部为了最大化自身利益，通过把经营权委托给一些专家，让其代表自己的利益来对职业体育组织进行经营和管理的一种制度。作为代理人的联盟管理机构对联盟的公共事务进行统一管理，以降低成本并获取最大化收益，委托人则通过激励机制与约束机制对联盟管理机构进行有效控制。职业体育联盟的委托代理关系实际上体现了现代企业制度的特点，即所有权和经营权相分离，联盟也以此为基础成为"经济上的合资企业，法律上的合作实体"。

三、体育培训服务企业

体育培训服务企业以体育培训机构为主要形式，以体育培训为核心服务内容，并部分融合了体育装备销售和自主赛事运营等职能。在盈利模式上，企业通过收取培训服务费及举办体育赛事、销售体育装备获得收入，并在扣除教练人员工资、场地租赁费、体育装备采购价等各项成本费用后取得利润。在培训经营模式上，体育培训机构通常采取会员制模式或小班培训模式。

随着《进一步促进体育消费的行动计划（2019—2020 年）》的颁布实施，我国体育培训行业发展迎来新的契机。体育培训服务企业是开发适合不同人群的体育技能培训课程的市场主体，也是充分借助互联网、大数据等手段，提供形式多样、更有针对性的运动处方和健身指导的创新主体。在当前发展阶段，我国的体育培训服务企业整体上表现出产业联动性强、投资回报率较高、成长性较好等特点。2019年，我国体育培训业增加值为1 524.9亿元，在体育产业增加值中的整体占比为13.6%，体育培训服务企业已经成为支撑我国体育市场发展的重要力量。

四、体育用品企业

体育用品企业分为体育用品制造企业和体育用品销售企业，二者可为同一企业或集团，也可以是不同的企业。体育用品制造企业直接生产体育用品，体育用品销售企业则通过不同的销售模式向市场提供体育用品购买服务。

体育用品企业是当前我国体育产业发展的中坚力量，坚持高质量发展体育用品制造业和体育用品销售业是推动我国体育产业发展的重要抓手。但作为体育用品制造和销售大国，我国目前依然存在如产业结构不合理、标准滞后、细分品类同质化严重的问题。因此，体育用品企业强化科技应用，及时推进区块链、人工智能、5G、大数据、云计算等新技术在生产和销售实践中的应用，对于提升产品质量、增强企业生存能力而言具有重要意义。

第二节 生产函数

一、生产与生产要素

生产就是对各种生产要素进行组合并形成产品的过程。或者说，就是把投入变为产出的过程。任何一种生产都需要投入各种不同的生产要素。生产要素是指在生产中所使用的各种经济资源。生产要素一般可以划分为以下几种：

（1）劳动（L）。指劳动者在生产过程中所提供的劳务，包括脑力劳动和体力劳动。例如，运动员、教练员等在竞赛和培训中付出的体力劳动和脑力劳动。

（2）土地（N）。指生产中使用的各种自然资源，是一个广义的概念，包括土地以及地上、地下的各种自然资源。在体育产品的生产中，土地一般不会作为独立的生产要素进入产品生产环节，而是通常需要与场馆等资本品进行结合。

（3）资本（K）。可以表现为实物形态或货币形态。资本的实物形态又称为资本品或投资品，如厂房、场馆、机器设备、动力燃料、原材料等。资本的货币形态通常称为货币资本。

（4）企业家才能（E）。指企业家经营企业的组织能力、管理能力和创新能力。例如，体育竞赛之所以能转化为满足市场需求的观赏类体育产品，离不开优秀的竞赛组织者和他们的企业家才能。

（5）技术（T）。指人类在实践基础上通过经验总结、科学研究和实验等方式创造和发明出来的可以直接改进生产或生活的知识和技能。技术的投入为体育产品生产不断创造出新的需求。例如，数字技术的快速发展扩大了体育竞赛的转播权市场，创造了新的需求。

二、生产函数的一般形式

生产函数是指在一定时期内和一定技术条件下，生产中所使用的各种生产要素的数量与所能生产的最大产量之间的关系。它刻画了生产过程中投入与产出之间的数量关系，即产出是投入的函数。

如果用 X_1，X_2，$\cdots$，X_n 表示体育产品生产过程中所使用的 n 种生产要素（劳动、土地、资本等）的投入数量，Q 表示所能产出的最大产量，则生产函数可以写成以下形式：

$$Q = f(X_1, X_2, \cdots, X_n) \qquad (3.1)$$

在经济学分析中，为了简单起见，我们通常假定生产中只使用资本 K 和劳动 L 两种生产要素，则生产函数可以写为：

$$Q = f(K, L) \qquad (3.2)$$

式 3.2 表明，在一定的技术条件下，要得到产量 Q，需要一定数量的资本与一定数量的劳动的组合。或者说，在资本与劳动的数量与组合已知时，能够计算出相应的最大产量。

在理解生产函数的概念时应注意以下几点：

（1）生产函数是从某个特定时期来考察投入与产出之间的关系。如果考察的时期不同，生产函数也可能发生变化。

（2）生产函数取决于技术水平。每一种既定的技术条件下，都存在着一个生产函数。

（3）要生产出一定数量的产品，生产要素投入量的比例通常是可以变动的，如资本和劳动的比例在一定范围内变化以后，仍然能够生产出同样数量的产品。

（4）生产函数表示的产出量是最大可能的产量。这是因为，企业如果不能高效率地组织和管理资源，用既定的投入获得的产出小于最大产量，就很难在激烈竞争的市场环境中生存，面临被高效率生产者挤出市场的危险。

三、短期生产与长期生产

微观经济学的生产理论可以分为短期生产理论与长期生产理论。短期和长期是经济学中非常重要的概念。需要注意的是，短期和长期的划分依据不是绝对意义上的时间长短，而是以生产者能否调整所有生产要素的投入数量为标准。短期指生产者来不及调整全部生产要素的数量，即至少一种生产要素的数量必须固定不变的时间周期；长期指生产者可以调整全部生产要素数量的时间周期。不同行业的短期和长期的具体时间是不同的。例如，变动一个大型体育俱乐部或运动装备制造商的全部生产要素可能需要三年，而变动一个小型俱乐部或运动鞋坊的全部生产要素可能只需要一个月，即前者的短期和长期分界线为三年，后者为一个月。

在短期内，生产要素投入可分为不变要素投入与可变要素投入。生产者在短期内无法进行数量调整的那部分要素投入是不变要素投入，如厂房、机器设备等；生产者在短期内可以进行数量调整的那部分要素投入是可变要素投入，如劳动、原材料和燃料等。当然，不变要素与可变要素的区分只有在短期内才有意义。在长期内，生产者可以调整全部的要素投入。例如，生产者根据企业的经营状况，缩小或扩大生产规模，甚至还可以加入或退出一个行业。由于在长期中所有的要素投入量都是可变的,因而也就不存在可变要素投入和不变要素投入的区分。

四、短期生产函数

由生产函数 $Q=f(K,L)$ 出发,假定资本投入量是固定的,用 $\bar{K}$ 表示;劳动投入量是可变的,用 L 表示,则生产函数可以写成:

$$Q=f(\bar{K},L) \tag{3.3}$$

这就是通常采用的含一种可变生产要素的生产函数形式,也被称为短期生产函数。

(一)总产量、平均产量和边际产量

短期生产函数表示在资本投入量固定时,由劳动投入量变化所带来的最大产量的变化。由此,可以得到劳动的总产量(TP)、劳动的平均产量(AP)和劳动的边际产量(MP)这三个概念。

劳动的总产量 TP_L 指与一定数量的劳动投入量相对应的最大产量。它的定义公式为:

$$TP_L=f(\bar{K},L) \tag{3.4}$$

劳动的平均产量 AP_L 指平均每一单位可变要素劳动的投入量所产生的产量,即总产量与所使用的可变要素劳动的投入量之比。它的定义公式为:

$$AP_L=\frac{TP_L}{L} \tag{3.5}$$

劳动的边际产量 MP_L 是指增加一单位可变要素劳动的投入量所增加的产量。它的定义公式为:

$$MP_L=\frac{\Delta TP_L}{\Delta L} \tag{3.6}$$

当劳动的增加量趋近于无穷小时,即 $\Delta L \to 0$ 时,上式可以写成:

$$MP_L=\lim_{\Delta L \to 0}\frac{\Delta TP_L}{\Delta L}=\frac{\mathrm{d}TP_L}{\mathrm{d}L} \tag{3.7}$$

根据总产量、平均产量和边际产量的定义,可以得到三者的曲线图。

图3-1中的横轴表示可变要素劳动的投入数量 L,纵轴表示产量 Q;

TP_L、AP_L 和 MP_L 三条曲线顺次表示劳动的总产量曲线、劳动的平均产量曲线和劳动的边际产量曲线。这三条曲线都是先呈上升趋势，而后达到各自的最高点，之后呈下降趋势。

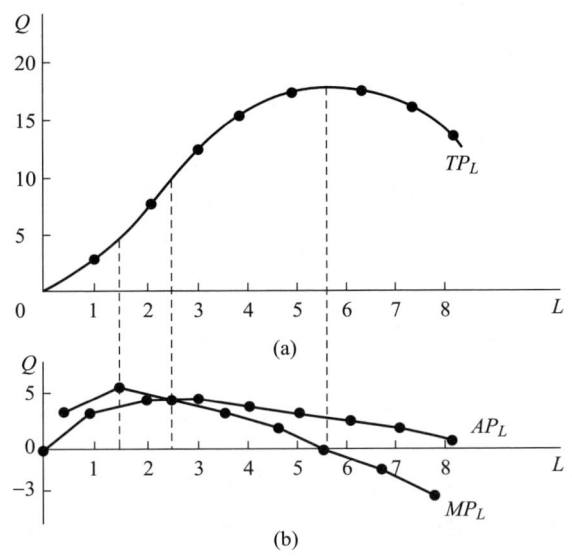

图 3-1　含一种可变要素的短期生产函数的产量曲线（一）

（二）边际报酬递减规律

对于含一种可变要素的短期生产函数来说，该可变要素的边际产量表现出来的先上升后下降的规律被称为边际报酬递减规律，也被称作边际产量递减规律或边际收益递减规律。用严格的经济学语言叙述，边际报酬递减规律就是指在技术水平不变的条件下，连续等量地增加某一种可变要素的投入量而保持其他要素的投入量不变，那么在这一过程中当可变要素的投入量小于某一特定值时，增加一单位的可变要素所带来的边际产量是递增的，但是当可变要素的投入量超过某一特定值时，增加一单位的可变要素所带来的边际产量是递减的。边际报酬递减规律是短期生产的一条基本规律，我们可以通过一个健身休闲服务业的例子予以具体说明。对于一家原有 10 名健身教练的健身房而言，再增加 5 名健身教练可能使健身房接纳更多前来健身的顾客，同时健身教练也能够更好地帮助顾客进行针对性塑形训练。但是若干次增加健身教练人数后（如每次增加 5 人），这家健身房的收益反而会下降,因为只是健身教练已经使健身房变得拥挤不堪了,健身设备也会愈加供不应求,甚至出现有健身教练没有可指导的顾客的情况,造成效率低下。

边际报酬递减规律发生作用的原因是:在任何产品的短期生产中,可变要素投入量和不变要素投入量之间都有一个最佳的数量组合比例。随着可变要素投入量的增加,可变要素投入量与不变要素投入量之间的比例在发生变化。在可变要素投入量增加的最初阶段,相对于不变要素来说,可变要素投入过少,因此随着可变要素投入量的增加,生产要素的投入量逐步接近最佳的组合比,其边际产量递增;当可变要素与不变要素的配合比例恰当时,边际产量达到最大;如果再继续增加可变要素投入量,生产要素的投入量之比就越来越偏离最佳的组合比,于是边际产量就出现递减趋势。

(三)总产量、平均产量和边际产量之间的关系

将总产量曲线、平均产量曲线和边际产量曲线置于同一张坐标图中(图3-2),可以得到一张标准的含一种可变要素的生产函数产量曲线图,它反映了短期生产中总产量、平均产量和边际产量曲线之间的关系。

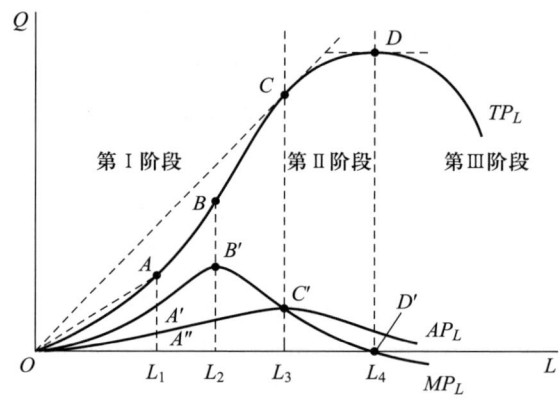

图3-2 含一种可变要素的短期生产函数的产量曲线(二)

图3-2的横轴表示劳动的投入量L,纵轴表示产量Q,TP_L、AP_L和MP_L三条曲线依次代表劳动的总产量曲线、劳动的平均产量曲线和劳动的边际产量曲线。这三条曲线都是倒U形的,即先上升,达到自身的最大值后下降。

1. **总产量曲线和平均产量曲线之间的关系**

由 TP_L 曲线上任何一点，都可以得到这一点上相应的值 AP_L。这是由于 $AP_L = TP_L/L$，所以连接 TP_L 曲线上任何一点和坐标原点的线段斜率就表示该点的 AP_L 值。在图 3-2 中，TP_L 曲线上的 A 点所对应的 AP_L 值，就是线段 OA 的斜率，即 AL_1/OL_1，它与 $A''L_1$ 的高度相等。正是由于这种关系，当 AP_L 曲线在 C' 点达到最大值时，必然有一条从原点出发的最陡的切线，与曲线 TP_L 相切于 C 点。

2. **总产量曲线和边际产量曲线之间的关系**

由 TP_L 曲线上任何一点，还可以得到这一点上相应的 MP_L 值。这是因为，$MP_L = \mathrm{d}TP_L/\mathrm{d}L$，所以 TP_L 曲线上任何一点的切线的斜率就是该点的 MP_L 值，它与 $A'L_1$ 的高度相等。开始时总产量随着劳动投入量的增加而增加，TP_L 曲线的斜率为正，相应的 MP_L 值也为正。当劳动的投入量超过 L_4 以后，总产量开始随着劳动投入量增加而递减，TP_L 曲线的斜率为负，相应的 MP_L 也为负。反过来说，只要边际产量为正，总产量总是随着可变要素投入量的增加而增加；当边际产量为负时，总产量总是随着可变要素投入量的增加而递减；当边际产量为零时，总产量达到最大值点。

进一步思考，在边际报酬递减规律作用下的边际产量 MP_L 曲线先上升，在 B' 点达到最大值，然后再下降。因此，相应的总产量 TP_L 曲线的斜率先递增，以 B 点为拐点，然后再递减。也就是说，MP_L 曲线的最大值点 B' 和 TP_L 曲线的拐点 B 是相互对应的。

3. **平均产量曲线和边际产量曲线之间的关系**

在图 3-2 中 AP_L 曲线和 MP_L 曲线的关系表现为：两条曲线相交于 AP_L 曲线的最高点 C'。在 C' 点之前，AP_L 曲线低于 MP_L 曲线；在 C 点之后，AP_L 曲线高于 MP_L 曲线。它们同样都是倒 U 形曲线，MP_L 的变化比 AP_L 要快。

存在以上这些特征的原因在于：就任何一对平均量与边际量的关系而言，只要边际量大于平均量，边际量就把平均量往上抬；只要边际量小于平均量，边际量就把平均量往下拉。例如，对于某篮球俱乐部球员的平均身高而言，假定引进一个新球员，如果该球员的身高高于本俱乐部已有队员的平均水平，那么该球员的加入会使得本俱乐部的平均身高提升。反之，如果该球员的身高低于本俱乐部已有队员的平均水平，则该球员的加入会使得俱乐部的平均身高下降。与之类似，就平均产量与边际产量的关系来说，当 $MP_L > AP_L$ 时，AP_L 曲线是上升的；当 $MP_L < AP_L$ 时，AP_L 曲线是下降的。又由于 MP_L 曲线是先升后降的，所以当 $AP_L = MP_L$，即 MP_L 曲线和 AP_L 曲线相交时，AP_L 曲线必然达到最大值。

（四）短期生产的三个阶段

根据可变要素的总产量曲线、平均产量曲线和边际产量曲线之间的关系，可以将短期生产划分为三个阶段，如图 3-2 所示。

在第 Ⅰ 阶段，边际产量从零增加到最大值，劳动的平均产量始终是上升的，劳动的边际产量大于劳动的平均产量，劳动的总产量是增加的。这说明：在这一阶段，相对于最优要素组合，不变要素资本的投入量相对过多，生产者增加可变要素劳动的投入量是有利的。或者说，生产者只要增加可变要素劳动的投入量，就可以较大幅度地增加总产量。因此，任何理性的生产者不会将生产停留在这一阶段，而是会连续增加可变要素的投入量以增加产量，并将生产扩大到第 Ⅱ 阶段。

而在第 Ⅲ 阶段，劳动的平均产量继续下降，劳动的边际产量降为负值，劳动的总产量开始下降。这说明：在这一阶段，可变要素即劳动的投入量相对于最优要素组合已经过多。这时，即使劳动要素是免费的，理性的生产者也会通过减少劳动的投入量来增加总产量，以脱离劳动的边际产量为负值和总产量下降的第 Ⅲ 阶段，从而使生产退回到第 Ⅱ 阶段。

由此可见，任何理性的生产者既不会将生产停留在第 Ⅰ 阶段，也不会将生产扩张到第 Ⅲ 阶段，所以，生产只能在第 Ⅱ 阶段进行。在生产的第 Ⅱ 阶段，生产者可以得到由第 Ⅰ 阶段增加可变要素投入所带来的全部好处，又可以避免将可变要素投入增加到第 Ⅲ 阶段而带来的不利影响。因此，第 Ⅱ 阶段是生产者进行短期生产的决策区间。在第 Ⅱ 阶段的起点处，劳动的平均产量曲线和劳动的边际产量曲线相交，即劳动的平均产量达到最大值点。在第 Ⅱ 阶段的终点处，劳动的边际产量曲线与水平轴相交，即劳动的边际产量等于零。至于在生产的第 Ⅱ 阶段，生产者所应选择的利润最大化的最佳投入数量究竟在哪一点，还必须结合成本视角对利润进行更加深入的分析。

五、长期生产函数

上面对短期生产函数进行了考察，分析了一种可变要素的投入量与产量之间的关系。在长期中生产者可以调整所有的生产要素数量。所以，对长期生产函数的考察，将以含两种可变要素的生产函数为例，来讨论可变要素的投入组合和产量之间的关系。

（一）等产量曲线

等产量曲线表示在技术水平不变的条件下，为实现相同的产量水平，两种生产要素投入量的所有不同组合的轨迹。以 Q_0 来表示既定的产量水平，则等产量曲线的代数方程可以表示为：

$$Q = f(K, L) = Q_0$$

该方程与生产函数的差异在于，Q 在等产量曲线方程中是一个给定的常数 Q_0，而在生产函数中则随着资本投入量 K 和劳动投入量 L 的变化而变化。

生产中的等产量曲线与消费中的无差异曲线极其相似。消费中的无差异曲线是指效用水平保持不变时，两种商品消费数量的所有不同组合的轨迹。等产量曲线与无差异曲线都类似于地理上的等高线，越是远离坐标原点，就意味着产量水平或者效用水平越高。等高线的斜率代表地形的陡峭程度，而等产量曲线的斜率与无差异曲线的斜率同样具有重要的经济意义：它们分别是两种要素的边际技术替代率与两种商品的边际替代率。同一平面坐标系中的任意两条等高线、等产量曲线或者无差异曲线不会相交。等高线与无差异曲线和等产量曲线的区别在于，等高线不一定凸向原点，而在效用函数、生产函数为凹函数的假定下，无差异曲线、等产量曲线必然凸向原点。

在图 3-3 中，我们在二维坐标平面中任意画出三条等产量曲线：Q_1、Q_2 和 Q_3。归纳起来，

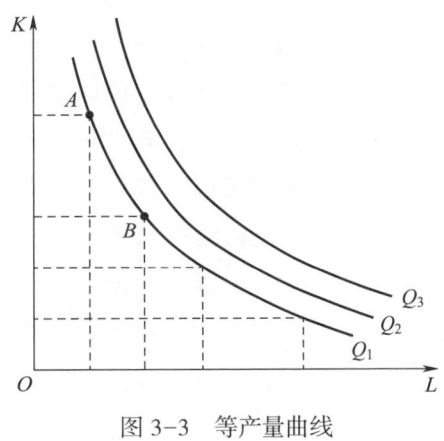

图 3-3 等产量曲线

在任何一种生产要素的边际产量都不为负的前提下,等产量曲线具有如下几个特征:

第一,在同一平面上,可以有无数条等产量曲线。同一条等产量曲线代表相同的产量,不同的等产量曲线代表不同的产量水平。离原点越远的等产量曲线代表的产量水平越高,离原点越近的等产量曲线所代表的产量水平越低。

第二,任意两条等产量曲线不能相交。这是因为,同一组合的投入要素不可能生产出两个不同的产量,在交点上两条等产量曲线代表了相同的产量水平,与第一个特征相矛盾。其证明方法与效用理论中的无差异曲线类似,在此不再赘述。

第三,等产量曲线凸向原点,向右下方倾斜,其斜率为负。原因在于,等产量曲线上的每一点都代表能生产一定产量的各种要素的有效组合。因此,要增加某种要素的投入量并保持产量不变,就必须相应地减少另一种要素的投入量。等产量曲线的这一性质,是由边际技术替代率递减规律决定的。

(二)边际技术替代率递减规律

生产中要使用各种生产要素或称投入品。这些生产要素或投入品的不同组合就是各种生产方式或技术。在生产中,资本与劳动总是按一定的比例配合投入。在有些情况下,资本与劳动的配合比例是固定的,资本与劳动不能互相代替。但在大多数情况下,两种投入的不同比例可以达到相同的产量。劳动与资本可以互相代替,这就是生产要素的替代性。例如,为了生产100单位的某种产品,生产者可以使用较多的劳动和较少的资本,也可以使用较少的劳动和较多的资本。前者可以看成劳动对资本的替代,后者可以看成资本对劳动的替代。由生产要素之间的相互替代关系,可以得到边际技术替代率的概念。

在维持产量水平不变的条件下,增加1单位的某种生产要素投入量时所减少的另一种生产要素的投入量被称为边际技术替代率(*MRTS*)。劳动对资本的边际技术替代率是指在保持产量不变时增加1单位劳动所需要减少的资本量。其计算公式为:

$$MRTS_{LK} = -\frac{\Delta K}{\Delta L} \tag{3.8}$$

其中，ΔL 与 ΔK 分别表示生产既定的产量时劳动投入的增加量和资本投入的减少量。由于劳动和资本的变化量呈反方向变动，为使 $MRTS$ 恒为正值以便于比较，通常情况下在公式前须加负号。当某点沿着既定的等产量曲线所投入的生产要素量变动趋于无穷小时，即 $\Delta L \to 0$ 时，边际技术替代率的公式为：

$$MRTS_{LK} = \lim_{\Delta L \to 0} -\frac{\Delta K}{\Delta L} = \frac{\mathrm{d}K}{\mathrm{d}L} \tag{3.9}$$

由此可见，在一条等产量曲线上某一点的要素投入组合，其边际技术替代率等于该点上等产量曲线切线斜率的绝对值。

在两种生产要素相互替代的过程中，普遍存在这样一种现象：在维持产量不变的前提下，当一种生产要素的投入量不断增加时，每一单位生产要素所能替代的另一种生产要素的数量是递减的。这一现象被称为边际技术替代率递减规律。

边际技术替代率递减的主要原因在于：任何一种产品的生产技术都要求各投入要素保持适当的比例，这表明要素之间的替代是有限度的。以劳动和资本两种要素投入为例，在劳动投入量很少而资本投入量很多的情况下，减少一些资本投入量可以很容易地通过增加劳动投入量来弥补，以维持原有的产量水平，即劳动对资本的替代相对容易。但是，在劳动投入增加到相当多的数量而资本投入量减少到相当少的数量时，继续使用劳动去替代资本就会变得十分困难。

等产量曲线一般具有凸向原点的特征，这一特征是由边际技术替代率递减规律决定的。由边际技术替代率的定义公式可知，等产量曲线上某一点的边际技术替代率就是等产量曲线在该点的斜率的绝对值，又由于边际技术替代率是递减的，所以等产量曲线斜率的绝对值同样是递减的，即等产量曲线是凸向原点的。

边际技术替代率递减规律决定了等产量曲线一般是凸向原点的。但是，等产量曲线也存在着如下一些特殊情况：

第一，完全替代的情形。如图 3-4 所示，完全替代是指两种生产要素之间完全可以替代，边际技术替代率不变，等产量曲线为一条直线。例如，赛马运动的马鞍，既可以完全由机器制作，也可以由技艺高超的工匠手工制作完成。

第二，完全互补的情形。完全互补是指两种生产要素之间的比例是固定的，不存在替代关系，即生产函数具有投入比例固定的特征。如图3-5所示，此时的等产量曲线为一条直角形折线。例如，在体育用品生产制造过程中，如果一个工人操作一台机器，一台机器也只能由一个工人操作，那么多人操作一台机器或一人操作多台机器都不能增加产量。

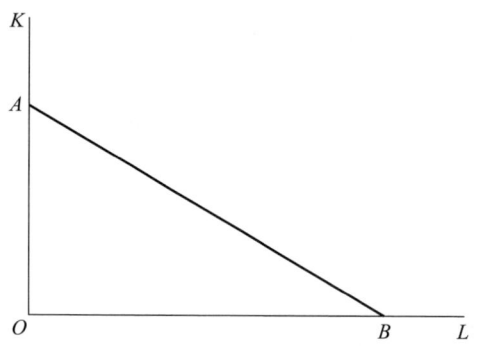

图3-4　生产要素完全替代条件下的等产量曲线

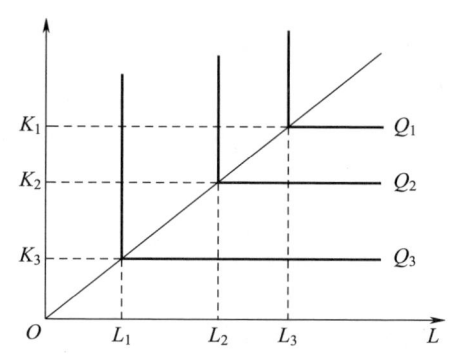

图3-5　固定投入比例生产条件下的等产量曲线

第三节　生产成本

一、成本的概念

企业的生产成本通常被看作企业对所购买的生产要素的货币支出。然而在经济学的分析中，仅从这样的角度来理解成本概念是远远不够的，还需要了解机会成本的概念，以及显性成本和隐性成本的概念。

（一）机会成本

经济学家认为，经济资源是稀缺的、有限的。把资源用于一种用途就要放弃其他用途。也就是说，要在资源可供选择的几种用途之间进行权衡以便做出选择。从经济资源稀缺性这一前提出发，当一家体育企业使用一定的经济资源生产某种产品时，这些经济资源就不可能同时被使用在其他的生产用途中。这就是说，这家体育企业对该产品的生产，是以放弃使用相同的经济资源生产其他产品时所能获得的收入作为代价的。所谓代价就是成本。经济学家指出，这个代价（成本）必须以使用同样的经济资源在其他各种生产用途中所能获得的最高收入来衡量，由此便产生了机会成本的概念。

机会成本是指生产者所放弃的使用相同的生产要素在其他生产用途中所能获得的最高收入。例如，某体育用品制造企业可以将既定的一组经济资源全部用来生产运动T恤，也可以全部用来生产运动裤或运动外套。那么，在面临这些不同生产机会的条件下，当决定生产运动T恤时，就意味着不可能将相同的经济资源使用在运动裤或运动外套的生产中。再假定相同的经济资源使用在运动裤或运动外套的生产中所能得到的收入分别为900万元和1 000万元。于是可以认为，生产运动T恤的机会成本是体育企业所放弃的生产运动裤或运动外套所能得到的最高收入，即1 000万元。换言之，如果生产运动T恤的收入低于1 000万元，那么体育企业就不应该生产运动T恤，而应该把相同的经济资源使用在运动外套的生产用途中。由此可以体会到，机会成本的概念是与稀缺经济资源的有效配置联系在一起的。在体育经济学中，企业的生产成本应该从机会成本的角度来理解。

（二）显性成本和隐性成本

显性成本是指厂商在生产要素市场上购买或租用所需要的生产要素时给付的实际支出。例如，如果某体育用品企业雇佣了一定数量的工人，向银行借贷了一定规模的款项，那么该企业向工人支付的工资、向银行缴纳的利息就构成了该企业的显性成本。一般而言，企业会计账簿上计算出来的成本都是显性成本，销售收入减去显性成本以后的余额称为会计利润。从某种意义上讲，显性成本体现的是实际负担成本，可以在产品价值中得到反映并具有可直接计算的特点。

隐性成本是指厂商自己所拥有的并被用于生产过程中的生产要素总价值。在上述例子中，该体育用品企业的所有者使用了自有生产要素，动用了自有资金,并亲自管理企业。那么,作为企业的管理者应该得到的工资,以及他所拥有的资金所对应的利息就构成了该企业的隐性成本。由于这一部分成本是厂商本应支付给自己的报酬,不如显性成本那样明显,所以称之为隐性成本。

无论显性成本还是隐性成本,都需要从机会成本的角度加以考虑。显性成本必须等于这些生产要素用于其他最佳用途时所能得到的收入,否则生产要素的供给者不会放弃该要素的所有权或使用权,厂商也就不能按照已支付的显性成本获得所需的生产要素来组织生产。隐性成本同样需要从机会成本的角度来理解,并按照厂商的自有生产要素在其他用途中所能得到的最高收入来计算。否则,厂商会把自有生产要素转让出去,以便获得更高的收入。例如,若某健身俱乐部的经营者本身也具备健身教练的知识和技能,那么当他被其他俱乐部雇佣的薪酬回报超过了自主经营健身俱乐部的收益时,经营者就会选择放弃企业家身份转而进入劳动力市场。当然,上述分析有一个隐含的前提条件,就是厂商和要素供给者都是完全理性和掌握充分信息的。

(三)经济利润

经济学家对利润的理解与会计师不同,这种区别对于正确分析体育企业追逐利润最大化的目标而言至关重要。从会计核算的角度看,企业的利润为企业收入与显性成本(企业每年支付给生产要素提供者的实际金额)之间的差额,这种利润也称为会计利润,即:

会计利润 = 总收入 − 显性成本

从经济学的理论视角来看,企业的成本等于显性成本与隐性成本之和,企业的利润为总收入与显性成本、隐性成本之间的差额,这种利润也被称为经济利润,即:

经济利润 = 总收入 − 显性成本 − 隐性成本 = 会计利润 − 隐性成本

此外,经济学理论还对经济利润和正常利润作出了进一步区分。正常利润是指厂商支付给自己的企业家才能的报酬。需要强调的是,正常利润是厂商生产成本的一部分,而且是以隐性成本的形式计入的。为了更好地理解正常利润为何是成本的一部分,我们需要再次运用机会成本的概念。

从机会成本的角度看，当一个企业所有者同时又拥有管理企业的才能时，他将会面临两种选择，一种是经营和管理自己的企业以获得利润，另一种是到别人所拥有的企业中成为职业经理人以获得收入报酬。如果他选择经营和管理自己的企业，也就失去了到别的企业当职业经理人所能得到的收入报酬。因此，他所失去的这份报酬就是他选择经营和管理自己所拥有的企业而产生的机会成本。或者说，如果他选择经营和管理自己的企业，则应当向自身支付报酬，而报酬的数额应当等于他到别的企业当职业经理人时所能得到的最高报酬。因此，从机会成本的角度看，正常利润属于成本，并且属于隐性成本。

由于正常利润属于成本，因此经济利润中不会包含正常利润。又由于厂商的经济利润等于总收益减去总成本，所以当厂商的经济利润为零时，依然意味着厂商可以得到全部的正常利润。

二、短期成本

（一）短期成本的含义

在短期内，我们假定厂商仅使用劳动和资本来生产体育产品。其中，资本的投入数量是不变的，以 K 来代表；劳动的投入数量是可变的，以 L 来代表。则短期生产函数的形式如式 3.3 所示，该函数表明在产量和可变要素劳动的投入量之间存在着一一对应的关系，在资本投入量不变的情况下，劳动投入数量对应着该数量的劳动和固定数量的资本所能得到的某一最大产量。相应地，成本函数则刻画了生产既定产量时所对应的最小成本。根据这种关系，在劳动的价格 w 和资本的价格 r 都已经给定的情况下，可以用式 3.10 来代表某一产量所对应的短期总成本函数 $[STC(Q)]$：

$$STC(Q)=wL(Q)+r\bar{K} \quad (3.10)$$

其中，$wL(Q)$ 表示可变成本（劳动投入）部分，$r\bar{K}$ 表示不变成本（资本投入）部分，两部分之和构成了短期成本。

（二）短期成本的分类

生产有短期与长期之分，区分的标准在于是否所有生产要素的投入数量均可调整。与之对应,在成本理论中,也有短期成本和长期成本之分。对于短期成本而言,将可调整且能随产量变动而变动的成本称为可变成本(VC),将不可调整或不随产量变动而变动的成本称为固定成本(FC)。但对于长期成本而言,一切生产要素都可以进行调整,因此没有固定成本与可变成本之分,所有的成本都是可变的。

如图3-6所示,企业的短期成本可以总结为以下7种。

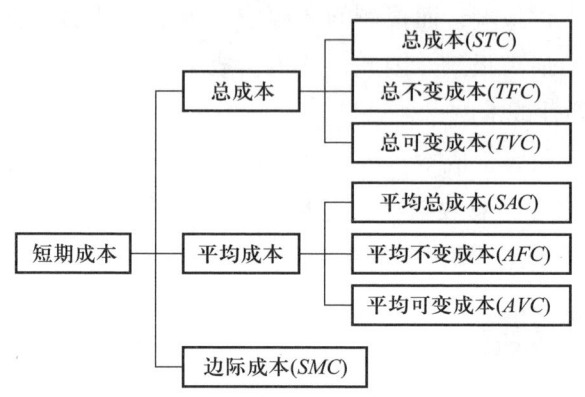

图3-6 企业的短期成本类型

(1)总不变成本(TFC)。指厂商短期内生产一定数量产品时对不变生产要素所支付的成本总额。

(2)总可变成本(TVC)。指厂商短期内生产一定数量产品时对可变生产要素所支付的成本总额。

(3)总成本(STC)。指厂商短期内生产一定数量产品时对全部生产要素所支付的总成本,包括总不变成本与总可变成本,即 $STC = TFC + TVC$。

(4)平均不变成本(AFC)。指厂商短期内平均生产每一单位产品所消耗的不变成本,即 $AFC(Q) = \dfrac{TFC}{Q}$。

(5)平均可变成本(AVC)。指厂商短期内平均生产每一单位产品所消耗的可变成本,即 $AVC(Q) = \dfrac{TVC}{Q}$。

(6)平均总成本(SAC)。指厂商短期内平均生产每一单位产品所消耗的全部成本，即 $SAC(Q) = \dfrac{TVC}{Q} + \dfrac{TFC}{Q} = AVC + AFC$。

（7）边际成本（SMC）。指厂商短期内增加一单位产量时所增加的总成本，即 $SMC = \dfrac{\Delta TC(Q)}{\Delta Q} = \dfrac{\mathrm{d}TC}{\mathrm{d}Q}$。

（三）短期成本曲线

如图 3-7 所示，在理解前述 7 个短期成本概念的基础上，可以结合图像和定义式进行深入分析。

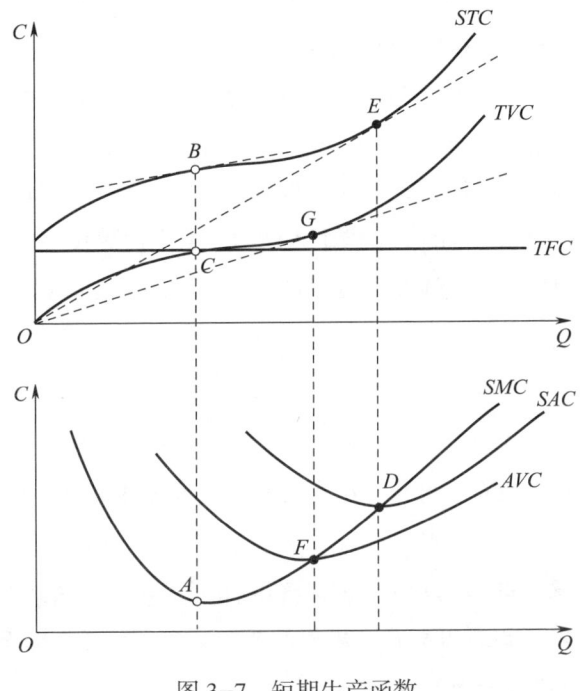

图 3-7　短期生产函数

（1）SMC 与 STC、TVC 的关系。由于 SMC 是 STC 的导函数，又由于每一产量上 STC 曲线和 TVC 曲线斜率均相等，所以每一产量上 SMC 的取值就是 STC 曲线和 TVC 曲线的斜率。在边际报酬递减规律的作用下，当 SMC 曲线逐渐由下降变为上升时，STC 曲线和 TVC 曲线斜率也由递减变为递增。当 SMC 达到极小值时，STC 曲线和 TVC 曲线分别存在点 B 和点 C，使曲线斜率取得最小值。

（2）TVC 与 AVC 的关系。由于 $AVC(Q)=TVC(Q)/Q$，AVC 在每一产量下的值对应为 TVC 曲线上该产量点与原点连线的斜率。其中，AVC 曲线的最低点为 TVC 曲线上代表该产量的点与原点连线的斜率最小值点。

（3）STC 与 SAC 的关系。由于 $SAC(Q)=STC(Q)/Q$，STC 曲线上任意一点与原点连线的斜率即为该产量水平所对应的平均成本。其中，SAC 曲线最低点为 STC 曲线上该产量点与原点连线的斜率最小值点。

（4）SAC 与 AVC 的关系。随着横坐标数值的增加，SAC 与 AVC 之间的垂直距离趋于缩小，即 SAC 曲线与 AVC 曲线越来越接近。原因在于 TFC 保持不变，因此当 AFC 逐渐变小的情况下，SAC 与 AVC 的差值亦变小。

（5）SAC、AVC 与 SMC 之间的关系。SAC、AVC 与 SMC 的交点分别为各自曲线的最低点，即 D 点和 F 点。在 SAC 曲线和 AVC 曲线的下行阶段，即 D 点和 F 点以前，SMC 曲线始终在 SAC 曲线和 AVC 曲线之下；在 SAC 曲线和 AVC 曲线的上行阶段，即 D 点和 F 点之后，SMC 曲线始终在 SAC 曲线和 AVC 曲线之上。而边际成本 SMC 的变化比 SAC 和 AVC 敏感得多，因此不论上升还是下降，SMC 的变动都要快于 SAC 和 AVC。

知识链接

体育企业的短期成本

我们从固定成本和可变成本的角度对体育企业的短期成本进行梳理。

1. 固定成本

固定成本是指短期内改变产品的生产数量时，不发生相应改变的生产要素所需支付的成本，它是体育企业形成一定产出能力和产出规模的基础。对于体育企业而言，依据开支对象可以将固定成本分为以下几个部分：

（1）场馆成本。场馆成本具体包括建设或租赁体育场馆的成本以及场馆的定期维护成本。无论租赁还是建设场馆，这部分成本都不会随体育产品生产数量的变化而变化。场馆定期维护成本是场馆长期使用的一项固定开支，包括电路系统、上下水、空调系统、场地等定期维护费用。

（2）设备购置或租赁成本。设备购置或租赁成本具体包括购置或租赁运动设备和器材的成本以及大型设备的定期维护成本。这部分成本与场馆成本比较类似，但需要注意的是，一些与比赛和训练密切相关的低值易耗器材（如羽毛球、乒乓球等）并不属于固定成本。

（3）大部分的人员成本。大部分的人员成本属于固定成本。一方面，运动员、教练员的工资都属于固定成本；另一方面，俱乐部和职业体育联盟固定职位管理人员的工资也属于固定成本，不随产品数量的变化而变化。人员成本中非常重要的一部分——引进运动员所支付的转会费也是固定成本，但与运动员工资不属于同一范畴。运动员工资属于用于生产要素——劳动上的花费，而引进运动员所支付的转会费本质上是用于生产要素——资本上的花费，一旦运动员引进俱乐部，将被看作俱乐部的资产。

2. 可变成本

可变成本是指短期内改变产品的生产数量时，对生产要素中发生相应改变的部分所需支付的成本。对于体育企业而言，依据支付目的可以把可变成本分为以下几部分：

（1）运营成本。运营成本是指体育企业日常运营所需的各类支出，包括场馆和办公场所的水、电、空调等与运营时间密切相关的各类支出。

（2）市场开发成本。市场开发成本是指体育企业为新产品推广所花费的宣传费用，与体育产品产出的数量密切相关。

（3）劳务成本。劳务成本是指随体育产品增多而增加的劳动成本，如每场比赛的保安，一方面需要在比赛时向保安公司支付保安人员的成本，另一方面则要根据观看比赛的人数来确定雇佣保安的数量。在健身俱乐部或其他健身休闲场所中的兼职教练，他们的报酬也属于可变成本，企业可以根据客流的情况临时调整雇佣规模，因此这些人员的薪酬往往采取计时工资制。

三、长期成本

在长期内，厂商可以根据产量需要调整全部的生产要素投入量，甚至可以将某要素投入量降至零，即自由进入或退出某一行业。因此在长期内没有不变成本，厂商的所有成本均是可变的。长期成本可以分为长期总成本（LTC）、长期平均成本（LAC）和长期边际成本（LMC）。

（一）长期总成本

1. 长期总成本函数

长期总成本是指厂商在长期中于每一产量水平上通过选择最优生产规模所能达到的最低总成本。长期总成本函数可表示为：

$$LTC = LTC(Q)$$

2. 长期总成本曲线

长期总成本曲线由短期总成本曲线推导而来。LTC 曲线是短期总成本曲线的包络线。具体而言，在这条曲线上连续变化的每一个产量水平都对应存在 LTC 曲线与一条 STC 曲线的切点，表示长期内厂商在每一产量水平上由最优生产规模所带来的最小生产成本。

如图 3-8 所示，长期总成本 LTC 曲线与各短期总成本曲线分别相切于 a、b、c 三点。通过观察可知，LTC 曲线与 STC 曲线形状相同，但是二者有以下主要区别：LTC 曲线从原点出发，而 STC 曲线不从原点出发。原因在于长期生产中当产量为零时，厂商可以选择退出生产因此达到零成本。但在短期生产中，由于资本要素默认不变，即使产量为零，厂商依旧需要支付不变成本，因而成本 >0。

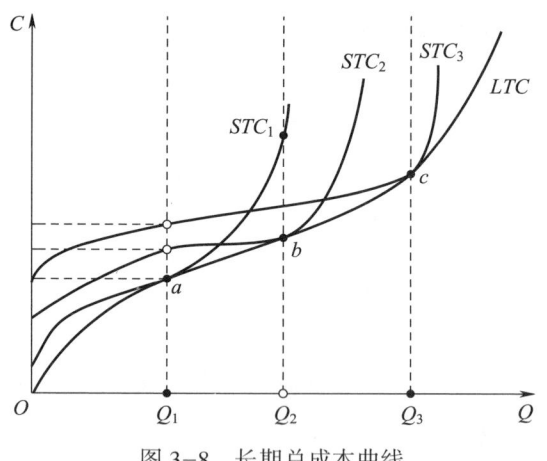

图 3-8 长期总成本曲线

（二）长期平均成本

1. 长期平均成本函数

长期平均成本表示厂商在长期内按产量平均计算的最低总成本。函数形式可以写为：

$$LAC = \frac{LTC(Q)}{Q} \tag{3.11}$$

2. 长期平均成本曲线

如图 3-9 所示，长期平均成本曲线是一条先降后升的 U 形曲线。LAC 曲线是无数条短期平均成本曲线的包络线，即 LAC 曲线是短期各个产量下最低成本的连线。需要注意的是，长期平均成本不是各短期平均成本最低点的连线，而是各产量下最低成本的连线。

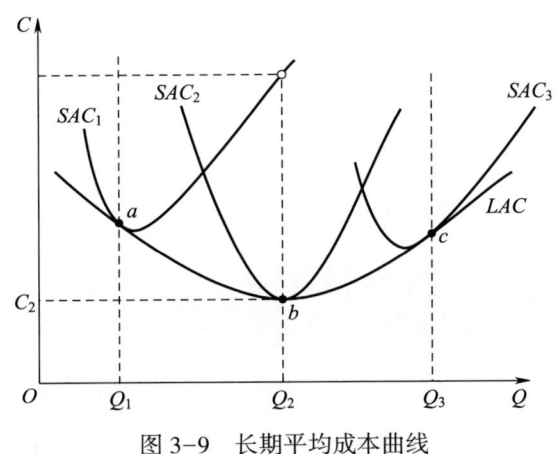

图 3-9 长期平均成本曲线

（三）长期边际成本

1. 长期边际成本函数

长期边际成本函数表示厂商在长期内增加一单位产量所引起的最低总成本的变化量。长期边际成本函数可以写成：

$$LMC(Q) = \frac{\Delta LTC(Q)}{\Delta Q} = \frac{\mathrm{d}LTC(Q)}{\mathrm{d}Q} \tag{3.12}$$

2. 长期边际成本曲线

如图 3-10 所示，首先，LMC 曲线应穿过 LAC 曲线的最低点 R（与短期边际成本性质相同）。其次，LMC 曲线还应穿过对应产量水平下的短期边际成本曲线。原因在于长期平均成本是短期平均成本的包络线，即在切点处长期生产达到最优化，因此在切点所对应的产量 Q 上，短期边际成本应等于长期边际成本。

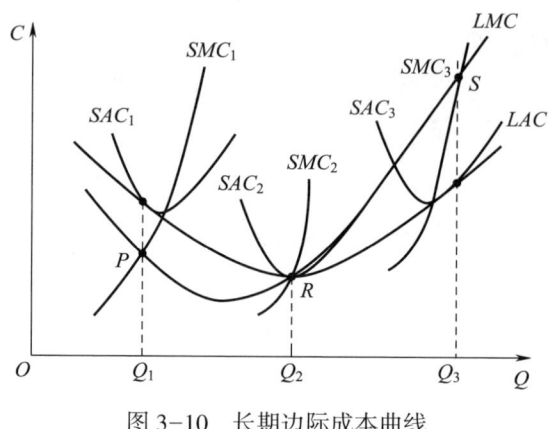

图 3-10　长期边际成本曲线

第四节　最优化生产

在厂商进行体育生产的过程中，无论在短期还是长期内，根据理性人假设，厂商都会在追求利润最大化的基础上进行生产决策。本节将综合前述生产理论、成本理论以及利润相关知识，分析体育企业的最优化生产。

一、最优化生产：利润（π）最大化

体育企业做出最优化生产决策时，会综合考虑收益和成本因素，在收益和成本的差值，即利润 π 取最大值时，根据所对应的产量进行生产。

案例

★ 泉州市体育巨头业绩持续增长的源泉

2021年，泉州市体育巨头业绩呈现整体上升的态势。安踏业绩表现尤为亮眼，全年营收逼近500亿元关口，在国内市场不仅超越阿迪达斯，与耐克也仅一步之遥。特步、361°的业绩均呈现两位数增长态势。追本溯源，泉州市体育巨头的亮眼表现离不开其做出的最优化生产决策：多品牌矩阵布局、加大产品创新力度、数字化投入与应用。

一、多品牌矩阵布局

聚焦主业，以多品牌迎合不同细分领域的市场需求，已日渐成为泉州市体育品牌坚定共识。安踏集团相关负责人表示"营收再上新台阶的背后，是集团旗下两大品牌形成的两条增长引擎双轮驱动"。欧睿数据显示，在中国运动鞋服市场份额前5大品牌中，依托安踏、斐乐两大品牌，安踏集团独占2席。同时，该企业新的增长极也逐渐显露，以迪桑特、可隆体育为代表的户外品牌群，作为该集团面向未来的第三增长曲线强势崛起，展现出良好的高速上升势头。

随着消费者对具有独特风格产品需求的增加，特步集团的多品牌运营策略正在持续推进当中。特步集团品牌组合细分为针对大众运动的特步主品牌，针对专业运动的索康尼、迈乐两个品牌，针对时尚运动的盖世威、帕拉丁两个品牌。361°集团则围绕篮球、跑步、综合训练和运动生活等核心产品类，实施"专业运动"与"运动潮流"双轮驱动发展策略。在提升产品功能性、潮流时尚性与整合营销能力的同时，持续优化和丰富品牌资源矩阵。

二、加大产品创新力度

安踏持续以创新科技赋能各类运动场景，提升跑步、综合训练、篮球产品的专业形象。2021年，安踏集团用于研发活动成本达11.3亿元。据统计，上市以来安踏集团已累计投入创新研发资金超50亿元，累计申请专利数超2 000项。同时，安踏集团携手清华大学、东华大学等高校共建多所"创新联合研究院"，搭建产、学、研深度融合创新研发及人才培养平台，进一步夯实运动鞋服领域的基础性创新和研究。

为迎合新时代消费者喜好，特步集团推出与少林寺合作的联名款产品。同时，特步集团推出了全新高端厂牌"XDNA"，以高端时尚运动产品为特色，展示中国文化。

在科技创新上，2020年特步集团设立了"特步环保科技平台"，推出聚乳酸纤维产品。361°集团位于晋江的研创中心，可支持智能化运动装备、结构类运动装备、功能性运动装备、功能材料研发等多类型研创实验。截至2021年年底，361°集团已取得271项专利。

三、数字化投入与应用

常态化疫情防控之下，泉州市体育品牌加速了数字化投入与应用，特别是在会员价值、官网、精准人群运营及公域引流上的加速布局。2021年，安踏集团电商业务收入同比增长50%，收入贡献占比达29%。安踏集团持续推进物流和供应链体系的智能化升级，供应链数字化平台全面上线，区域仓及云仓的零售物流网络实现了全国布局。特步电商业务收入占主品牌收入超30%。2022年年初，特步集团位于石狮的智能内部生产设施已竣工并投入使用。位于晋江的物流园区正全力兴建中，第一阶段已于2021年完成。未来全面建成后，物流园区将成为企业中央仓库，可直接将成品送往品牌零售店，并为退货订单提供智能分拣，以大幅提高运营效率。361°集团电商平台销售额同比上升55.1%。未来，361°集团还将加快电商平台数字化转型，以大数据驱动业务。

资料来源：根据人民网报道《泉州体育品牌上市企业年报业绩继续增长》改编。

二、总收益、平均收益和边际收益

为了分析利润的变化规律，在此先介绍厂商收益这一概念。

厂商收益就是厂商的销售收入。收益可分为总收益（TR）、平均收益（AR）和边际收益（MR）。

总收益是指厂商按一定价格出售一定数量的产品时所获得的全部收入。总收益定义式为：

$$TR(Q) = P \cdot Q \qquad (3.13)$$

式中：P 是市场价格；

Q 是销售量。

平均收益是指厂商平均每销售一单位产品所获得的收入。其定义式为：

$$AR(Q) = \frac{TR(Q)}{Q} \quad (3.14)$$

边际收益是指厂商增加一单位产品销售所获得的总收入增量。其定义式为：

$$MR(Q) = \frac{\Delta TR(Q)}{\Delta Q} \quad (3.15)$$

三、最优化生产决策

在了解收益和成本的基础上，具体分析体育企业在怎样的产出水平下可以实现利润最大化。

（一）方法Ⅰ：通过数学推导来确定体育企业的最优化生产点

利润由收益和成本的差值决定，即：

$$\pi(Q) = P \cdot Q - C(Q) = R(Q) - C(Q) \quad (3.16)$$

上式两边对于 Q 求导，并令其导数等于零，得到利润最大化时 Q 的取值：

$$\frac{d\pi}{dQ} = \pi'(Q) = \frac{dR}{dQ} = \frac{dC}{dQ} = 0$$

所以最大化时的均衡条件为：

$$\frac{dR}{dQ} = \frac{dC}{dQ}$$

通过 MR、MC 定义式可知：

$$MR = \frac{dR}{dQ}; \quad MC = \frac{dC}{dQ}$$

因此最大化时的均衡条件可以写作：

$$MR = MC \quad (3.17)$$

综上所述，体育企业根据 $MR = MC$ 的原则可以确定最优产量，以实现利润最大化。

（二）方法Ⅱ：通过图像分析来确定体育企业的最优化生产点

如图 3-11 所示，通过对 MC 与 MR 的分析可知：MR 曲线与 MC 曲线

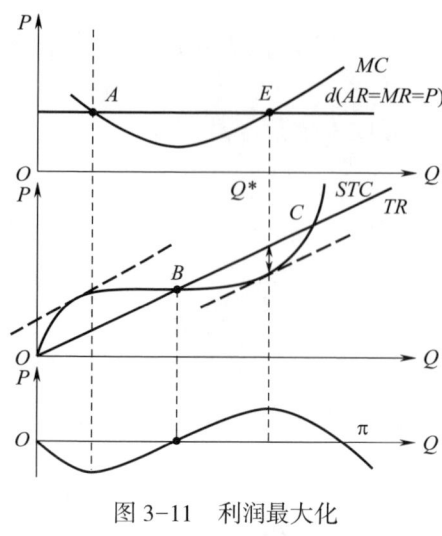

图 3-11 利润最大化

的交点 E 就是利润最大化的均衡点，对应利润最大化时的产量为 Q^*。

通过短期总成本和总收益进行分析：利润等于总收益减总成本，此时在图 3-11 中需找到 STC 与 TR 垂直距离最大的产量值。通过做 TR 的平行线可以找到体育企业生产利润最大化时的产量 Q^*，此时利润为 STC 与 TR 的垂直距离。

通过观察可知，当 $MR=MC$ 时，有两个点满足该条件，即点 A 与点 E 同时满足。那么，在这两个产量中体育企业该取哪一个产量进行生产呢？此时，通过对利润函数进行二阶导的求解，得到利润最大化的二阶条件：

$$\frac{d^2\pi(Q)}{dQ^2}=MR'(Q)-MC'(Q)<0$$

即有：

$$MR'(Q)<MC'(Q)$$

由图 3-11 可以看出，A 点满足一阶条件却不满足二阶条件，在该点左侧亏损逐渐减少，右侧利润逐渐增加，因此 A 点为利润最小化点。同理可知 E 点为利润最大化点。

所以，当体育企业生产同时满足利润最大化的一阶和二阶条件时，体育企业达到利润最大化的目的，同时满足了最优化生产。

需要说明的是，$MR=MC$ 的均衡条件也被称为利润最大或亏损最小的均衡条件。这是因为，当体育企业实现 $MR=MC$ 这一均衡条件时，不一定能获得利润。从更广泛的意义上来讲，实现 $MR=MC$ 的均衡条件，能保证体育企业处于既定成本状况和既定收益状况所能取得的最好结果。也就是说，在 $MR=MC$ 时，如果体育企业获得利润，则体育企业一定获得最大利润；相反，在 $MR=MC$ 时，如果体育企业是亏损的，则体育企业一定仅承担最小亏损。

复习思考题

一、名词解释

1. 体育企业
2. 生产函数
3. 机会成本
4. 隐性成本

二、问答题

1. 体育企业的类型有哪些？
2. 请用边际报酬递减规律解释"某健身俱乐部聘用的健身教练越多，该俱乐部的收益反而越低"的现象。
3. 体育企业在生产过程中会支出哪些成本？
4. 体育企业的最优化生产决策是什么？

延伸阅读

［1］张雷，丛湖平. 体育用品制造企业技术创新要素及作用路径研究［J］. 体育科学，2012, 32（1）：8-22+47.

［2］LAMONT M, HING N, GAINSBURY S. Gambling on sport sponsorship: A conceptual framework for research and regulatory review［J］. Sport Management Review, 2011, 14（3）：246-257.

［3］NOWY T, WICKER P, FEILER S, et al. Organizational performance of nonprofit and for-profit sport organizations［J］. European Sport Management Quarterly, 2015, 15（2）：153-173.

［4］VAMPLEW W. The Commodification of Sport: Exploring the Nature of the Sports Product［J］. The International Journal of the History of Sport, 2018, 35：7-8+659-672.

第四章
体育产品市场

本章导语

　　体育产品市场是体育消费者和生产者实现商品交易的场所。本章基于微观经济学的市场理论，首先对体育产品市场结构进行介绍，说明完全竞争市场、垄断竞争市场、寡头垄断市场和完全垄断市场四种市场结构的概念和特征。进而从垄断竞争厂商的需求曲线、长短期均衡及非价格竞争等角度对垄断竞争体育产品市场加以介绍，并运用代表性寡头垄断市场模型说明寡头垄断市场中的厂商行为。本章在此前分析的基础上，进一步说明厂商在垄断竞争体育产品市场和寡头垄断体育产品市场中如何做出利润最大化的最优决策。

学习目标

- ◆ 理解体育产品市场的概念。
- ◆ 掌握体育产品市场结构的特点。
- ◆ 掌握垄断竞争体育产品市场中的厂商策略。
- ◆ 掌握寡头垄断体育产品市场中企业的利润最大化决策。

第一节 体育产品市场概述

体育产品市场是体育产品的买卖双方相互搜寻、匹配和议价,并得以决定市场交易价格和交易数量的一种组织形式或制度安排。在经济分析中,根据不同的结构特征,可以将体育产品市场划分为完全竞争市场、垄断竞争市场、寡头垄断市场和完全垄断市场四种类型。

完全竞争市场是指不存在垄断的市场,具有最高的市场竞争程度。完全竞争市场的主要特征包括:① 买者和卖者众多。市场上有大量相互独立的个体买者和卖者,他们没有支配市场价格的能力,仅仅是市场价格的接受者。② 产品是同质的。市场上所有企业都提供同质的产品,这些产品是完全可替代的。③ 厂商进出是自由的。企业可以自由进出市场,不会受到任何阻碍。④ 信息是完全的。买者和卖者都掌握了包括价格和产品质量在内的全部市场信息,不存在由于信息不完全造成的交易成本。值得注意的是,上述四个条件说明完全竞争市场只是一种理想的市场类型,现实社会中只有极少数市场接近这种理论描述。一般认为,在体育产品市场中不存在现实意义上的完全竞争市场。

垄断竞争市场中有许多厂商生产和销售有差别的同种商品,厂商之间既有垄断又有竞争,但既不是完全垄断又不是完全竞争。垄断竞争市场的主要特征包括:① 存在大量的企业生产有差别的同种产品,这些产品彼此之间是比较接近和可以相互替代的。例如,体育用品中的平价羽毛球拍,不同品牌厂商的产品固然具有一定的独特性,但是对于羽毛球初学者来说,不同的球拍产品差异不大,具有较强的相互替代性。② 企业数量众多,以至于单个厂商认为自身行为不会引起竞争对手的注意和反应。③ 企业能够自由地进入或退出市场。④ 企业之间存在激烈的非价格竞争,如产品差异化竞争、广告竞争等。

在现实中,垄断竞争市场是一种普遍存在的市场结构,体育产品市场中健身娱乐市场、体育用品市场都属于这种类型。以大众熟悉的运动服装市场为例,不同品牌的运动服装各有特点,其设计理念以及所运用的技术均具有一定的垄断性,但同时运动服装之间显然可以相互替代,具有很强的竞争性，因而是一个典型的垄断竞争市场。产品创新可以增强企业的市场垄断地位，使企业获得超额利润。因此，企业只有不断进行创新，才能保持其在市场中的优势地位。这样就带来了运动服装品种、款式的多样化，让消费者有了更多的选择机会。

寡头垄断市场是指由少数几个厂商控制整个市场的产品生产和销售的市场。寡头垄断市场的主要特征包括：① 每一寡头都对市场有着重要的影响力。每一寡头都占有一定的市场份额，并能够对价格产生举足轻重的影响。② 寡头企业很少，彼此之间相互影响。行业内几家大企业之间为了控制市场，在产量、价格方面既合作又竞争。如果一家企业的产量或价格发生变动，其他企业会立即采取相应行动。③ 市场进出困难。市场进入和退出的障碍很大，新企业进入和老企业退出市场都相当困难。

在体育产品市场中，竞技体育类的竞赛表演活动市场属于比较典型的寡头垄断市场。在寡头垄断的体育产品市场上，每一个体育垄断组织对自己所掌控的体育赛事有着高度的垄断权，其有权制定竞赛规则、规定参赛队伍数量、确定赞助商、决定收入分配等。每一个体育垄断组织都已经建立起了非常完善的运行机制，市场格局趋于稳定，形成了很高的进入与退出壁垒。

完全垄断市场是指整个行业中只有唯一一个厂商的市场。完全垄断市场的主要特征包括：① 市场上只存在唯一的卖主。② 产品唯一。完全垄断的企业所提供的产品是独一无二的，市场上不存在替代品。③ 进出极其困难。由于市场存在极高的进入和退出壁垒，其他企业几乎不可能进入市场并与原有的垄断企业展开竞争。

通过对四种市场类型的分析不难看出，完全竞争市场和完全垄断市场是两种理想化的市场类型，很难存在于现实的体育产品市场中。而垄断竞争市场和寡头垄断市场具有更加鲜明的现实意义。因此，本书着重对垄断竞争市场和寡头垄断市场的厂商行为和最优化决策进行分析。

知识链接

★ 我国体育产品市场的监管亟待加强

2021年5月22日，由甘肃省白银市景泰县举办的2021（第四届）黄河石林山地马拉松百公里越野赛因突发恶劣天气等原因导致21位参赛选手遇难，该事件引起了高度舆论关注。相比城市马拉松和山地马拉松，越野跑大多赛程距离在40千米以上，多奔跑于野外较为陡峭的山路或荒野中。根据国际越野跑协会规则，达到70%非铺装路况，才能算越野跑。这就要求赛事主办方需要具备相对较高的户外医学知识与一定的野外救援常识，而这也成为此次事故发生后网络质疑声和追责的主要原因。同时，此次事故暴露出的相关部门政府审批不够严格、承办及实施单位专业能力匮乏、参赛者野外经验不足等目前国内极限运动赛事中普遍存在的安全隐患。例如，近两年，在瀑降、翼装飞行、高空极限运动甚至是城市马拉松等项目中出现了伤亡事件，反映出监管方、组织方及参赛者三方都存在问题。所以，要提高户外极限运动及相关赛事的安全性，还需要从切实加强体育产品市场监管做起。

《"十四五"体育发展规划》明确要求："加强体育市场监管。完善体育市场监管体制，细化监管举措，不断完善公共体育设施、体育赛事活动、运动技能培训、体育中介服务等重点领域的监管制度体系，进一步加大事中事后监管力度。坚决贯彻'管行业必须管安全，管业务必须管安全，管生产经营必须管安全'的要求，强化行业管理责任，切实提高体育行业安全管理工作水平。进一步强化山地户外越野等重点项目和高危险性体育项目监管，健全完善体育运动项目管理办法和行业标准，切实保障消费者人身安全和企业合法权益。"

第二节　垄断竞争的体育产品市场

一、垄断竞争厂商的需求曲线

由于垄断竞争厂商对自身产品有一定的定价权，即能够通过改变所生产的产品数量来影响产品的价格。因此，垄断竞争厂商的需求曲线是向右下方倾斜的。如上一节垄断竞争厂商的特征所示，由于厂商数量众多，以至于每个厂商都认为自己的行为不会引起竞争对手的注意和反应。因此就出现了图4-1中的曲线d和曲线D这两类需求曲线。

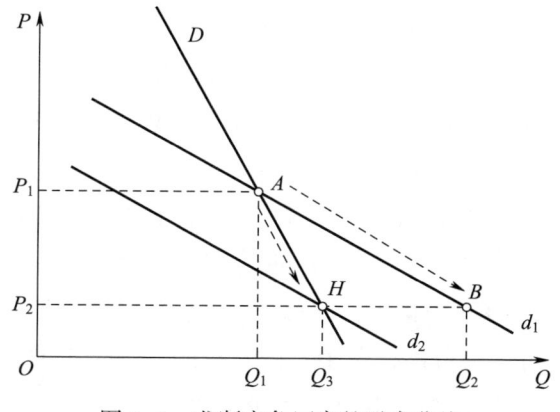

图 4-1 垄断竞争厂商的需求曲线

（一）主观需求曲线

主观需求曲线 d 表示某个厂商改变产品价格而其他厂商产品价格保持不变时，该厂商的产品价格和销售量之间的关系。

在图 4-1 中，某厂商的需求量开始时处于价格为 P_1、销售量为 Q_1 的 A 点上。然而该厂商希望通过降低价格增加销售量来获得更大收益，于是该厂商将价格降为 P_2。在降价的过程中，厂商希望通过降价不仅能增加原有购买自己产品的消费者数量，同时可以把其他厂商的消费者用低价吸引过来。当然，这个想法是建立在该厂商认为其他厂商不会对他的降价行为做出反应的基础上。因此该厂商认为通过降价其需求量可以达到价格 P_2、销售量 Q_2 的 B 点。因此穿过 A、B 两点的需求曲线 d_1 被称为主观需求曲线，或厂商的预期需求曲线。

（二）实际需求曲线

然而，其他厂商往往不会让降价厂商通过降价提升销量的这一想法轻易得逞。于是，其他厂商也会及时做出调整，进而产生了另一条需求曲线 D。需求曲线 D 表示当某个厂商改变产品价格时，其他所有厂商也使产品价格发生相同变化，在此条件下该厂商的产品价格与销量之间的关系。

在图 4-1 中，某垄断竞争厂商将价格由 P_1 降至 P_2 时，集团内其他厂商也将价格进行同样调整，于是该厂商的实际需求量变为 D 上在价格 P_2 时的 H 点。这一变化也较容易理解：当集团内所有垄断竞争厂商将价格同时降低时，需求量的增加是必然的，然而需求量却不会按照 d_1 的预测去增长，这是因为 d_1 的增长量还包括降价厂商希望从其他厂商手里抢来的客户，然而随着所有厂商的变动，这一优势被大大削弱，因此销量增加量减少，实际需求曲线 D 比预期需求曲线 d_1 更陡。

由于受到实际需求曲线 D 的影响，厂商由价格 P_1 降价至 P_2 所带来的影响为主观需求曲线 d 从过点 A、B 的 d_1 移动至过点 H 的 d_2。此时 d_2 作为在价格 P_2 水平下，该垄断竞争厂商单独改变价格时的预期销售量。

通过上述分析容易看出，单个厂商是按照主观需求曲线 d 进行决策的，但需求曲线 D 作为价格变动规律的客观体现，"制约"了单个厂商通过降价提高销量的期望。因此，可以将需求曲线 d 和需求曲线 D 的关系总结如下：第一，当垄断竞争市场中的所有厂商都以相同的方式改变价格时，整个市场价格的变化会使得单个垄断竞争厂商的需求曲线 d 发生平移；第二，由于需求曲线 d 和需求曲线 D 分别表示厂商主观预期销售量和实际销售量，所以当二者相交时意味着供求相等的状态；第三，需求曲线 d 相对于需求曲线 D 弹性更大，因而更为平缓。

二、垄断竞争厂商的短期均衡

通过前面章节的学习我们知道，当厂商达到 $MR=MC$ 时，就达到了均衡状态。对于垄断竞争厂商而言也是如此。

在短期内，垄断竞争厂商在现有生产规模下通过对产量和价格的调整，来实现 $MR=SMC$ 这一均衡条件，垄断竞争厂商实现短期均衡的过程如图 4-2 所示。

在图 4-2 中，SAC 和 SMC 代表了企业的生产规模。由于是在短期，可以认为该企业生产规模不变，因此 SAC 与 SMC 位置不变。d 和 D 分别代表了两种需求曲线，MR_1、MR_2 分别是 d_1、d_2 曲线的边际收益线。

由于曲线 d 和 D 相交时意味着供求相等，因此我们假设最初企业在 D 与 d_1 的交点 A 处进行生产。就 A 点的状态而言，与实现利润最大化的 $MR=SMC$ 时的均衡点 E_1 的产量 Q_1、P_1 相差甚远，因此企业也希望通过降价的方式达到利润最大化。于是企业计划将生产状态由 A 点调整至产量 Q_1 所对应的 B 点。

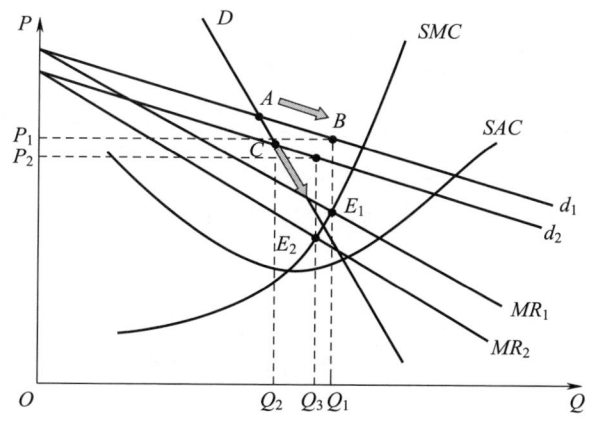

图 4-2　垄断竞争厂商短期均衡的形成过程

然而，该企业的降价未能达到预期目标。通过前述分析可知，整个市场内的所有企业均做出了行动，于是当该企业将价格降为 P_1 时，产量只达到了 D 曲线上 C 点的 Q_2，同时需求曲线 d 也从 d_1 移动至 d_2，此时对应的边际收益曲线为 MR_2。同之前的分析一样，这一次厂商依旧发现处于 C 点的生产与利润最大化的 E_2 点有较大差距，于是厂商会选择继续降价。

上述的降价行为会一直持续到厂商没有理由继续降价为止，也就是说会一直降到当 d 与 D 的交点和 MRx 与 SMC 的交点处于同一产量 Qx 时，此后降价行为就会停止，即达到了短期均衡，如图 4-3 所示。

在图 4-3 中可以看到，厂商首先要保证供求相等，即选择 D 与 d 的交点 H；然后保证利润最大化条件 $MR=SMC$，即选择在 E 点进行生产。当二者处在同一产量时，厂商的产量调整过程结束，达到了短期均衡。在短期均衡状态下，企业获得利润，利润相当于图中阴影部分的面积，即产量与成本和售价差的乘积。

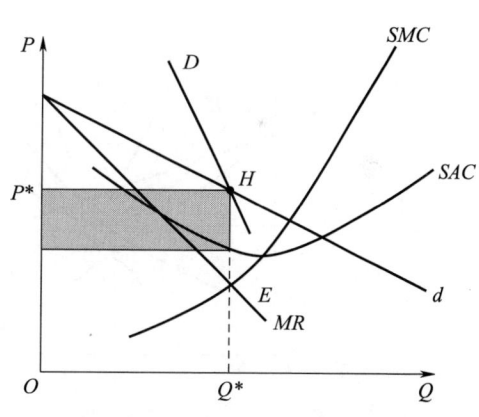

图 4-3　垄断竞争厂商的短期均衡

同第三章中最优化生产一样，满足以上条件的生产情况可能意味着利润最大化也可能意味着亏损最小化。这取决于均衡价格是否高于 SAC。

91

三、垄断竞争厂商的长期均衡

在长期内,厂商不仅可以对产量进行调整,同时可以选择进入或退出市场。当厂商在生产销售的过程中发现利润小于零,则厂商将会退出这一生产过程,反之则会加入。也就是说,在长期垄断竞争市场中,厂商利润必然等于零。

在图4-4中,最初企业在曲线D与d的交点I处进行生产,此时有超额利润存在,会吸引新的厂商进入市场,进而导致总产量升高、售价降低、利润下降。

随着新厂商的进入,代表了原厂商需求数量的D曲线将会左移,这是因为新厂商的加入带来更多的产量,从而导致对于原厂商的需求份额下降。而随着新厂商的加入,竞争会变得更为激烈,d曲线的弹性进一步升高,进而导致d曲线更为平缓。曲线D和d的移动共同影响了均衡点的位置。

当利润等于零时,新厂商就会停止加入。在该状态下,收益一定等于长期平均成本,即d与LAC相切,如图4-5所示。

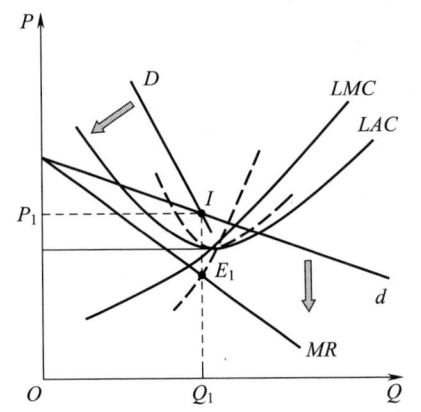

图4-4 垄断竞争厂商长期均衡的形成过程

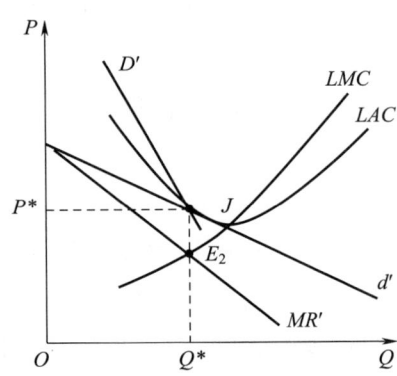

图4-5 垄断竞争厂商的长期均衡

在图4-5中,d'与LAC相切,满足了利润为零这一条件,同时也满足了供求相等点J与利润最大化点E_2处于同一产量这一均衡条件,因此达到了长期均衡。至于垄断竞争厂商由亏损到利润等于零的变化过程,分析思路与此类似但变化方向相反,本书不再赘述。

四、垄断竞争厂商的非价格竞争

通过前述分析，我们已经知道短期内垄断竞争厂商可以通过价格竞争获取更高的销量进而提高收益以及利润，但是在长期中无法通过价格的降低获得高收益，原因在于长期利润最终等于零。因此，非价格竞争成为垄断竞争厂商普遍采用的一种竞争方式。

在垄断竞争市场上，由于每一个体育企业生产的产品虽然可以相互替代，但是每个产品又都与其他产品存在差别，所以厂商往往通过改进产品品质、精心设计商标和包装、改善售后服务，以及进行广告宣传等手段来扩大自己产品的市场销售份额，这就是非价格竞争。

垄断竞争厂商进行非价格竞争，仍然是为了获得最大利润。不过进行非价格竞争是需要成本投入的。以运动服装市场为例，在厂商进行广告宣传的过程中，一定会有广告投送费用产生。厂商进行非价格竞争所花费的总成本必须小于由此所增加的总收益，否则厂商是不会选择这种非价格竞争方式的。很显然，边际收益等于边际成本的利润最大化原则，对于非价格竞争仍然适用。

经济学家对于非价格竞争的评价不尽相同。有经济学家认为，非价格竞争作为厂商之间相互竞争的一种形式，强化了市场的竞争程度，而且非价格竞争的一些具体做法客观上满足了消费者的需要。但也有一部分经济学家认为，非价格竞争增强了消费者对某些产品的依赖性，从而使得厂商强化了自身产品的垄断程度。

这两种观点均能够在现实中找到相应佐证。例如，企业通过广告宣传、售后服务等方式吸引新客户，或从其他厂商手中吸引客户，确实提升了整个市场的竞争激烈程度。但同时，体育企业又会选择通过品牌社群建设和维护等手段加强客户黏性，从而强化自身在市场上的垄断地位。

案例

★ 安踏崛起之非价格竞争

安踏体育用品有限公司（以下简称"安踏"）的崛起之路很好地体现了非价格竞争的诸多策略。通过安踏的发展过程，可以看到非价格竞争对于垄断竞争体育企业的必要性与积极意义。

1991年安踏在福建晋江成立。经过30余年的发展，由一家普通的制鞋作坊成长为世界第二大运动品牌。20世纪90年代，在众多制鞋作坊以压缩成本、降低价格来获取更多订单的时候，安踏创始人丁世忠决定摆脱原有的"以价取胜"策略，转而将目标定为"以质取胜"，通过提高产品质量、树立品牌形象的方式提升市场份额。1999年，丁世忠邀请当时乒坛备受关注的孔令辉担当品牌代言人。安踏当时的年营收仅百万元，而邀请孔令辉代言的出价高达80万元。这一做法令同行企业不解，因为当时的市场上有大量订单可以接受，完全不必斥巨资进行品牌建设。但事后证明，这一次跳出产品价格本身的竞争方式，为安踏后续的健康发展奠定了良好基础。

2005年，丁世忠第二次作出了影响安踏公司发展的重要决断，他通过去家族化等一系列改革措施将安踏推上了集团化发展的快速轨道，并于2007年在香港成功上市。上市后的安踏将目光放到了国际市场上，先后签下了火箭队的弗朗西斯、斯科拉和邦奇威尔斯等球星，与国内品牌匹克、李宁在美国男子职业篮球联赛市场上形成了三足鼎立之势。

2012年，随着2008年北京奥运红利逐渐消失，国内的运动鞋市场趋于饱和，包括安踏、李宁、特步在内的国内众多知名体育品牌均迎来"寒冬"。安踏又一次主动革新，在收购斐乐（FILA）之后开启了以零售为导向的转型之路，将重点放在了提升终端店铺与零售商的竞争上。这次转型将安踏公司带出了竞争困境，在此后的10余年里安踏市值一路走高，并于2020年6月以5 082亿元人民币的市值超过了阿迪达斯，成为全球市值第二的运动品牌。

通过安踏的发展之路不难看出，安踏没有将价格作为提升自身市场竞争力的主要方式，而是通过提升质量、树立品牌、代言宣传、提升消费体验等一系列手段增加消费者对于品牌的忠诚度。毕竟在运动鞋市场中存在着匹克、阿迪达斯、李宁等众多品牌，在消费者满足"穿着舒适"的需求背景下，众多厂商所生产的产品具有较强的替代性，因此一味降价并不能有效打开市场。而非价格竞争有利于培育公司产品及服务的独特性，从而提升顾客的长期黏性和品牌忠诚度，是垄断竞争体育企业提升市场份额的重要手段。

第三节　寡头垄断的体育产品市场

一、寡头垄断市场的特征

在寡头垄断市场中价格和产量的决定是一个复杂的问题，原因在于：在寡头垄断市场上，每个寡头都占有很大的市场份额，对于整个寡头垄断市场而言，每个厂商的行动改变都会对整个市场产生举足轻重的影响。正因如此，每个寡头在作出决策之前都需要推测自己这一行动对其他厂商的影响，以及其他厂商会作出的反应，然后在此基础上作出对自身最有利的决策。

要分析寡头行为的相互影响首先需要刻画寡头之间的反应方式，这会大大增加理论模型的复杂程度。一般而言，有多少关于竞争对手之间反应方式的假定，就会产生多少寡头厂商的理论模型。本节主要介绍寡头垄断市场理论中具有代表性的一个模型——古诺模型。

二、古诺模型

古诺模型最早由法国经济学家古诺于1838年提出，但是其解释力超越了时代的局限性，理论影响延续至今。古诺模型采取了只包含两个寡头厂商的简单形式，因此该模型也被称为"双头模型"，但古诺模型的结论可以很容易地推广到三个或三个以上的寡头厂商情形中。

古诺模型的假定是：市场上只有A、B两个厂商生产和销售相同的体育产品，他们的生产成本都为零；他们共同面临的市场需求曲线是线性的，A、B两个厂商都能够准确掌握市场的需求曲线；A、B两个厂商都是在已知对方产量的情况下，各自确定能够给自己带来最大利润的产量，即每一个厂商都是消极地以自己的产量去适应对方已确定的产量。下面通过图4-6来对古诺模型的价格和产量如何决定作出说明。

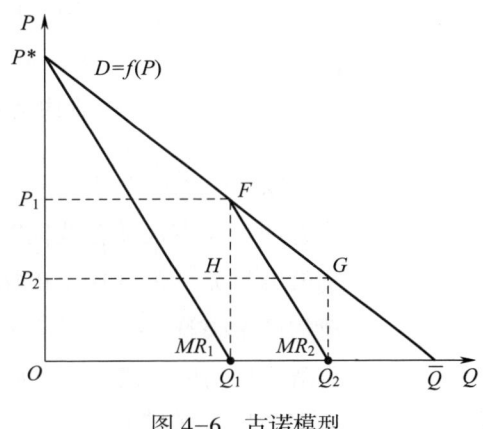

图4-6　古诺模型

在图 4-6 中，D 曲线是两个厂商所面临的线性市场需求曲线，由于生产成本为零，故 MC 与横轴重合。

在最开始，厂商 A 先进入市场，为实现最大利润，该厂商决定在价格 P_1、产量 Q_1 的 F 点进行生产。原因在于，由于成本为零，利润为 P_1FQ_1O。同时，当 $MR = MC$ 时，交点为 Q_1（MR 斜率的绝对值为曲线 D 的两倍，因此横轴截距为曲线 D 的 1/2）。

然后，厂商 B 进入市场，由于二者在"已知对方产量"的前提下进行决策，因此厂商 B 准确地知道厂商 A 留给自己的市场份额为总市场份额的 1/2，即 $Q_2Q = 0.25OQ$。在此基础上，与厂商 A 的决策方式相同，厂商 B 选择在 $MR_2 = MC$ 的 Q_2 产量（G 点处）进行生产，此时市场价格也相应下降为 P_2。厂商 B 获得的利润为 Q_1Q_2GH，而厂商 A 获得的利润由于价格下降而降为 OP_2HQ_1。

在第二轮行动中，厂商 A 知道厂商 B 留给自己的市场份额为 3/4，参照上述推导过程，易知厂商 A 选择其中的一半，即 3/8。此时轮到厂商 B 再次作出决策，他会选择厂商 A 留下的 5/8 中的一半，即 5/16。不难看出，厂商 A 的市场份额由 1/2 下降至 3/8，以及下一轮的 11/32；厂商 B 的市场份额由 1/4 上升至 5/16，再到下一轮的 21/64。通过数学递归可知，最终行业达到均衡产量时，厂商 A 和厂商 B 各占总产量的 1/3。

由上述推导可以发现，在古诺模型的假设条件下，如果令寡头数量为 m，则可以得到如下一般性结论：

$$每个寡头厂商的均衡产量 = 市场总容量 \times \frac{1}{m+1}$$

$$行业均衡总产量 = 市场总容量 \times \frac{m}{m+1}$$

以下引入一个冰雪产业的具体例子。假设某省滑雪市场一片空白，现在有两家冰雪运动企业同时想进军该省的滑雪市场，都准备通过开办滑雪场的方式完全占领这个市场。我们可以用古诺模型分析这两家冰雪运动企业的产量决策。我们假定这两家企业开办滑雪场的边际成本为 10 万元，该省滑雪场的市场需求情况如表 4-1 所示，市场总容量为 12 个滑雪场，那么根据前述古诺模型中每个寡头厂商的均衡产量，我们可以推断这两家冰雪运动企业的产量决策是每家企业各自开办 4 个滑雪场。

▶ 表 4-1　某省滑雪场需求表

滑雪场数量 / 个	每个滑雪场收入 / 万元
1	220
2	200
3	180
4	160
5	140
6	120
7	100
8	80
9	60
10	40
11	20
12	10

现在我们假设如果两家企业中一家考虑减少 1 个滑雪场，由 4 个滑雪场减少为 3 个，使总滑雪场数减少为 7 个，此时该店的收入为 300 万元，利润为 270 万元；开 4 个滑雪场时其收入为 320 万元，利润为 280 万元。所以企业不会减少门店，而是会保持 4 个滑雪场。如果两家企业中一家考虑再增加 1 个滑雪场，由 4 个滑雪场增加为 5 个，使总门店数达到 9 个，会发现尽管拥有 5 个滑雪场，但利润反而比拥有 4 个滑雪场时少 30 万元，于是该企业将不会增加新的门店，而只保持 4 个滑雪场。

知识链接

★ 联盟制职业体育组织与寡头垄断

在体育产品市场中，从某个区域的体育赛事来看，存在寡头垄断的情形。主要特点是在某个区域中存在少数同类体育项目的组织者，他们分别拥有一定的市场份额，彼此间既相互竞争又相互依赖，如美国职业篮球联赛、英格兰足球超级联赛、西班牙足球甲级联赛、意大利足球甲级联赛、德国足球甲级联赛、法国足球甲级联赛等。尽管这些体育组织比国际奥委会和国际足联要小，但是它们对市场价格和赛事规模具有支配作用。例如，这些体育组织可以制定竞赛规程以限制参赛队的数量和各地名额分配，可以限制赞助者的条件及赞助费，决定电视转播权价格和比赛收入的分配方式，以及制定和实施标志产品和专用产品计划等。因此，这些寡头具有瓜分体育产品市场的能力。

在消费者体育消费时间有限的情况下，无法在同一时间观看两场体育赛事，或收看两种不同的赛事转播。因此，不同类型的体育赛事联盟对于市场份额的划分又可以在一定程度上理解为寡头对于消费者体育消费时间的瓜分。为了最大程度上做到互不干扰，体育组织寡头会着力让每一种体育赛事的效益达到最大化。如西班牙足球甲级联赛、意大利足球甲级联赛以及德国足球甲级联赛的举办时间为9月到次年5月，欧洲杯举办时间集中在6—7月，各联盟和锦标赛时间的把控可以更大程度上满足球迷的需要。

复习思考题

一、名词解释

1. 体育产品市场
2. 非价格竞争
3. 古诺模型

二、问答题

1. 结合完全竞争市场的特征，说明现实体育产品市场中通常不存在完全竞争市场的原因。
2. 结合安踏的发展历程，分析垄断竞争体育厂商的竞争策略。
3. 试分析寡头垄断体育产品市场中的企业如何作出利润最大化的最优决策。

延伸阅读

[1] 李刚, 张林. 中国现代体育市场体系发展的历史溯源、现实审视与路径选择 [J]. 体育科学, 2020, 40 (9): 3-13.

[2] DOYLE, JASON, FILO, et al. Exploring sport brand double jeopardy: The link between team market share and attitudinal loyalty [J]. Sport Management Review, 2013, 16 (3): 285-297.

[3] NOWY T, WICKER P, FEILER S, et al. Organizational performance of nonprofit and for-profit sport organizations [J]. European Sport Management Quarterly, 2015, 15 (2): 155-175.

[4] YOSHIDA M, JAMES J D, CRONIN J J. Sport event innovativeness: Conceptualization, measurement, and its impact on consumer behavior [J]. Sport Management Review, 2013, 16 (1): 68-84.

第五章
体育劳动力市场

✴ 本章导语

　　一家体育公司想要正常经营运转，就离不开员工的招募和资金的保障。也就是说，体育产品的供给是以劳动力、资本等生产要素的投入为前提的。本章介绍体育要素市场之一的体育劳动力市场。首先，本章从供给和需求两个角度讨论了体育市场的劳动力要素和失业现象。供给方面，重点介绍了劳动力供给的定义以及劳动力供给的长期和短期影响因素，并结合劳动参与率的概念讨论了劳动力供给的决策过程。需求方面，重点介绍了劳动力要素的派生需求特征，以及劳动力需求弹性的概念。其次，本章分析了劳动报酬的差异及理论解释，并介绍了包括方差、基尼系数、洛伦兹曲线在内的衡量劳动报酬差异的几种重要统计工具。最后，本章讨论了在体育市场中企业家精神的作用，以及与之相关的制度环境。

📔 学习目标

- ◆ 了解体育劳动力市场中企业家精神的概念和作用。
- ◆ 理解体育劳动力市场供给与需求的相关概念。
- ◆ 掌握体育劳动力市场的失业理论模型。
- ◆ 掌握体育劳动力市场收入不平等的测量方法。

第一节 体育市场的劳动力要素和失业

一、体育市场的劳动力供给

（一）劳动力供给的定义

在体育产品市场中，供给者是各类体育厂商，而需求者是以个人和家庭为代表的消费者。但是，在体育领域的生产要素市场，情形则刚好相反。厂商成为生产要素的需求者，而资本、劳动等生产要素的所有方则成为相应的供给者。体育资本市场将在本书第六章中专门介绍，因此本章所指的体育要素市场主要讨论体育市场中的劳动力要素。

与产品市场类似，劳动力市场也存在供给和需求两个方面。其中，劳动力供给可以从短期和长期两个方面分别考察。在短期的劳动力供给分析中，经济学家假设人口规模和人均技能水平不发生改变，从而形成了衡量短期劳动力供给的三种基本尺度：一是既定规模的人口中供给劳动的人数；二是工作时间；三是前两者的结合，即劳动供给人数与每人工作时间相乘所形成的"人·时"指标。而在长期分析中，技能水平、人口规模和结构等因素都可以发生变动。因此，衡量长期劳动力供给的变动还可以使用另外两种尺度：一是长期中一切可变的人口因素对劳动力供给规模的影响，如出生、老龄化、死亡和迁移等；二是能够影响个体技能水平的一切特征，包括"干中学"在内的教育、培训和经验的积累等。

（二）劳动力供给决策与劳动参与率

劳动力供给决策可以通过劳动参与率的概念予以表示。体育要素市场的劳动参与率由体育行业内有工作以及正在寻找工作的劳动者（劳动力人口）占相应人口（潜在劳动力或劳动适龄人口）的百分比所决定。通常对于潜在劳动力（或劳动适龄人口）的定义是指人口总量减去：① 未满法定就业年龄的人；② 已经达到法定退休年龄的人；③ 出于其他原因无法供给劳动的人（如正在监狱服刑的罪犯以及丧失劳动能力的残疾人群等）。体育市场劳动参与率用公式表示即为：

$$体育市场劳动参与率 = \frac{体育行业的劳动力人口}{体育行业的潜在劳动力规模} \times 100\%$$

劳动参与率的影响因素较为复杂，除了经济因素，还有道德、法律以及个人偏好特征等因素。例如，男性和女性适于从事的体育项目往往具有显著差异，因此在体育要素市场的各个细分领域中，不同性别、不同婚姻状态的人群在劳动参与率方面就会呈现出较大区别。

传统的劳动力供给分析重点关注工作时间，考察理性决策个体如何将时间在市场工作和闲暇之间予以分配。显然，工作时间的决策会受到工资率的影响，但工资率的变化对工作时间的影响却不是一成不变的。对于工资回报敏感的劳动者，在工资增加时会选择增加劳动供给。但是对于闲暇时间敏感的劳动者，则倾向于用增加的工资收入换取闲暇时间，即刻意减少自身的工作时间。因此，提高工资率既有可能增加人们愿意提供的工作时间，也有可能导致劳动供给减少。

二、体育市场的劳动力需求

（一）劳动力需求与派生需求

在讨论体育产品市场时，消费者对各种商品和服务的需求表现为直接需求。但当我们考察体育要素市场时，会发现普通的消费者并不需要直接消费劳动力等生产要素。进一步讲，对生产要素的需求是由于消费者对体育产品存在需求而派生出来的，这种需求因而被经济学家称为派生需求（或引致需求）。具体而言，体育企业之所以雇佣工人，是因为消费者对企业生产的产品有需求。因此，企业实际上扮演了中间人的角色，来代替消费者雇佣工人，这就是派生需求（或引致需求）的本质所在。

劳动力作为体育领域的生产要素之所以值得专门研究，除了其所具有的派生需求特点，还因为对劳动力的需求与其他生产要素需求相比存在特殊之处。一方面，劳动投入的是人力，因此不仅需要关心投入的数量以及其与产出之间的关系，还需要关心劳动者工作的条件和配套的激励措施等。也就是说，在满足劳动力需求的过程中必须恪守社会的价值规范和公序良俗，而非诉诸纯粹的市场自由。另一方面，恰恰由于劳动力需求具有上述特点，政府易出于政治因素考虑，作出偏离市场效率的制度安排。例如，政府往往直接规定企业的雇佣数量、限制企业的解雇行为、规定企业的工资水平等，此类政策安排固然形成了对于劳动者的社会保护，但也有可能使企业难以按照劳动力市场的信号反映其实际需求。

（二）劳动力需求弹性

在讨论体育企业的劳动力需求时，劳动力需求弹性是经常使用的概念。弹性是经济学中的常见术语，是指某一个变量对另外一个变量变化的反应程度，通常写成两个变量百分比的比值形式。具体到体育要素市场，劳动力需求弹性描述的是工资变化所引起的劳动力需求变化。根据经济学理论的严格定义，劳动力需求弹性也称为需求工资弹性，指的是工资变动的百分比所引起的劳动需求变化的百分比，用公式表示即为：

$$\eta = \frac{\%\Delta E}{\%\Delta w}$$

式中：η 表示劳动力需求弹性；

$\%\Delta$ 表示变化的百分比；

E 表示就业数量；

w 表示工资率。

根据经济学理论，劳动力需求曲线向右下方倾斜。即工资率上升，就业数量会下降；反之，工资率下降，则就业数量会上升。因此，工资率变化的方向和就业数量变化的方向相反，即劳动力需求弹性为负值。一般来说，经济学中把弹性绝对值大于 1 的情形称为富有弹性，等于 1 称为单位弹性，小于 1 称为缺乏弹性。

三、体育劳动力市场的失业现象

劳动力的供给和需求处于均衡状态，体育劳动力市场实现出清，往往只是经济学理论所描述和追求的理想状态。在现实的劳动力市场中，供给和需求失衡的现象十分普遍。其中，劳动力市场供过于求会导致劳动者遭遇失业风险，因此受到经济学家和公共政策制定者的格外关注。经济学家根据失业的特征和形成机制,将失业分为季节性失业、摩擦性失业、结构性失业和周期性失业四种类型。

(一)季节性失业

季节性失业对于体育劳动力市场而言,是非常有代表性的一类失业现象。季节性失业这一概念最初来源于农业生产。对农业工人来说,耕种季节过后劳动力需求会相应减少,这时就容易引发季节性失业,即劳动力市场会呈现"农忙"和"农闲"的明显季节特征。由此可见,季节性失业是由劳动力需求的波动所引发的失业。

体育劳动力市场之所以会受到季节性失业的困扰,是因为体育活动的组织和开展往往具有类似农业生产的季节性。例如,奥林匹克运动会、国际足联世界杯等重大国际体育赛事均具有固定的举办周期,不同国家和地区范围内的各类体育联赛也普遍实行赛季制。此外,冰雪项目等特定运动在客观上会受到设施和场地的季节性限制。因此,市场对于运动员的直接劳动需求,以及围绕赛事和其他体育活动的间接劳动需求均会呈现季节性波动。

(二)摩擦性失业

摩擦性失业是劳动力市场最难以消除的一类失业,是指即使市场处于均衡状态也会存在的失业。这是因为即使劳动力市场整体处于供求均衡状态,但每一时期总会有进入体育劳动力市场的新增劳动力寻求就业,也会有人以辞职的方式放弃目前的就业机会、重新谋求就业,还会有就业者或失业者出于种种原因选择退出劳动力市场,这都会导致摩擦性失业的存在与持续。

概括而言,体育劳动力市场之所以存在摩擦性失业,有两个原因:一是因为劳动力市场本身即具有一种内在的动态性。无论高水平运动员还是体育领域的普通从业者,都难以保证自身的雇主选择和就业状态是一成不变的。当劳动者出于某种考虑重新选择雇主和就业机会时,工作转换的空档就会造成摩擦性失业,这是劳动力市场的自然现象。二是因为暂时的失业者和需要劳动力的雇主之间相互搜寻和匹配需要花费时间。这种时间成本既可能是主动产生的，也可能是被动产生的。在职业体育联赛中，运动员因追求自由转会而被"雪藏"的现象，也可以视为被动遭遇摩擦性失业的一种形式。

（三）结构性失业

结构性失业是指劳动力市场需要的技能和劳动力实际供给的技能之间出现了不匹配的现象。体育劳动力市场的结构性失业现象较为普遍。例如，竞技水平无法达到俱乐部要求的运动员将会失去续约机会，这是结构性失业的典型表现。除运动员群体外，体育行业的任何从业者都有可能遭遇结构性失业的风险和挑战。

一方面，破解结构性失业的关键在于提升教育和培训质量，特别是增强对于劳动力市场技能需求的针对性。但是教学内容的调整，特别是教师和教练员自身技能结构的改变通常具有滞后性，很难实时地适应劳动力市场的最新变化。另一方面，对于体育行业的从业者而言，如果工资率是完全富有弹性的，并且职业流动或地区流动的成本很低，那么劳动者完全可以选择转移到对技能要求更低的雇主处实现就业，直至退出劳动力市场，即市场自发调节能够使结构性失业自动消失。但是，现实的劳动力市场很难完全满足上述条件。因此，结构性失业成为体育劳动力市场的长期困扰。

（四）周期性失业

周期性失业也称需求不足性失业，是与宏观经济的波动即"经济周期"联系在一起的失业。在实际工资水平不具有向下浮动的灵活性的情况下，当体育产品市场的总需求下降引起体育劳动力市场的劳动需求普遍下降时，周期性失业就会出现。

经济学家长期关注失业和宏观经济的关系，形成了奥肯定律和菲利普斯曲线这两个重要的理论发现。美国经济学家阿瑟·奥肯观察到，在经济增长率与失业率两者的变化之间存在着一种稳定的关系，这一发现被称为奥肯定律。后世的经济学家根据美国长期以来的宏观经济数据和失业数据进行测算，结果表明1个百分点的失业率下降与3个百分点的经济产出增长相联系。对于我国而言，尽管具体的数据测算结果有所不同，但这一经验法则依然适用。因此，我国的宏观经济政策把"保就业"视为事关国计民生的首要政策目标。

1958年，英国经济学家菲利普斯发表文章，揭示了失业率和通货膨胀率之间互为消长的关系，这种关系因此被称作菲利普斯曲线。由于通货膨胀率在宏观经济学中常被视作反映经济景气程度的代理变量，因此也可以认为菲利普斯曲线揭示了失业率和经济增长率之间互为消长的关系，如图5-1所示。在使用实际经济数据进行测算的过程中，经济学家认为菲利普斯曲线的存在性是具有争议的。目前经济学界较为一致的看法是：在短期内，消费价格与工资率，或者说经济增长率与失业率之间，常常可以观察到一种数量上的替代关系；在长期中，难以观察到稳定存在的菲利普斯曲线。

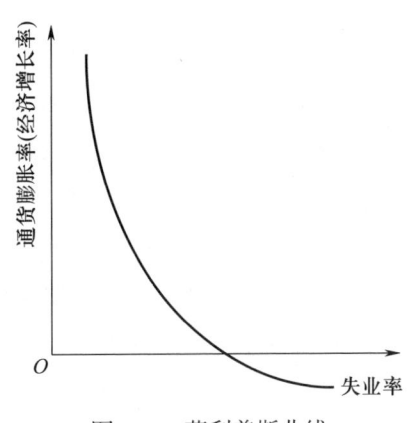

图5-1　菲利普斯曲线

案例

★ 疫情背景下欧洲体育市场的周期性失业

2020年年初以来，新型冠状病毒感染疫情让全球体育赛事几乎全部停摆，也让职业运动员处于周期性失业状态。特别是那些低级别、低排名或冷门项目职业选手，面对"零收入"的困境，许多运动员兼职打工以渡过难关，这也引发对欧洲职业体育体系的关注和反思。

从3月开始，28岁的德国网球选手克拉维茨由于无法靠参加比赛获得奖金，便与另一名网球选手瓦格纳在慕尼黑一家大型连锁超市打工。当临时工的克拉维茨在超市每月基本工资仅450欧元，不足以支付房租。不过从6月8日起，克拉维茨计划参加德国网球协会新系列比赛，他在超市的工作也将暂告一段落。像克拉维茨这样临时改行的职业选手在其他国家也有不少：罗马尼亚女排联赛暂停后，27岁的比利时女排运动员范德维尔回国找了份超市兼职；泰国羽毛球男双球员博丁·伊萨拉开了家面包店；世界排名第728位的美国网球运动员诺维科夫开起网约车；2012年伦敦奥运会男子花剑团体银牌得主、日本运动员三翟亮和美国职业棒球大联盟球员皮特·拜耳都兼职成为外卖员。

> 商业化是欧洲职业体育的一大特点。职业运动员们平日与俱乐部、赞助企业的关系，远比跟各国体育机构"走得更近"。然而，体育过度商业化也会产生弊端。瑞士《每日导报》称，一旦体育俱乐部和企业陷入经济困境，运动员就会因周期性失业而面临"零收入"。此外，欧洲国家各级奥组委以及各类体育组织更青睐精英运动员，对低排名运动员几乎没有援助。
>
> "疫情让欧美职业体育体系不堪重负。"德国柏林体育记者拉尔夫认为，"举国体制"的体育体系如今显现出优势，运动员在疫情之后可以全身心投入备战；与之相比，欧美职业运动员则需要更长时间恢复元气。他认为欧美国家未来应更多参与到低排名运动员的培养之中，让他们无后顾之忧。近日确实已有越来越多的体育组织行动起来：全英草地网球协会拨款2 000万英镑救助疫情期间失去经济来源的球员、教练员和相关从业人员；世界田联与国际田径基金会共同启动50万美元专项资金，帮助遭遇经济困难的田径运动员；高尔夫美巡赛宣布赛事重启后将扩大参赛阵容，增加球员比赛机会以获取奖金。
>
> 资料来源：根据环球网报道《欧洲运动员"失业"，谁之过？》改编。

第二节 体育从业者的劳动报酬

一、劳动报酬的定义

体育从业者的劳动报酬是指劳动者向体育领域、体育行业的用人主体提供劳动而获得的经济报酬。在商业实践和日常生活中，常用"工资"这一概念来指代理论意义上的劳动报酬。工资有广义和狭义之分。狭义的工资，仅指劳动者得到的直接货币报酬，主要由基本工资、奖金和津贴构成。广义的工资，则包括狭义工资以及直接货币形式以外的报酬和福利，如雇主提供的社会保险、住房公积金、住房补贴和企业福利等。在本节的讨论范围中，"劳动报酬"和"工资"的概念可以相互替换使用。

对于普通劳动者而言，工资通常是收入的主要构成部分，但二者并不必然相等。这是因为劳动者的经济身份可以有多种可能性。例如，在体育公司就业的劳动者，下班后也可以通过微商等形式销售体育用品而获得收入。因此，我国的宏观经济统计部门把城镇家庭总收入划分为工资性收入、经营性收入、财产性收入和转移性收入四种类型。经济学理论认为，不同的收入形式反映了社会成员参与经济活动和社会分配的不同偏好特征。工资性收入通常更加稳定，因此风险厌恶者倾向于选择成为雇佣劳动者；经营性收入、财产性收入的获得往往伴随更大的风险和不确定性，从而吸引着更具风险偏好和企业家精神的个体。

二、劳动报酬的差异及理论解释

（一）异质性人力资本理论

人力资本是一个内涵复杂的概念，既包括容易观察到的受教育程度、培训经历、工作经验等，也包括不容易观察到的能力等。前者常用于解释体育行业中一般性岗位的劳动报酬差异。大量的统计事实表明，从平均和整体的意义上讲，受教育程度越高的劳动者工资水平也越高。而劳动者之间之所以存在工资差异，是因为一些劳动者比另一些劳动者积累了更多的人力资本。年轻人之所以工资较低，是因为他们还处于学习和积累人力资本的阶段，而大龄劳动者的高工资可以理解为雇主肯定了其具有更高水平的人力资本。总而言之，体育要素市场的劳动报酬差异在相当程度上都可以在人力资本框架下得到较好的解释。

人力资本中不易观察到的能力等因素则为高水平运动员和普通运动员的工资差异提供了一种解释。例如，天赋与运动员所能取得的终身体育成就密切相关。对于竞技体育而言，运动天赋的差距很难单纯通过刻苦训练加以弥补。因此，现实中经常观察到某些顶尖水平运动员能够享受远高于普通劳动者的高薪，经济学家认为这是因为他们具有垄断性质的人力资本。

（二）补偿性工资理论

一个追求效用最大化的劳动者在决定是否接受某个岗位时，会综合评估这个岗位提供的收入水平和岗位特征带来的正效用，同时也会评估岗位特征带来的负效用。现实生活中的劳动者和工作岗位都是有差异的，体育行业所涉及的各类岗位尤为复杂，如体育制造业同时存在流水线蓝领和办公室白领的分工。有些工作岗位具有环境宜人、氛围宽松的特点，另一些岗位却处在嘈杂、污秽甚至有毒有害的环境里。因此在体育要素市场中，工作条件成为劳动者和雇主双方商谈工资时均要考虑的要素。一般来说，不存在绝对无法改变的工作条件，但工作条件的改变既是技术问题，又是成本问题。雇主如果想改善工作条件就必须支付额外的成本，因此理性的雇主会思考和权衡，以判断在支付给劳动者更高的货币工资和改善工作条件的成本增加之间如何决策更加有利。

雇主提供工作条件较差的岗位，同时给予劳动者以货币补偿，由此形成的工资差别称为补偿性工资差别。那些对工作条件不敏感的劳动者会接受货币工资高但工作条件差的岗位，而对工作条件敏感的劳动者则选择接受货币工资低但工作条件好的岗位。由于补偿性工资差别的存在，体育要素市场的供求双方才能够实现更加自由的选择，即工资作为价格信号将不同偏好的劳动者配置到最适合他们的岗位上，从而实现了劳动力资源和不同类型岗位的有效匹配。值得注意的是，尽管补偿性工资差别的概念很容易被理解和接受，但是在现实生活中不难发现，并非工作条件最艰苦的岗位能够提供最高的工资水平。也就是说，补偿性工资理论的解释力和适用范围是有限度的。

（三）效率工资理论

尽管职业体育可以将竞赛成绩等客观指标作为衡量雇员劳动的标准，但是对于高水平运动员而言，往往难以准确测量劳动投入的质量和强度。也就是说，雇主面临着不对称信息。为了解决这种信息的不对称性，雇主可以选择对雇员的劳动进行监督，但监督本身就会提高用工的管理成本。特别是对于高水平运动员而言，完全监督甚至是不可能的。因此，雇主试图考虑这样一种可行的办法，即在一开始就给予运动员超过市场出清水平的工资。高工资可以激励运动员努力训练和比赛，减少偷懒等情况。从表面上看，雇主付出高于均衡水平的工资似乎是非理性的，但客观上这种高工资却创造了比竞争性工资更大的利润。这种出于激励雇员考虑而支付的高于要素市场均衡水平的工资称为效率工资。

由于现实中的体育要素市场未必总是充分竞争的，因此工资水平的实际形成过程主要靠谈判取得。这意味着，雇主与雇员为了自身的利益，力争分到最大的"蛋糕"。一般说来，参加工资谈判的高水平运动员拥有自身专业领域中较高水平的人力资本，又由于运动员的培养离不开高质量的训练、装备和营养支撑，这些人力资本的投资还会部分来自雇主的贡献。一旦高水平运动员选择转会，对雇主来说会构成较为重大的损失，因此雇主会在一定程度上接受顶级水平运动员在谈判过程中提出远高于市场均衡水平的工资要求。

但是，对于竞技实力一般的运动员而言，或者说对于体育行业的普遍状况而言，劳动者在面对雇主时很少有通过谈判必然获得效率工资的能力和把握。因此，在国外的体育要素市场实践中，普通劳动者会通过加入工会的方式提升效率工资的谈判能力。如果劳动者加入了工会，工会就可以代表劳动者集体与雇主进行工资协商，从而大大提升了工资议价能力和谈判成功的可能性。

知识链接

⭐ 体育职业联赛的"工资帽"制度

"工资帽"本质上是对运动员劳动力市场回报的一种限制性制度，被广泛运用于篮球、冰球、橄榄球等职业联赛中。"工资帽"的定义，就是一家俱乐部每个赛季支付给所有注册球员（包括外援以及港、澳、台球员）的全部薪金不能超出联盟规定的一个具体数值。其中薪金包括合同中的基础工资、出场费、奖金、津贴等所有支出。"工资帽"的具体数值则要根据上赛季各家俱乐部薪水支出的平均额确定。另外，"工资帽"也将设立一些特殊条款，比如允许每家俱乐部中有1~2名连续效力若干年的球员的50%的工资不计入俱乐部的工资总额当中。对于某些地处偏远的俱乐部，也将在"工资帽"总额的基础上上浮一定的百分比。按照计划，一旦某家俱乐部的工资总额超过规定限度，将向联赛缴纳一定比例的费用，而且超出的数值越高，缴纳的费用也将越高。

在世界体坛实践中，"工资帽"是一项颇有争议的制度。"工资帽"制度的支持者认为，实施"工资帽"一是为了有效控制俱乐部的工资成本，规避俱乐部财政风险；二是为了有效避免恶性竞争，均衡各俱乐部之间的实力，以提高比赛悬念，增加比赛观赏性。该制度的反对者则强调,"工资帽"制度无法很好地平衡大球市和小球市之间的矛盾,即无法克服大球市从小球市挖走球星的问题,此外对"阴阳合同"的监管也是"工资帽"制度必须直面的挑战。

资料来源:根据国家体育总局网站《CBA联赛委员会召开深化改革迎来关键期》改编。

三、劳动报酬不平等的测量

劳动报酬不仅意味着劳动者参与经济生活的状况,还体现了人们对公平公正的价值追求,即劳动报酬的不平等状况往往与社会公平程度相关联。鉴于此,本节将介绍测量劳动报酬不平等的几种常见方法,包括方差、基尼系数、洛伦兹曲线和泰尔指数等。

(一)方差

观察一个群体的劳动报酬分布状况时,如果发现劳动者的工资收入较为密集地分布在均值的附近,从直觉上就能判断劳动报酬的分配状况较为平等;反之,如果劳动报酬分布非常离散,那么必然意味着工资分配不平等。对此,可以用劳动报酬分布的方差大小来衡量工资不平等状况。方差的计算公式如下:

$$Var = \frac{\sum_i (Y_i - \overline{Y})^2}{n}$$

式中:Y 代表每个劳动者观察到的工资收入;

$\overline{Y}$ 代表这个劳动者所属群体的平均工资水平;

n 代表所观察到的劳动者群体的人数。

当每个人的工资都接近平均工资时,则方差很小;当工资的分布具有较大的离散程度时,则方差很大。用方差大小来衡量劳动报酬的不平等程度,优点是简洁清晰,但缺点是对方差变动的原因难以准确把握。

(二)基尼系数

基尼系数最早由意大利统计与社会学家科拉多·基尼在1912年提出。

在衡量劳动报酬不平等的统计工具中，基尼系数是国际上使用最广泛的指标之一。近年来，我国政府部门在统计城乡收入不平等状况时，也开始越来越多地使用这个指标。

如图 5-2 所示，基尼系数是图中 A 部分的面积与 45° 线以下整个三角形面积之比。基尼系数越大，表示劳动报酬越不平等；相反，基尼系数越小，则表示劳动报酬越平等。一般情况下，基尼系数介于 0~1。通常认为，基尼系数小于 0.2，表示收入分配绝对平等；介于 0.2~0.3，表示比较平等；在 0.3~0.4，表示基本合理；如果基尼系数介于 0.4~0.5，则表示收入差距较大；在 0.5 以上，则反映收入差距悬殊。

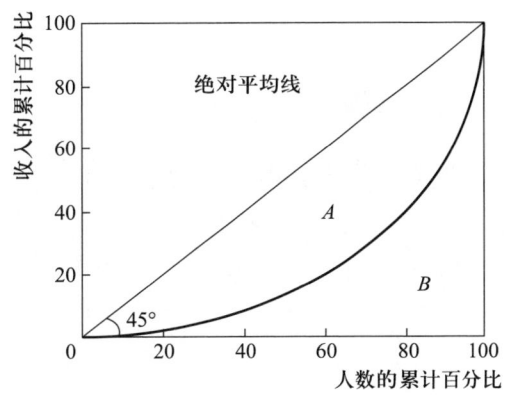

图 5-2　基尼系数与洛伦兹曲线

（三）洛伦兹曲线

洛伦兹曲线是衡量劳动报酬差距的一种最直观的图形方法，且与前述基尼系数的概念联系密切。如图 5-2 所示，该图横轴表示劳动者人数按收入由低到高的累计百分比，纵轴表示与人数相对应的劳动报酬总额的累计百分比。将劳动者按收入从低到高排列，再将每一百分比的劳动者所对应的收入百分比描绘成点，这些点的连线就是洛伦兹曲线。如果每个劳动者的收入都是相等的，则洛伦兹曲线是一条平分第一象限的 45° 线。洛伦兹曲线与收入的绝对平均线所围成的图形占 45° 线以下整个三角形面积的比例，衡量了劳动报酬的不平等程度，即基尼系数的概念。

（四）泰尔指数

泰尔指数是计算收入不平等的又一个重要指标，其取值在 0 到无穷大之间。值越大，表示不平等程度越高。泰尔指数的具体计算公式如下：

$$I_{TL} = \frac{1}{n\mu} \sum_{i=1}^{n} \ln\left[\left(\frac{y_i}{\mu}\right)\right] y_i$$

这组指数在计算时可取不同的参数，不同的参数意味着给予处于收入分布不同位置的收入以不同的权重。常用的参数是 0、1 和 2 这几个值。当参数取值为 1 时，即为泰尔指数。泰尔指数的一个重要特征是，它可以用于分析一个点上不同人群之间和人群内部的收入不平等对总体不平等的贡献。

案例

★ 运动员的退役安置与收入补偿

改革开放以来，特别是进入 21 世纪后，为适应社会发展，我国就业制度发生了很大的变化。主要表现为：就业实行双向选择，人才流动自由。退役优秀运动员的就业安置工作也只能随着形势的发展，逐步放弃政府的"包分配"方式，开展自主择业。但是，我国优秀运动员的人力资本通常专用性过强，因此在进入社会劳动力市场后会面临收入分配的显著落差。

如果放任运动员在退役后的就业和收入劣势，客观上不利于我国的体育事业发展和优秀人才选拔。主要原因在于优秀运动员的培养与人才基数和竞争水平显著正相关，因此必须针对体育人才保持充分的激励性。鉴于此，我国针对优秀运动员的退役安置采取货币补偿制度。基本目标是通过对自主择业退役运动员实施经济补偿办法，鼓励退役运动员自主择业，进一步拓宽退役运动员就业渠道，解除运动员的后顾之忧，促进体育事业可持续发展。

优秀运动员退役安置货币补偿实施办法的成败关键在于资金。优秀运动员退役安置货币补偿的经费来源应该通过以财政拨款为主，体育彩票公益金、社会捐赠、自筹等途径为辅建立一个多元化的筹集安置资金的渠道。退役优秀运动员货币安置实施办法的标准是这种安置方式的核心和灵魂。在制定退役优秀运动员货币安置实施办法的标准时，主要考虑的就是退役优秀运动员主体方面的因素，同时还要考虑我国的社会经济发展状况、各地区的社会经济发展水平差异以及各地区的体育发展情况。优秀运动员退役安置货币补偿通常包括基本补偿费、运龄补偿费、成绩奖励、伤病补偿费和其他补偿费等。

资料来源：根据国家体育总局政策法规司《优秀运动员退役安置货币补偿办法研究》改编。

第三节　体育市场中的企业家精神

一、企业家精神的作用

本节所定义的企业家，是指通过承担风险和不确定性并进行创新来追求利润的人。体育市场的参与者是否属于"企业家"，判断标准在于其是否自愿承担风险并追求创新，即是否拥有"企业家精神"，而不在于其所经营和管理的商业实体。换言之，不具备企业家精神的人即使他们从事经营管理活动，也至多是体育领域的商人或业主。例如，体育领域的自媒体创业者可以属于企业家，但体育彩票店主通常不属于企业家。在传统的新古典主义经济学理论框架中，经济学家并不关心厂商的生产过程和企业家的作用，即生产要素的投入和经济产出的实现被视作自然而然的过程。但是，经济学家熊彼特在《经济发展理论》一书中认为，企业家才是市场经济的灵魂，是创新、生产要素组合以及经济发展的主要组织者和推动者。从某种意义上讲，企业家精神在市场活动和经济增长中理应居于核心地位。

首先，企业家是市场的发现者和创造者。就体育产业而言，消费市场的发育与经济发展和居民财富的增长息息相关。因此，企业家在这一过程中需要不断创造新的体育产品与服务，而不是仅限于满足事先已有的体育需求。如在新冠疫情期间，传统的线下健身房模式遭遇严峻挑战，但居家线上健身的需求显著增长。如果企业家捕捉到这一新的需求变化，利用新媒体平台和技术推出相关产品与服务，就可以在实现利润的同时成为新兴体育市场的发现者和创造者。

其次，企业家推动了创新和技术进步。按照熊彼特的观点，创新就是实现生产要素的"新组合"，包括创造新的产品、发展新的生产技术、开发新的市场、发现新的原材料，以及实现新的组织方式。值得注意的是，熊彼特在论述企业家创新贡献的过程中，着力辨析了"发明"和"创新"的异同。在经济学家看来，"发明"是指创造出原来没有的东西，发明活动的直接贡献者显然是技术人员，发明也是创新最重要的基础之一。而"创新"不仅指创造出原来没有的新事物，更需要使新事物经过市场的检验、能够切实获得利润回报。因此在市场经济条件下，没有企业家的创新，科学知识和技术发明就不可能转化为推动经济增长的力量，即创新活动的直接贡献者是企业家。

最后，企业家深化了市场的劳动分工。体育产业的价值链和供应链上每一个新的分工环节的出现，无论作为独立的产品生产（如专业体育器材），还是服务环节的专业化提供（如体育经纪），都是企业家选择的结果。例如，手表原本是用于显示时间的仪器，其生产和销售在传统意义上不属于体育产业的范畴。近年来，移动互联网技术和生物传感器技术取得突破性进展，但技术发明本身并不必然意味着可被市场接受的产品。只有当企业家将若干种技术创新加以整合，提出"穿戴式智能设备"的概念并推向市场以后，智能手表的研发、生产和销售才得以进入体育产业的分工范畴。

在更加严格的理论分析中，经济学家使用全要素生产率（TFP）的概念来刻画企业家和企业家精神的作用。现代经济增长理论指出，决定国富国穷的根本因素不在于生产要素的多寡，而在于全要素生产率的高低。全要素生产率的提升有资源配置效率的提升和技术水平的改进两个来源。在这两个过程中，企业家都发挥了关键作用。经济学家认为，企业家精神的作用在于发现市场中的不均衡，并通过价格机制进行纠正。也就是说，企业家的存在使资源能够从对其估价较低的低效率使用者手中，重新配置到对其估价更高的高效率使用者手中。在这一过程中，全要素生产率获得了第一次提升。

如图5-3所示，企业家精神的存在使生产点从无效率的A点转移到位于生产可能性前沿的B点，实现了全要素生产率的第一次提升。但是，当体育产业中的生产点已经处于B点这样的生产可能性前沿时，市场上已无机会供企业家套利，资源配置效率也无法由此继续获得提升。但在这种情况下，敏锐的企业家们可以通过创新打破旧有的均衡点，将生产可能性边界整体外推，从而使生产点进一步推进到效率更高的C点。在整个过程中，企业家精神使全要素生产率获得了第二次提升。综上可知，企业家在追寻自身利润的同时促成了体育产业全要素生产率的提升，为体育经济活动注入了不竭动力。

第三节 体育市场中的企业家精神

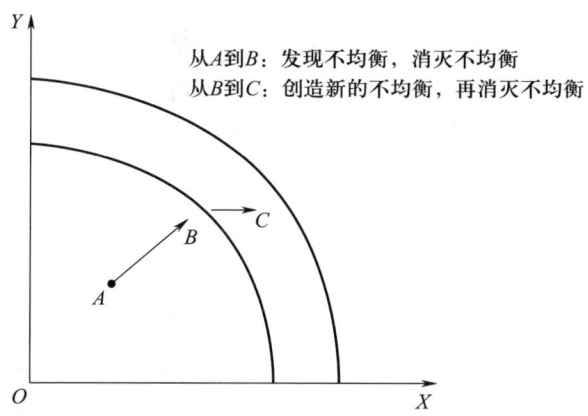

图 5-3　企业家作用与全要素生产率

案例

★ 李宁：从运动员到企业家

在运动员时代，李宁作为世界知名的"体操王子"，在大型国际赛事中屡创佳绩并在奥运会上夺冠。运动员出身的李宁，开创了运动品牌"李宁"，李宁公司的诞生带有天然的运动员基因。在李宁品牌30多年的发展历程中，创始人希望公司不断加深对于"运动"的理解，将体育精神和运动理念融入企业发展。

现阶段李宁公司主要聚焦国内市场，把"成为中国消费者的首选运动品牌"作为企业战略目标。对于李宁公司来说，成为源自中国并被世界认可的、具有时尚性的国际一流专业运动品牌，是公司的长期愿景。未来，李宁公司将通过挖掘更多的商业合作机会，以及拓展更优质的产业链渠道走向国际舞台。

李宁公司虽然创立30多年，但从全球体育商业实践的发展历史来看还属于年轻品牌。为了能实现成为国际一流专业运动品牌的长期愿景，李宁公司需要不断突围，不断超越。不仅要强化科技研发，以专业运动科技强化品牌核心竞争力，在产品上持续打磨，不断自我超越。同时也要持续优化企业的现代化架构和治理制度，不断优化企业效率，追求高质量发展，打造广阔的平台和空间，给团队施展才华的机会，加强国际化视野人才的培养和引入，为未来迈向更广阔的舞台打好基础。

资料来源：根据《经济日报》文章《为促进体育消费不懈努力——访李宁集团创始人、执行主席兼联席行政总裁李宁》改编。

二、企业家精神的制度环境

如前所述，一个国家或地区的整体经济发展状况，以及包括体育在内的特定行业的经济绩效，在相当程度上取决于企业家精神是否得到了有效发挥。而企业家精神能否发挥的关键，又取决于市场制度环境的建设与完善情况。从国际经验来看，西方发达国家较早建立了针对产权和商业自由的保护制度，用宪法和法律保护企业家的正当权利，从而对于投资、创业和创新行为发挥了重要的激励作用。从国内的经济史视角来看，中国过去40多年来之所以取得了高速增长的经济奇迹，在相当程度上是因为改革开放的重要历史性决策释放了中国的企业家精神。

制度环境之所以重要，归根结底是激励机制的问题。形象地讲，制度实质上发挥着经济生活的"游戏规则"和"指挥棒"的作用。对于偏好给定的理性个体而言，当面对不同的制度环境即经济规则时，理性人一定会根据规则的变化作出相应的行为决策，来实现自身利益的最大化。例如，在一个政治开明、产权保护良好的制度环境下，具有企业家精神的个体就会积极从事经营管理，将主要精力放在创新和开拓市场上。但是在一个政治腐败、产权保护缺失的制度环境下，理性人预见到选择成为企业家成本过高或收益过低，就可能热衷于从事权力寻租等非生产性活动，这对于健康的经济行为和市场活动而言显然是不利的。

但值得注意的是，对市场的过度干预和管制会导致市场信誉机制失灵，同样不利于企业家精神发挥作用。具体而言，如果体育领域的所有经营活动都需要经过严格的审批，那么是否获得批准便会取代体育企业的市场声誉，成为消费者判断产品质量的唯一标准。于是，理性的企业家将会把主要精力放在寻租活动中，而不是通过创新来改进体育产品和服务质量。如图5-4所示，世界银行开展的企业营商环境研究项目发现，从企业遵守国际质量标准的程度来看，一个国家的管制越严、审批程序越多，企业反而越不遵守国际质量标准。形成这一现象的原因在于，干预无法有效解决信息不对称问题，反而会扭曲价格信号和市场机制，对企业家精神的发挥造成了阻碍。

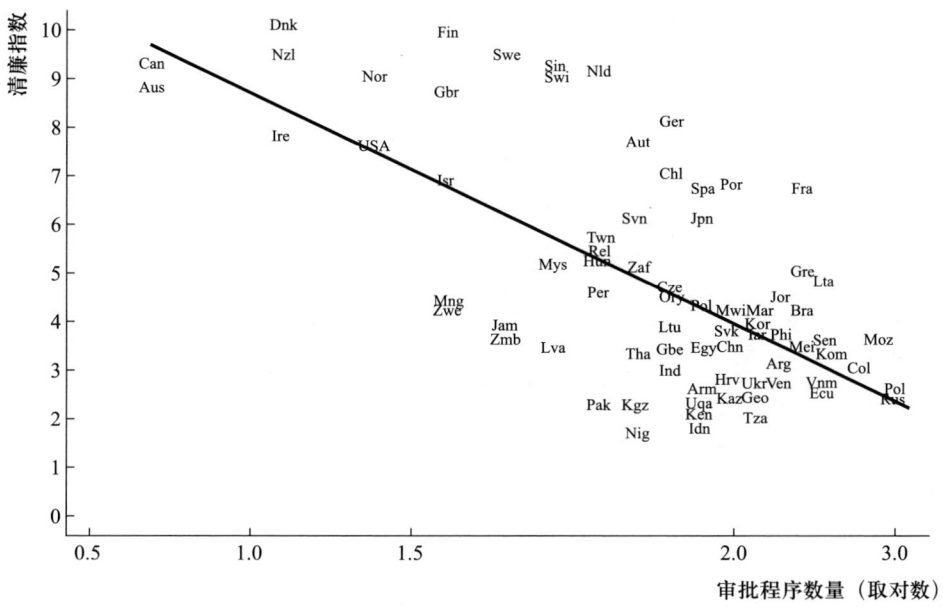

图 5-4 企业家寻租行为

资料来源：张维迎，王勇. 企业家精神与中国经济 [M]. 北京：中信出版社，2019.

就我国的体育市场和体育产业而言，尤其是在职业体育发展和体育场馆的建设运营等方面，均不同程度地存在着由历史原因导致的非市场化制度特征。但近年来，通过行业体制改革推进体育治理体系和治理能力现代化，集中表现为放松对体育经济活动的过度管制，着力破除体育资本要素的所有权和经营权垄断，使体育消费中涌现的新技术、新业态、新商业模式能够得到有效的法律保护，这些改革措施极大地激发了企业家精神和市场经济活力。

复习思考题

一、名词解释

1. 体育市场劳动参与率
2. 基尼系数
3. 洛伦兹曲线

4. 泰尔指数

二、问答题

1. 请对若干体育运动项目加以比较，分析不同年龄段的个体从事职业体育的劳动参与决策有何差异。

2. 请查阅相关资料，论述现代职业体育是如何克服季节性失业的。

3. 你认为顶尖水平运动员享受远高于普通劳动者的高薪是否合理？请结合经济学原理说明理由。

4. 请举出近年来我国本土体育品牌崛起的一个实例，并说明企业家精神是如何在这一过程中发挥作用的。

延伸阅读

[1] EHRENBERG R G, BOGNANNO M L. The Incentive Effects of Tournaments Revisited: Evidence from the European PGA Tour [J]. ILR Review, 1990, 43 (3): 74-88.

[2] KRÄKEL M. Doping and Cheating in Contest-like Situations [J]. European Journal of Political Economy, 2006, 23 (4): 988-1006.

[3] ORS E, PALOMINO F, PEYRACHE E. Performance Gender Gap: Does Competition Matter? [J]. Journal of Labor Economics, 2013, 31 (3): 443-499.

第六章
体育资本市场

本章导语

体育行业具有资本密集型特征，很多大型赛事的举办和场馆建设都离不开庞大的资金基础。当生产者的既有资金有限时，为进一步提升体育产品的供给能力，就需要借助体育资本市场的力量。本章介绍三类最主要的体育资本市场形态，即体育投融资、体育赞助和体育彩票。体育投融资既涉及常规资本市场的投融资渠道，又包含了适用于大型体育场馆的特殊投融资模式。体育赞助能够带给赞助企业商业回报，但体育市场需要依据经济福利最大化原则对合理的赞助信息量作出权衡。体育彩票是一种兼具消费特征和金融特征的特殊商品，能够通过彩票公益金、税收等方式服务体育产业发展。

学习目标

- ◆ 理解体育投融资的概念和分类。
- ◆ 理解体育彩票的消费和金融属性。
- ◆ 掌握大型体育场馆的融资模式。
- ◆ 掌握体育赞助的经济分析模型。

第一节　体育投融资

一、体育投融资的基本概念与分类

（一）体育投融资的基本概念

经济学上所说的资本市场投融资通常是指资本流通的桥梁与场所，有广义与狭义之分。广义的投融资包括银行、保险、证券、资产管理、风险投资等资本市场的各类业务和形态。而狭义的投融资往往特指以信贷业务、证券交易和风险投资为主要形式的资本运作过程。

对于体育产业而言，资本市场的投资与融资围绕体育产品和服务展开，集金融工具、科技创新、商业管理于一体。体育资本市场投融资可以定义为把体育产业相关的固定资本和流动资本、自由资本和借入资本、股权资本和债券资本以及无形资本变为可以经营的价值资本的过程。通过资本市场运营优化体育产业资源，以达到盘活体育产业资产存量的目的。

（二）体育投融资的分类

常见的体育资本市场投融资形式包括体育产业风险投资、体育创业投资基金、体育彩票、体育市场信贷融资、体育市场股票融资以及体育市场债券融资等。其中，体育彩票的融资特点和公共治理体制相对特殊，将在本章第三节中予以专门介绍。

1. 体育产业风险投资

所谓风险投资，是指把资金投向蕴藏着较大失败危险的高新技术开发领域，以期成功后取得高资本收益的一种商业投资行为。其实质是通过投资一个高风险、高回报的项目群，将其中成功的项目进行出售或上市，实现所有者权益的变现，这时不仅能弥补失败项目的损失，而且可使投资者获得高额回报。体育产业风险投资是一个集合体的模式，体育产业的特点决定了产业主体之间具有较高的关联度，因此体育产业风险投资往往集科研、生产、金融、创新于一体。体育产业风险投资具有较强的专业性，是指由专门的机构在可预期风险的前提下，为潜在发展的体育企业或资金短缺的体育企业注入资金助其快速成长，运用严谨的科学方式增加体育企业的产业附加值。体育产业风险投资具有三方面的特点：一是规范化和集合化。这是因为体育产业专业性极强，且产业主体之间具有较高的关联度，因此体育产业风险投资也往往采取集合体模式。二是着力于支持高新技术体育产业的发展。促进体育领域的新产品、新技术、新商业模式发展，提升体育产业附加值，是体育产业风险投资的重要功能。三是以实业投资为主要方向。这一特点与体育制造业在体育产业中的基础性地位密不可分。体育产业风险投资主要包括政府设立的体育产业风险投资公司、体育企业战略投资者、民间资本投资者三类主体。

2. 体育创业投资基金

与一般意义上的风险投资不同，创业投资基金是指专门为初创企业提供资本支持和创业管理服务的集合委托投资制度。它与投资者分散从事创业投资的本质区别，在于其由多数投资者共同出资设立专业性投资实体，以创业投资基金的名义从事组织化的创业资本运作。目前，体育创业投资基金最流行的方式是创业孵化器模式，对于初创期体育企业和体育产业成长而言这一模式非常适用。首先，创业孵化器模式在企业发展初期能够提供生产、经营和研发的场所，降低企业的运营成本；其次，该模式有助于处在创业初期的体育企业尽快将科研成果产业化，加快市场融入速度；最后，该模式能够降低体育产业直接投融资的风险和负担，有利于控制系统性的金融风险。

3. 体育市场信贷融资

体育市场信贷融资的概念较为普及，是指体育企业在自身经营过程中面对资金短缺问题时，通过向银行等金融机构进行贷款的方式获得资金，并承诺在规定期限内还本付息的融资方式。信贷融资是资本市场历史最悠久、最为常规的融资手段，也是体育产业主体最基本的融资方式。但值得注意的是，受限于资产担保条件、抗风险能力、信用评级等因素，我国体育企业特别是小微企业的信贷融资还面临较大约束。近年来，我国针对小微企业密集出台多项普惠金融政策，特别是中国银行保险监督管理委员会于2020年发布了《商业银行小微企业金融服务监管评价办法（试行）》以及该办法附件《商业银行小微企业金融服务监管评价指标表（试行）》，有望进一步破解包括体育产业主体在内的小微企业信贷融资束缚。

4. 体育市场股票融资

企业愿意出让部分所有权，从而引进新的出资人（股东）以增加企业资金的融资方式称为股权融资。股权融资所获得的资金，企业无须还本付息，因为出资的股东能够分享企业的盈利与增长，当然也会相应承担企业的经营风险。如果公司把全部资本等额划分，经批准后以股票的形式公开发行，则称为股票融资，又称上市融资。由此可见，股票融资并不完全等同于股权融资，但股票融资是股权融资最重要的形式之一。体育企业公开发行股票以募集社会资金，在国外已经成为一种较为成熟的体育市场投融资方式。相对而言，我国的体育市场股票融资起步较晚。目前，李宁、安踏、361°等体育产业龙头企业主要选择在香港上市。就 A 股市场而言，主板体育产业上市公司在 20 家左右，代表性企业包括中体产业等。

5. 体育市场债券融资

通常意义上的债券融资是指公司依照法定程序向债权人发行有价证券，并约定在一定期限内还本付息，从而获取资金的一种融资方式。但是对于我国体育市场而言，既存在体育企业发行债券的一般融资形式，又存在"体育债券"这一特殊融资概念。所谓体育债券是指国家在特定时期为举办大型国际、国内体育赛事而筹集资金的一种方式。体育债券本质上是一种到期还本付息的定期储蓄，通常由国家级银行或者地方政府金融机构发行。体育债券具有专款专用的融资性质，旨在解决政府机构和大型综合体育赛事主办方在筹办赛事期间的资金短缺问题。

二、大型体育场馆的投融资

在体育产业所涉及的众多投融资标的中，大型体育场馆的资本密集型特征最为明显，通常对于投融资的规模、期限等具有较高要求。对此，本部分从大型体育场馆的传统融资模式和融资创新两个角度，介绍相关的投融资内容。

（一）大型体育场馆的传统融资模式

1. 政府资本投入融资模式

政府资本投入融资模式是指政府公共资金直接投入大型体育场馆建设和运营的融资模式。这种模式依托政府强大的财政能力和执行力，能够快速筹措大型体育场馆建设所需资金。在我国资本市场尚未充分发育的历史时期，政府资本投入融资模式对于大型体育场馆项目发挥了重要的保障作用。

政府资本投入融资模式又可以具体划分为政府财政拨款模式和财政补贴加自筹模式两类。政府财政拨款模式通常采取分税制融资的具体形式，即融资资金部分来源于中央财政拨款，部分来源于地方财政。建成后的场馆一般由当地政府部门或者事业单位进行运营管理。基于分税制融资的政府财政拨款模式优点在于减轻了中央财政或者地方财政单独投资建设大型体育场馆的资金压力。该模式的主要缺点在于：与纯粹的资本市场机构相比，政府部门或者事业单位的管理效率相对较低；由于资金投入实现了中央财政和地方财政之间的分担，双方在事中事后的责、权、利划分方面通常面临更加复杂的约束。而财政补贴加自筹模式是指资金一部分来源于财政对场馆建设项目的补贴，另一部分由行政单位或事业单位自行筹集。在该模式下，政府部门或者事业单位通常在项目完成后拥有对场馆的所有权和经营权。

2. 社会资本投入融资模式

相对于政府资本投入融资模式而言，社会资本投入融资模式是指大型体育场馆的建设和运营资金主要来源于社会私有资本的模式。此种融资模式对于资本市场的运作具有较强的技术性要求，可选择的具体融资方式也更加灵活多样。原则上讲，本节前述内容所介绍的体育投融资方式均适用于大型体育场馆的社会资本投入融资模式。因此，此处结合大型体育场馆的特点，仅着重介绍两类较为特殊的融资模式。

（1）无形资产融资模式。无形资产融资模式主要是指大型体育场馆利用其媒体曝光率和公众关注度较高的优势，面向社会公开拍卖、出售、转让其冠名权、广告权等无形资产权益，从而为场馆建设和运营进行融资的方式。购买无形资产的动机在于，投资方在项目完成后能够通过场馆运营宣传自身的产品和企业品牌。体育场馆通过拍卖冠名权开发和激活无形资产，可以有效减轻政府和场馆自身的财务负担，而企业则可以实现扩大品牌知名度和美誉度的目的。无形资产融资模式显然是一种"双赢"的方式，也是目前体育场馆融资的一种重要途径。

（2）社会捐赠加自筹模式。社会捐赠加自筹模式下，体育场馆建设资金部分来源于社会捐赠（捐赠方可以为个人、企业或社会组织），部分来源于场馆所有单位自行筹集。而捐赠形式通常属于无偿捐赠，即捐赠方不拥有对建成后体育场馆的控制权。由于大型体育场馆的建设需求往往与国际、国内大型体育赛事的主办权密切相关，从社会效应来看，举办大型体育赛事本身具有提升国民自豪感、自信心和凝聚力的作用。因此，与国家或地区所举办的大型体育赛事直接相关的体育场馆更加适用于社会捐赠加自筹模式。

（二）大型体育场馆的融资创新

1. 资产证券化

由于大型体育场馆具有面向社会提供体育公共服务的职能，我国对于大型体育场馆的资金投入在传统上遵循财政拨付的事业单位管理模式。但随着简政放权、放管结合、优化服务的改革不断推进，大型体育场馆所能获得的财政支持力度逐渐降低，其在建设和运营过程中所面临的资金约束愈发明显。在这一背景下，通过资产证券化从资本市场上吸纳运营资金成为大型体育场馆越来越普遍的选择。

大型体育场馆的资产证券化是以大型体育场馆的未来经营收入作为基础资产进行的融资活动。其基本流程为：发起人将大型体育场馆的基础资产销售给特设的目标载体（SPV）。SPV将购买的大型体育场馆资产组成资产池，再经过打包、分层、信用评级和信用增级后，以该资产池所产生的现金流为支持，向资本市场投资者发行资产支持证券，从而获得运营资金。与其他融资方式相比，资产证券化具有两大特点：一是通过信用增级后提升信用级别而降低证券的发行利率，从而降低了筹资成本；二是资产证券化切断了场馆原始权益人自身风险和证券化资产未来现金收入的风险链条，加之在资本市场发行的证券可以由众多投资者购买,能够有效分散风险。因此,大型体育场馆的资产证券化不仅解决了政府财政包袱,还能激发大型体育场馆管理者的经营与创新动力,从而有利于实现大型体育场馆的良性发展。

2. PPP 模式

PPP（public-private partnership）的融资模式也称为"公私合营融资模式",是指公共部门与私人企业基于某个项目而形成的相互合作的关系模式。从 PPP 模式在大型体育场馆中的应用来看,该模式能够实现融资渠道的多元化,并提升场馆的运营和管理水平,因而具有明显的融资优势。但值得注意的是,PPP 模式在体育市场融资实践中也面临着独特挑战。一方面,就合作形式特别是谈判过程而言,公共部门与私人企业通常处于不对等的地位,能否在大型体育场馆项目中落实好 PPP 模式的基本原则,对于我国体育投融资领域的治理体系和治理能力现代化提出了更高要求。另一方面,由于大型体育场馆毕竟肩负着体育公共服务的供给职能,当纯粹商业运营因成本负担等原因难以继续提供体育公共服务时,政府有必要充当"最终责任人"的角色,从实现公共利益最大化的角度予以妥善处理。

案例

★ "冰丝带"公开招募社会资本合作方

2017 年 7 月,北京市新闻办召开"北京 2022 年冬奥会国家速滑馆政府与社会资本合作 PPP 项目推介新闻发布会"。作为北京 2022 年冬奥会标志性场馆,国家速滑馆开始公开招募社会资本合作方。这是北京冬奥会首次采取 PPP 项目合作方式,对场馆进行建设、运营。该项目招标于 2017 年 7 月底启动,9 月底完成开评标。

北京冬奥会北京赛区共有 5 个冰上竞赛场馆,4 个为改造场馆,1 个为新建场馆,也就是国家速滑馆。国家速滑馆位于北京市朝阳区,设计理念来自一个关于冰和速度结合的创意,象征着 2022 年的 22 条"冰丝带"交织成茧,新一代的奥运之星从此破茧而出。冬奥会期间,国家速滑馆用于大道速滑的比赛和训练;冬奥会结束后,这里将成为既能举办滑冰、冰球和冰壶等国际赛事,也能让大众进行冰上活动的多功能场馆。

国家速滑馆项目PPP模式的实施机构为北京市重大项目办，政府出资代表为北京市国有资产经营有限责任公司。其运作模式为BOT（建设－运营－移交），项目合作期限为30年，其中建设期约3年，奥运服务期约2年，赛后运营期约25年。

该项目将通过公开招标确定社会资本合作方，推动政府和社会资本合作。一方面是吸引社会资本、平衡资金需要，更重要的是借此引入技术先进、管理科学的投资人，服务好北京冬奥赛事，同时以PPP模式引入社会资本合作方参与项目的建设和运营，也对培育我国冰上运营商和完善上下游产业链具有重大的示范标杆意义。该项目规划投资约11.8亿元，投资费用将随着后续设计方案的深化同步调整。

资料来源：根据搜狐网报道《北京冬奥会首次采取PPP模式，"冰丝带"馆向全球招募》改编。

第二节 体育赞助

一、体育赞助的起源与发展[①]

根据国家体育总局的界定，体育赞助是指企业通过对体育组织、体育活动的经费、资源的支持，以达到企业获利的行为。体育赞助是赞助的一种分支形式，而赞助本身又是从"资助"这种行为发展而来的。资助的历史可以追溯到古罗马时代的政治家和诗人米西奈斯，他曾经无偿向文学家和艺术家提供帮助，为他们无后顾之忧地从事创作提供良好的工作和生活条件，而不图任何回报。米西奈斯的行为得到了当时社会的道德认可，并引发了后世的效仿。进入19世纪以后，资助的对象又从文学艺术逐渐扩大到科学、教育等范畴。

而体育赞助行为的出现，根据目前的史料记载，最早的案例是美国新英格兰铁路运输公司于1852年向哈佛大学和耶鲁大学划船队提供赞助，免费运送他们去参加比赛，并借此进行商业宣传。而正式的、大规模的体育

---

① 本节部分内容参考《中华人民共和国第十一届运动会赞助招商指南》。

赞助则始于 20 世纪 60 年代的英国，开创者是壳牌、埃索和 BP 等跨国石油公司。这三家企业于 1965 年耗资超过 1 000 万马克赞助了赛车锦标赛，从而取得了在参赛汽车上粘贴公司招牌贴纸的权利，进而开创了企业大规模赞助与自身产品有直接关联的运动项目的先河。

在我国，体育赞助实践在改革开放后开始出现。20 世纪 80 年代初出现了体育赞助的萌芽，最早表现为球类项目国家队接受境外企业的服装赞助等。进入 20 世纪 90 年代以后，特别是我国足球职业化后，体育赞助在整体规模、机构建设以及政策配套方面均取得了长足进步。我国于 1989 年和 1992 年分别颁布了《关于国家体委各直属企事业单位、单项体育协会通过体育广告、社会赞助所得的资金、物品管理暂行规定》及其补充规定。特别是在 1995 年颁布的《中华人民共和国体育法》中明文规定，"国家鼓励企业事业组织和社会团体自筹资金发展体育事业，鼓励组织和个人对体育事业的捐赠和赞助""在中国境内举办的重大体育竞赛，其名称、徽记、旗帜及吉祥物等标志按照国家有关规定予以保护"。这些规定确立了我国体育赞助活动的合法地位，为市场主体所能享受的体育赞助回报权益奠定了法律基础。

案例

★ 助力奥运健儿再创辉煌，安踏签约中国国家游泳队

2021 年 5 月 18 日，中国体育用品领军品牌安踏宣布正式签约中国国家游泳队。在签约期内，安踏将作为中国国家游泳队战略合作伙伴及体育运动装备的独家赞助商和供应商。中国国家游泳队徐嘉余、叶诗文、闫子贝、张雨霏和杨浚瑄作为代表，身着安踏服装亮相。此举标志着安踏将以国际一流的专业装备，助力国家游泳队在奥运赛场上再创辉煌。

此次出征东京奥运会的中国国家游泳队实力不俗，在多个竞赛项目中都是金牌的有力争夺者。在东京奥运会选拔赛上，中国国家游泳队取得了创造一项亚洲纪录、两次刷新一项世界青年纪录、一次追平全国纪录的好成绩，为东京奥运会提振了信心。携手中国国家游泳队，也让安踏赞助的中国奥运代表团中再添胜利之师。

连续16年与中国奥委会合作,安踏在签约中国国家游泳队前,对奥运会进行的一系列布局已遥遥领先。安踏此前总计为29支中国国家队打造比赛装备,其中200余名国家队队员穿着安踏比赛装备参加奥运会比赛。我们的奥运冠军穿着安踏登上奥运领奖台的那一刻振奋人心,鼓舞士气,成为永恒的光辉记忆。

"生而为赢,永不止步!"自2009年成为中国奥组委官方合作伙伴,到2017年安踏成功续约,并成为北京2022年冬奥会官方合作伙伴等一系列举措,是安踏作为中国运动品牌领军者推动中国体育事业发展的有力之举。成立于1991年的安踏体育用品有限公司,与中国奥委会连续合作8届奥运会,无论在市场还是产品与科技上都保持领先地位。在市场方面,安踏品牌连续10年中国销量领先,并且连续七年在中国的增速领跑行业,成为全球前三体育用品集团。在产品与科技方面,安踏拥有国家级运动科学实验室,累计拥有超1 400项产品专利,位居国产品牌第一。安踏参与和主导了45份国家级鞋、服的标准制定。安踏与清华大学、中国标准化研究院等顶级学府机构建立长期合作关系,并在中国、美国、日本、韩国、意大利建立全球五大设计研发中心,拥有来自18个不同国家和地区的超过200名国际设计研发专家。

安踏此次与中国国家游泳队的合作,引发了业界对于安踏在游泳品类战略布局的展望。此前,安踏在篮球、综合训练、跑步、冰雪等众多领域深耕多年。借此次发力游泳品类市场,安踏有望拓展更广阔的业务增长空间,并进一步提升安踏的产品品质及品牌美誉度,为中国品牌在世界舞台上带来更大影响力。

资料来源:根据国家体育总局官方网站、《中国体育报》相关报道改编。

二、体育赞助的意义

通过体育赞助以及围绕赞助而开展的一系列商业性和公益性活动,既可以为大型体育赛事的成功举办提供经费、技术、产品、服务和人力等支持和保障,又可使赞助商充分利用赛事赛会平台展示形象和产品,实现双赢。一般而言,企业通过赞助大型体育赛事,整合媒体、广告、促销、公关等多种行销手段,可以达到多种营销目标。

（一）提升产品知名度

大型体育赛事的筹备和赛事新闻报道、电视转播等能够覆盖全国甚至全球范围，通过对赛事的赞助，企业可获得单项赛事的冠名权，以及赛场内外的广告位置，从而在赛事的报道和转播过程中充分展示企业形象，提高知名度和品牌价值。例如，赞助企业可以全程或部分参与组委会的各种大型主题活动，并可以为有关群体活动冠名，通过多种形式展现企业形象、彰显企业实力。同时，结合企业自身特点自主策划多种与目标客户接近的体育文化活动，能够在更深层面上挖掘企业文化与所赞助的体育赛事的契合点，从而与赛事的官方宣传形成合力。

（二）树立社会公益形象

随着经济和社会发展，体育运动的影响力已经逐渐超越地理、语言和文化界限，世界杯、奥运会等大型体育赛事往往能够在全球范围内吸引数以亿计观众的注意力。企业通过赞助活动提供自身的产品、技术和服务，能够在最大限度上借助体育赛事的宣传和影响力，塑造善尽社会责任的优良企业形象，从而在全国乃至全球商业市场中尽可能积累自身的无形资产。

（三）提高企业销售业绩

大型体育赛事在每个行业或产品类别中，通常只会选择一家或少数几家企业的产品作为指定产品。同时，比赛期间赛场内外只允许赞助企业提供产品或者服务，以及开展市场推广及各种营销活动，而不允许同类产品或服务出现在赛场周围。也就是说，借助赛事的影响力，赞助企业可以使用相关标识进行排他性的产品宣传和促销，这对于提升企业的销售业绩而言具有关键作用。

> **案例**
>
> ● 海信集团通过赞助顶级赛事打造世界品牌
>
> 根据海信集团的品牌营销理念，要成为全球品牌必须要在欧美主流市场进行品牌

建设。近年来，海信集团不断摸索品牌建设路径，持续发力体育营销，有效缩短了国际市场消费者认识、接受新品牌的过程。

2016年，海信集团赞助了欧洲足球锦标赛（欧洲杯）。作为56年来第一个来自中国大陆的欧洲杯赞助商，海信集团从新闻、公关、自媒体、市场、海外推广、广告、产品等多个维度，以"世界看我表现"为主题展开360°全方位整合传播，在国内外引发现象级传播效果。根据益普索调查数据，海信在欧洲五国（英国、德国、法国、意大利、西班牙）的品牌认知翻番，在海外11个调查国家的知名度提高6个百分点（从31%提高到37%），在中国知名度提高1个百分点（从80%提高到81%），海信电视中国市场第一的认知由20%提高到34%。

作为世界杯近百年历史上第一个中国电视品牌，海信集团在赞助2018年世界杯期间，跳出"世界杯+球星"的逻辑，避开使用球星代言人的传统方式，反向起用具有超高人气的好莱坞巨星本尼迪克特·康伯巴奇，将高贵雅致的英伦范和激情四射的绿茵场巧妙地碰撞结合，从而在一众企业中脱颖而出。根据益普索世界杯赛前、赛后调研数据显示，海信电视在国内的认知度提升了12个百分点，海信电视已成为电视品类消费者认知的第一品牌。同时，世界杯赛后，海信电视在海外的整体认知度提升了6个百分点，重点市场英国、法国、加拿大、俄罗斯、西班牙、日本等国家认知度均显著提升。

2020年，海信集团再次成为欧洲杯赞助商。体育营销已经成为海信征战全球"品牌高地"的利器，支撑着海信品牌向全球市场的中高端逐步迈进。

资料来源：根据海信集团新闻手册改编。

（四）加强企业业务往来

赞助大型体育赛事的主体往往是各个行业的头部企业，赞助行为本身能够提供各种机会实现赞助企业之间的交流和互动，赞助企业可借此建立相互之间长期积极的商业合作关系。与此同时，企业也可以通过赛事赞助的机会与政府保持良好合作关系，以助于企业获得更多机会打开区域市场。

（五）增强企业内部凝聚力

企业围绕体育赞助开展的活动，不仅可以向社会展示企业的产品、文化和理念，同时也能够体现出其所具有的社会责任感。通过组织员工现场观看以及参与赛事活动等形式，可以大大提升企业内部员工的自豪感和归属感，提高员工的工作主动性、积极性，从而提升企业的内部凝聚力。

三、体育赞助的分类

根据目前已经取得广泛共识的划分方法，一般认为体育赞助具有三种主要形式，即体育赛事赞助、对运动员或运动队赞助、体育组织赞助。

（一）体育赛事赞助

体育赛事赞助是指赞助方向赛事组织者提供资金、技术或服务以获取赛事的相关称号、标志和专利等体育无形资产使用权的商业行为。无论高水平的竞技体育比赛，还是大规模的群众体育赛事活动，都有可能引起媒体的广泛关注和传播，进而使赛事无形资产成为企业传播商业品牌的重要载体，如赛事冠名、会徽和吉祥物使用、指定产品（如器材、服装、饮料等）经营和场地广告等的特许使用权等。取得赛事冠名权是赞助体育赛事的主要手段之一。成为冠名赞助商后，在任何该赛事被提及的场合，都要使用赞助商指定名称。体育赛事传播能够摆脱地理限制，受众广泛、曝光率高。因此，体育赛事赞助在三种体育赞助形式中影响力最大。

（二）对运动员或运动队赞助

现代媒体对体育活动的大力宣传，使运动员和运动队成为商业推广的又一重要载体。企业通过向运动员、运动队提供资金、装备、服务等方式，获取运动员、运动队无形资产的使用权，从而借助运动明星、知名运动队的影响力来实现商业宣传。针对运动员开展商业赞助的优势在于，体育明星因其所取得的巨大成就以及他们的精神风貌成为受人崇拜的偶像，消费者易于把对体育明星的好感迁移和转化为对赞助品牌和具体产品的好感。而针对运动队的赞助，主要回报形式包括：以运动队名义进行的公关和广告活动，如拍摄集体广告、见面会以及某些运动器械和产品的试用等；运动队代表企业参加某些公益性活动，如进行商业表演性质的比赛等。

（三）体育组织赞助

随着大型体育赛事在国际上的影响力逐渐增强，国际奥委会、单项国际体育运动协会等国际体育组织的知名度和影响力也与日俱增。体育组织的相关称号、标志和专利等特许权也因而成为重要的商业传播载体。目前，体育组织赞助已经成为体育商业领域的热门营销渠道。具体而言，体育组织通过将赞助商推介为自己的"合作伙伴"（partner），开发体育组织旗下的关联资源实现共赢，赞助标的包括场馆设施、传统媒体、数字媒体与App、知识产权、比赛招待与专属推广以及运动装备等。

知识链接

★ 北京冬奥会的四层级赞助体系

北京2022年冬奥会和冬残奥会（简称"北京冬奥会"）赞助计划是北京冬奥会市场开发计划重要的组成部分。赞助层级依次设定为：官方合作伙伴（第一层级）、官方赞助商（第二层级）、官方独家供应商（第三层级）、官方供应商（第四层级）。2017年2月27日，北京冬奥组委组织召开了市场开发计划启动发布会，随后开展了第一层级官方合作伙伴征集工作。截至开幕式前，北京冬奥组委签约的赞助企业达45家，包括11家官方合作伙伴、11家官方赞助商、10家官方独家供应商，以及13家官方供应商，涉及银行、运动服装、乳制品、保险、航空客源、移动和固定通信运营服务等各类领域。

从北京冬奥会赞助商的征集条件来看，意向企业须依法获得相关机构颁发的资质证明，能够满足北京冬奥会、中国奥委会和奥运会中国体育代表团、中国残奥委会和残奥会中国体育代表团对资金及相关产品和服务的需求，具有良好的社会形象、商业信誉和业绩，具备较强的经济实力、财务和技术能力。此外，意向企业须按照北京冬奥组委规定的程序参加官方赞助商征集，即在北京冬奥组委发出官方赞助商征集公告后，意向企业提交意向函，北京冬奥组委根据意向函提交情况，严格按照规定开展后续遴选工作。

赞助北京冬奥会的价值巨大，可以归为五点：第一是级别高。冬奥会是顶级国际赛事，其品牌价值在全球具有广泛的影响力。第二是周期长。赞助北京冬奥会的营销期从2017年到 2024 年，覆盖了这一阶段的奥运会、残奥会等多项重大国际赛事。第三是平台大。奥运会是注意力经济的集中体现，在为全世界最优秀的运动员提供竞技舞台的同时，也为赞助企业提供了向世界展示的平台。第四是受众广。北京冬奥会必将带来数以亿计的参与者和关注者，为赞助企业营销带来广大的受众。第五是收益多。北京冬奥组委将为赞助企业提供内容丰富的营销权益套餐，使企业获得较多的收益。

资料来源：根据北京 2022 年冬奥会和冬残奥会组织委员会网站内容整理。

四、体育赞助的经济后果分析

由前述关于体育赞助的实践介绍可知，体育服务的供给方与观众在"体育服务产品附带赞助"这一交易过程中并不存在面对面的谈判，而是由体育服务的供给方单方面提出一个"交易方案"，以确定一定量的体育服务中所附加的赞助信息量。如果服务中附加的体育赞助信息损害了体育观众作为消费者的利益，理性的消费者就不会接受这一附加服务并选择"用脚投票"，即抛弃对于这一体育服务的消费，那么体育赞助也就失去了意义。

假设体育赛事的组织方或转播方向体育观众提供 1 单位的体育服务（如 1 小时的体育比赛或体育节目），由于赞助商希望借机进行商业营销，因而在这 1 单位的体育服务中附加了信息量为 X 的商业内容并向体育服务的供给方付费。此时，体育服务的供给方从赞助中获得的收入可以用利润函数 $M(X)$ 表示，则其边际利润函数为 $M'(X)$。但是，观众的效用来自享受体育比赛或体育节目，因此在正常的体育服务中附加赞助信息通常会给观众带来一定的负效用。不妨假设这一负效用的大小与附加的赞助信息量相关，则可以把负效用记为关于赞助信息量的函数 $E(X)$，则相应的边际效用为 $E'(X)$。

如图 6-1 所示，横坐标表示体育赞助的信息量，纵坐标表示体育服务的供给方和观众的边际效用大小。依据边际效用递减的一般规律，体育服务的供给方通过持续追加

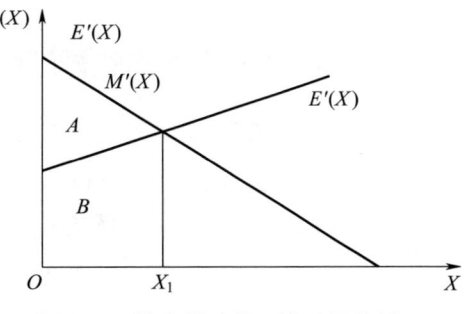

图 6-1 体育赞助的经济后果分析

赞助信息收获的利润是递减的，这反映为一条向右下方倾斜的直线。如前所述，观众以享受体育服务为目的，附加体育赞助给观众带来的效用为负。由于赞助信息越多，对于体育比赛或体育节目的纯粹性破坏越严重，因此观众的边际效用会随着体育赞助信息量的增加而持续增大，反映为一条向右上方倾斜的直线。当均衡的赞助信息量为 $X=X_1$ 时，体育服务的供给方因附加赞助信息而带来的收益为图中 A、B 两部分面积之和，而受众因此得到的负效用为图中 B 部分的面积。

总体来看，尽管体育赞助确实会给消费者带来一定的负效用，但图形分析的结果显示，市场因接受赞助而得到的收益与损失的净效应依然为正（为图中 A 部分的面积）。也就是说，存在适度的体育赞助行为对于体育市场的整体而言是合理的，体育服务的供给方附加适度的赞助信息量能够提高全体体育消费者的经济福利。因此，体育赞助的负效用问题关键不在于限制体育赞助行为本身，而在于对体育服务的供给方与观众之间的需求矛盾如何进行更加合理的权衡。在现实中，这一权衡是通过市场自发完成的。我们往往可以观察到体育赞助行为与观众对体育赞助的批评并存的现象。随着数字体育等新技术和新业态的出现，这种现象逐渐从电视领域向网络视频领域转移，但基本的分析原理依然适用。

第三节　体育彩票

一、体育领域的风险与彩票

（一）体育领域的风险与不确定性

在经济学的基础理论世界中，生产、消费等过程均遵循稳定的函数关系，如果体育企业投入一定的劳动和资本则必然可以获得相应的产出回报。但是，在现实的体育商业世界中，经济活动未必总能够得到稳定的结果。例如，体育公司投入大量的资金和人力开发新产品，其结果既有可能大获成功，也有可能在市场上无人问津。这种存在多个可能性、在真正发生前无法准确判断结果的情形,在经济学上称为不确定性。

与不确定性紧密联系的另一个经济学概念是风险。如果存在多个可能性,在真正发生前无法准确判断结果,但是每种可能结果所对应的概率分布是已知的,则称为风险。由此可见,风险与不确定性的根本区别在于各种可能结果所对应的概率分布是否已知。对于风险而言,由于概率分布已知,可以通过一定的对策干预得到相对理想的结果,即对风险予以控制。

风险是一个在体育领域普遍存在的现象,缺乏对风险的有效控制和管理有可能造成人员、财产的严重损失。特别是山地越野、戈壁穿越、翼装飞行、超长距离跑等新兴高危体育赛事活动存在管理责任不清、规则不完善、安全防护标准不明确等特点,更易放大体育赛事活动的组织与管理风险。2021年5月22日,2021年(第四届)黄河石林山地马拉松百公里越野赛暨乡村振兴健康跑在白银市景泰县黄河石林大景区举行,比赛期间突发降温、降水、大风的高影响天气,造成21名参赛选手死亡,8人受伤。这是一起由于天气影响、赛事组织管理不规范、运营执行不专业导致重大人员伤亡的公共安全责任事件。事实上,围绕体育赛事和重大活动的风险,已经形成了安全管理、应急管理领域的交叉和前沿议题。

本章前述内容介绍了体育领域风险投资的相关概念,这一投资形式同样体现了风险和风险控制的含义。这是因为,尽管投资方在投资之前无法准确预期哪一笔投资能够真正成功,但由于投资成功的概率分布是已知的,投资方可以通过分散投资的方式控制风险,最终取得一个整体意义上比较理想的收益结果。与风险密切相关的另外两个经济现象是保险与彩票。根据《中华人民共和国保险法》的定义,保险是指投保人根据合同约定,向保险人支付保险费,保险人对于合同约定的可能发生的事故因其发生所造成的财产损失承担赔偿保险金责任,或者当被保险人死亡、伤残、疾病或者达到合同约定的年龄、期限等条件时承担给付保险金责任的商业保险行为。作为一种旨在控制和分担风险的金融工具,保险在体育领域中的应用十分广泛。但体育领域中的保险较少涉及特殊概念和原理,因此本书不再赘述。对于保险所涉及的一般性经济原理,可以参考《保险学》《保险经济学》等相关教材。本章余下内容主要讨论体育彩票的相关概念和原理。

（二）体育彩票的定义与发展历史

根据中华人民共和国《彩票管理条例》中的表述，彩票是指国家为筹集社会公益资金，促进社会公益事业发展而特许发行、依法销售，自然人自愿购买，并按照特定规则获得中奖机会的凭证。它是一种建立在机会均等基础上的兼具博彩性和娱乐性的游戏。

彩票最早出现在2 000多年前的古罗马。按照当时节日庆典或其他大型活动的习俗，国王会向观众席抛掷陶瓷等器皿，里面随机装有价值不等的物品作为奖品。罗马帝国第一代皇帝奥古斯图斯在位时把这一游戏发展为集资方式，将募集到的钱财用于修建罗马城。由于彩票具有为发行方筹资的功能，这种娱乐形式逐渐得到了各国政府的青睐。自从1530年佛罗伦萨发行第一张现代彩票后，1726年荷兰政府、1754年丹麦政府、1763年西班牙政府、1785年葡萄牙政府及1787年奥地利政府先后把发行彩票作为新的收入来源。我国南宋时期也有类似彩票的博彩雏形，但直到19世纪末20世纪初才开始出现由清政府发行的现代形式的彩票。

就专门的体育彩票而言，其是指为筹集体育事业发展资金而发行的，印有号码、图形或文字，供人们自愿购买并按照特定规则获取中奖权利的书面凭证。最早的竞猜型体育彩票出现于1922年，英国利物浦的"小森林队"邀请球迷对足球赛的比分下注。此后这种做法传入瑞典。1934年瑞典发行了第一张乐透型体育彩票，主要是基于足球比赛。下注者事先竞猜哪个队获胜或哪场比赛的比分为零。通过运用自己的比赛知识，参加者在足球彩票单上下单注或多注。最早开展足球彩票业务的国家包括英国、瑞典、瑞士、芬兰、意大利、西班牙和匈牙利等。

新中国成立以前，体育彩票是随着西式赛马产生的，马票的种类分为"摇彩""位置""连位"等。新中国成立后大陆地区停止了赛马和马票的发行。1994年3月，《国务院办公厅关于体育彩票等问题的复函》同意为举办大型体育运动会筹集部分资金适量发行体育彩票，并明确由国家体委做好体育彩票的发行、印制及统一分配等工作；同年4月，国家体委体育彩票管理中心正式成立，负责统筹安排体育彩票的发行管理工作。

（三）我国体育彩票的发展

改革开放以来，我国体育体制一直在不断地进行改革并走向深入，体育彩票业作为体育产业的一个重要部分，为体育产业的整体发展起到了非常重要的作用，在很多大型体育公益事业上都体现出它强大的集资功能，同时也大大激发了大众关注体育、参与体育的市场热情和消费活力。

根据原国家体育运动委员会发布的《1994—1995年度体育彩票发行管理办法》，体育彩票的销售总额为体育彩票资金，由奖金、发行成本费和收益金三部分组成。其中奖金占体育彩票资金的比例不低于45%，发行成本费占体育彩票资金的比例不得高于25%，收益金占体育彩票资金的比例不得低于30%。这种比例的限制显示出政府一方面大力鼓励大众参与并支持体育博彩消费的发展，另一方面也明确限定体育彩票收益用于公益的大方向，使体育彩票事业与旧时的赌博严格区分开来。

经过近三十年的发展，2022年我国体育彩票销售额已达2 765.22亿元，其中乐透型彩票的全国销售额为664.94亿元，占体育彩票总销售额的24.0%；竞猜型彩票销售额为1 809.27亿元，所占比重为65.4%；即开型和视频型体育彩票销售额占比不足11%。由此可知，竞猜型体育彩票占据了现阶段体育彩票消费的最大比重，超过总销售额的一半。从分省来看，江苏、浙江、山东、广东省年销量突破200亿元，河北、安徽、福建、河南、湖北、四川、云南等省年销量突破100亿元，为社会公益事业和体育事业发展贡献了积极力量。

二、体育彩票的赔率特点

投资体育彩票，与投资其他波动性很大的金融资产一样，"结果不可预知"。不仅如此，与其他多数随机博彩游戏不同的是，体育比赛不但每场具体的输赢不可预知，其输赢的可能性概率也不可知。例如，如果是随机博彩，当一个投注者把一笔钱押到骰子号码"5"时，当已知数字5占整个数字分布的1/6时，尽管他不知道这一注能否获胜，但获胜的概率是可知的。而在体育比赛中，当一个投注者押一个球队赢时，他不但不知道这个球队是否真的会赢，也不知道这个球队赢的概率。而且，不但投注者不知道球赛的输赢概率，彩票发行者也不知道。可以认为投资体育彩票取决于"非随机的体育事件"。

由于竞赛的预期结果无法用概率论的数学工具来计算，因此对运动员明天可能的表现，往往需要根据各种运动信息进行分析预测，而不是如其他彩票形式般使用概率工具进行计算。正因为如此，可能投注者在买体育彩票之时，不知道最终赔率会是多少，这与投注其他博彩时赔率已经事先公布的情形存在很大不同。在国际体育彩票中，常有一个特定术语称为"开盘"。发行者对体育比赛双方的技术实力、竞技状态、内外环境等诸多因素进行分析，是开盘的基础。正因为发行方要进行技术分析，体育彩票对于发行者而言风险和成本变大。反之，从投注者的角度看，体育彩票的"技术性"也给了体育技术水准高的投注者更大的获利机会，从而使体育彩票成为博彩业分支中最有可能诞生职业投注者的领域。

三、体育彩票的属性

（一）体育彩票的消费属性

彩票是参与者通过抽签、随机数列等方式，为获得比支付款项更高收益的可能性或者期望而付款的一种商品，体育彩票也不例外。当今世界大多数国家和地区已发行体育彩票，并且体育彩票产业的规模仍在发展壮大，以体育彩票为代表的抽奖游戏历史悠久，其可以为大学筹集建设资金，也可以为还债而筹集资金。根据美国《拉弗》杂志最新发布的《LaFleur's 2022世界彩票年鉴》，在2021年总销量排名前十的彩票机构中，中国体育彩票位列第一名。

购买体育彩票，能带来一种基础的社会心理效用。对个人和家庭而言，多种类型的体育彩票为人们提供了休闲娱乐的方式。例如，确认与预先公布的中奖号码或图形是否一致的即开型体育彩票，根据游戏规则进行投注的视频型体育彩票，根据号码的排列组合确定中奖者的乐透型体育彩票以及专门针对体育赛事开发的竞猜型体育彩票等。由于人人均有追求财富的渴望，在购买体育彩票后，对奖金的期待构成了体育彩票心理效用的来源。对于理性的投资者而言，竞猜型体育彩票由于与体育赛事密切相关，随机性较低，因而可以视为一种投资工具。因而也可以说，体育彩票这一形式的商品，具有较为稳定的市场需求基础。

（二）体育彩票的金融属性

体育彩票是一种免费搭便车式的投资工具，彩票发行机构以一场体育比赛的结果作为体育彩票的"输赢"底层因素。投注者每一次下注都具有预期收益，这反映出体育彩票业是一种特殊的金融业，或者说具有一定的金融属性。从资金运作模式看，体育彩票业的资金运行是直接用钱赚钱，发行方在经营中也被监管当局要求准备类似于银行存款准备金的"赔付准备金"，使得其与银行有类似之处。同时，体育彩票企业具有融资的功能。而融资是金融产业的本质功能。此外，体育彩票业有时被称为"第二财政部"，体育彩票公司往往必须承担较多公共工程与公共事务。在历史上，彩票一开始就是为了实现融资而创造的。中国香港的马会也是为福利性融资而建的。

体育彩票往往与"抵押贷款"紧密相关，允许发行方向投注者借款，这使得金融的杠杆性增强。在金融市场中，有一类被称为彩票型的股票，就是因为该类股票价格较低、波动性较大，收益分布与彩票非常相似。同时，很多国家的金融法律法规都把发行体育彩票的一方定义为"类金融机构"。因为投注者的微观动机包含承担风险、获得投资回报等基本特征。从这些特点看，体育彩票业可以归为金融业的一个特殊分支。

四、体育彩票的效用

（一）体育彩票的经济效用

1. 体育彩票公益金

从财税工具的角度看，体育彩票公益金的使用一般增加了政府对社会公益事业的整体投入，对政府财政存在"补充效应"。当然，体育彩票公益金也可能作为政府财政赤字的救济品，替代原本财政预算中对公益事业的支出。例如，体育彩票公益金支出用在体育教育上时，可能对政府原本的教育支出存在"挤出效应"，教育总支出并没有增加。也就是说，可能存在政府利用体育彩票收入"拆东墙补西墙"的情况,导致政府财政支出的"替代效应",即体育彩票公益金替代政府的财政支出,导致政府对社会公益事业的总体投入并没有增加。

政府发行体育彩票的目的是为社会公益事业筹集资金,当体育彩票公益金对财政支出的"替代效应"和"补充效应"同时存在时,便可能出现不同程度的效率损失,这不仅会影响社会福利的提升,还可能打击人们购买体育彩票的积极性,从而影响体育彩票的可持续发展。经验证明,当体育彩票专用于提供某种公共产品时,效率损失会大幅减少,社会福利则有所增加。因此,专款专用已成为我国体育彩票公益金使用管理的一个标志性特征。

知识链接

★ 2022年全国彩票公益金筹集情况

2022年,全国发行销售彩票4 246.52亿元。分机构看,福利彩票机构发行销售彩票1 481.31亿元,体育彩票机构发行销售彩票2 765.22亿元。分类型看,发行销售乐透数字型彩票1 554.18亿元,竞猜型彩票1 809.27亿元,即开型彩票594.47亿元,基诺型彩票288.60亿元,占彩票销售总量的比重分别为36.6%、42.6%、14.0%、6.8%。视频型彩票0.005 9亿元。

根据现行彩票管理规定,彩票公益金来源于彩票发行销售收入和逾期未兑奖的奖金。彩票发行销售收入中,根据不同彩票品种,彩票公益金提取比例有所不同:就乐透数字型彩票而言,全国性乐透数字型彩票,公益金提取比例约为36%,彩票奖金和彩票发行费提取比例约为51%和13%;地方性乐透数字型彩票,大部分彩票游戏的公益金提取比例为37%,彩票奖金和彩票发行费提取比例为50%和13%;2022年乐透数字型彩票筹集公益金551.24亿元。就竞猜型彩票而言,大部分彩票游戏的公益金提取比例为21%,彩票奖金和彩票发行费提取比例为70%和9%;2022年竞猜型彩票筹集公益金381.76亿元。就即开型彩票而言,公益金提取比例为20%,彩票奖金和彩票发行费提取比例为65%和15%;2022年即开型彩票筹集公益金118.89亿元。就基诺型彩票而言,公益金提取比例为30%,彩票奖金和彩票发行费提取比例为58%和12%;2022年基诺型彩票筹集公益金86.58亿元。就视频型彩票而言,公益金提取比例为21%,彩票奖金和彩票发行费提取比例为67%

和 12%；2022 年视频型彩票筹集公益金 0.001 2 亿元。2022 年逾期未兑奖奖金 14.12 亿元。综上，2022 年共筹集彩票公益金 1 152.59 亿元，其中，体彩公益金 677.47 亿元，占比为 58.78%。

资料来源：根据中国彩票年鉴和财政部官方网站相关信息整理。

2. 体育彩票产业与税收

体育彩票产业是一个介于娱乐服务业与金融业之间的产业部门。体育彩票产业实质上为政府提供了一种隐性税收工具。收税是任何一个政府合法开放体育彩票经营的主要目的之一。若无税可收，则大多数政府不会允许体育彩票合法。对体育彩票经营机构的征税，基本上可以分为体育彩票收入税、体育彩票设备税和特许经营费三类。按发行额征税的税种，反映了体育彩票经营机构所享用的社会公共服务的多少，也反映了体育彩票经营机构在经营过程中所带来的社会成本高低。除了体育彩票收入税这个主税种，还可以对体育彩票设备征收一定的税费和按年征收特许经营费。

（二）体育彩票的社会效用

体育彩票不仅是帮助购彩者实现财富梦想的游戏，其在推动教育、养老、民生慈善事业等方面也发挥了重要的社会效用。首先，体育彩票为我国教育事业发展提供了重要资金保障。体育彩票形成的销售收益可以用于资助贫困学生就学、帮扶贫困师生改善生活条件，以及资助家庭经济困难的大学生群体创新创业等，从而能够有力促进教育公平和尊师重教社会风气的形成。其次，体育彩票为破解老龄化难题提供了积极助益。2016 年至 2020 年期间，中央财政安排了用于支持试点地区开展居家和社区养老服务改革试点的中央专项彩票公益金。该部分资助金由试点地区统筹其他渠道的政府补助及社会资源，可用于支持城乡敬老院、养老院等养老机构开展延伸服务，支持养老护理人员队伍建设、加强专业服务人员培训等。最后，体育彩票在帮扶社会弱势群体方面作出了突出的民生贡献。根据 2010 年以后的制度改革精神，体育彩票形成的销售收益可以用于资助农民工、残疾人、老年人、妇女、未成年人五类重点群体的法律援助项目，资助的案件类型囊括了民事、刑事、执行和其他四大类。

2019年，党的十九届四中全会通过的《中共中央关于坚持和完善中国特色社会主义制度　推进国家治理体系和治理能力现代化若干重大问题的决定》指出，"重视发挥第三次分配作用，发展慈善等社会公益事业"。这是党中央首次明确第三次分配为收入分配制度体系的重要组成，确立慈善等公益事业在我国经济和社会发展中的重要地位。在公益慈善事业和收入分配格局进行重大调整的背景下，探索彩票作为国民收入第三次分配的新定位，有利于实现体育彩票由"自上而下"的公益金筹集视角向引导公众自愿参与慈善行为的社会视角转变，从而进一步丰富体育彩票在国民经济发展和收入分配中的社会效用内涵。

复习思考题

一、名词解释

1. PPP 模式
2. 体育赞助
3. 体育彩票

二、问答题

1. 请查阅相关资料，了解 PPP 模式应用于国家体育场（鸟巢）的情况，并从该案例中总结 PPP 模式的优势和不足。
2. 试比较大型体育场馆的传统融资模式和创新融资模式有何异同。
3. 体育产品和服务中的最优赞助信息量是如何决定的？试用体育经济学原理加以分析。
4. 试辨析体育彩票与福利彩票的异同。

延伸阅读

[1] FEDDERSEN A, ROTT A. Determinants of Demand for Televised Live Football: Features of the German National Football Team [J]. Journal

of Sports Economics, 2011, 12 (3): 352-369.

[2] HAUSCH D B, ZIEMBA W T. Efficiency of Racing, Sports, and Lottery Betting Markets [J]. Handbook of Sports & Lottery Markets, 2008, 7 (3): 183-222.

[3] MATHESON V. The Economics of Staging the Olympics: A Comparison of the Games 1972-2008 [J]. International Journal of Sport Finance, 2008, 3 (1): 74-76.

第七章 体育产业

本章导语

做大做强体育产业是加快体育强国建设、促进经济高质量发展、满足人民美好生活需要的重要举措。本章从体育产业的概念出发，介绍了全球体育产业的发展概况，阐述了我国体育产业经历萌芽期、起步期、初步形成期、快速发展期和高质量发展期五个阶段的演变过程；从不同体育产业对体育发展贡献、体育产品的最终用途、体育产业链上下游关系以及《体育产业统计分类（2019）》四个角度分别讨论了体育产业的分类方式；按照"门类－大类"的逻辑顺序对体育产业的结构特征加以梳理，并在此基础上指出了我国体育产业结构优化的未来方向。

学习目标

- ◆ 了解全球体育产业的发展概况。
- ◆ 理解我国体育产业的发展演变。
- ◆ 掌握体育产业的概念和分类。
- ◆ 掌握我国体育产业结构现状及优化方向。

第七章 体育产业

第一节 体育产业概述

一、体育产业的界定

目前国内外学者对体育产业的概念尚无一致的界定，一部分学者认为体育产业是以劳动形式向全社会提供各类体育服务的行业总和。这一定义强调了体育产品的非实物性特征，即以劳务或服务的"活动"形式存在，并提供满足人的身心等方面需求的使用价值。按照这一定义，体育产业的生产过程也是消费者直接参与并享受的过程，因此体育产业应当定位于生产劳务或服务产品的第三产业范畴。还有学者则认为体育消费从根本上决定了体育产业，主张将体育市场上的生产者和消费者全部归入体育产业的范畴。因而体育产业不仅包括无形的体育服务，还应当涉及有形的物质消费，即体育产业是一个包括生产物质产品和服务产品的行业部门。

本书综合以上两种观点，根据产业经济学对产业的定义——"生产同类或有密切替代关系的产品或服务的企业集合"，将体育产业界定为：生产各种体育产品（货物和服务）和体育相关产品的企业集合。

体育产业作为国民经济的一个部分，具有与其他产业相同的共性，即在微观上能够为企业家带来回报，在宏观上能够为经济增长培育动能。但同时体育产业又具有不同于其他产业的特性，即体育产业的重要功能还在于通过供给体育产品和服务，使消费者充分享受体育乐趣，满足人民群众对健康美好生活的需求。

二、全球体育产业的发展概况

体育产业起源于英国，而后在北美和欧洲地区不断发展。北美和欧洲地区体育产业发展最具代表性的国家分别是美国和英国。美国是全球体育产业最为发达的国家之一，以四大职业联赛（美式橄榄球联盟，简称NFL；美国职业棒球大联盟，简称MLB；美国职业篮球联赛，简称NBA；国家冰球联盟，简称NHL）为代表的美国职业体育发展迅猛，并极大地带动了体育用品业、健身休闲业等相关业态的发展。英国是现代体育和体育产业的发祥地，英国人不仅提供了体育产业的经营内容，还创造了俱乐部的经营体制，制定了比赛规则和制度，F1赛车、温布尔登网球锦标赛、高尔夫赛和英超等均是英国体育产业的标志性符号。整体而言，门票收入、赛事转播权销售和体育赞助在美国和英国的体育产业中均占据主要份额。

根据普华永道的统计数据，全球体育行业从业者对未来体育市场增长前景持乐观态度，2018年到2022年，全球体育市场年增长率为5.5%，预计未来3至5年将增长至6.6%。全球主要地区的体育产业呈现以下特征：

第一，北美和欧洲地区体育产业发展趋于稳健，数字经济成为新的产业增长点。北美和欧洲地区体育产业发展较早，形成了以体育竞赛表演业为核心的发展特征，美国的四大职业联赛、欧洲的职业足球联赛等都为体育产业持续增长发挥了支撑作用。此外，北美和欧洲地区十分重视通过数字经济等商业创新推动体育产业发展。例如，2020年4月，美国男子职业篮球联赛宣布将建立一个直接面向消费者的网络平台，利用人工智能和机器学习技术优化本地化观赛体验，为不同母语的球迷提供更具针对性的配套服务。因此，尽管疫情前北美和欧洲地区体育市场发展速度趋缓，疫情又令市场信心受创，但其体育产业仍然具有可观的持续发展潜力。

第二，亚洲地区体育产业在未来一个时期内有望继续保持强劲增长，这主要依赖于政府的大力支持、大型活动以及商业成熟度的整体提升。2020年东京奥运会和2022年北京冬奥会都是在亚洲地区举办，这吸引了很多的个人和家庭投入体育消费之中，促进了体育产业发展。中国体育产业总规模有望在2025年达到5万亿人民币。日本政府自2016年起将体育产业纳入国家增长战略，预计到2025年，日本的国内体育市场规模将增长至15.2万亿日元。韩国通过《体育产业振兴法》《体育产业中长期发展规划》等产业政策引导国内体育产业实现快速发展。

第三，非洲体育产业迅速崛起，表现出可观的发展潜力。从历史情况看，非洲体育产业相较于其他大洲的国家而言落后明显。但随着2010年南非世界杯成功举办，非洲的体育基础设施建设和体育产业发展步入快车道，赛事转播和体育消费市场呈现出蓬勃发展迹象。美国男子职业篮球联赛自2016年起与非洲当地媒体合作，每个赛季转播超过500场比赛，并于2017年在塞内加尔建立美国男子职业篮球联赛非洲学院，以拓展多元化的体育商业合作。此外，马拉松、自行车和摩托车等日常体育休闲市场也日益扩大。南非体育电子商务和户外体育休闲市场2020年收入为4.29亿美元，到2024年平均增长率有望保持在10%以上。

三、我国体育产业的发展演变

1985年起，我国的经济统计体系采用三次产业分类法。在《国民生产总值计算方案（试行）》中，把体育与教育、文化、卫生等部门一道列入第三产业中的第三层次，即"为提高科学文化技术水平和居民素质服务的部门"。1992年，在国家体委召开的"中山会议"上，体育产业首次被列为深化体育改革的一项重要内容。改革开放以来，我国的体育产业随着经济、社会和体育事业的发展而逐步发展壮大。从党的十一届三中全会开始，我国体育产业的演变可以分为萌芽期、起步期、初步形成期、快速发展期和高质量发展期五个阶段。如表7-1所示。

第一，萌芽期（1978—1991年）。我国萌芽期的体育产业发展特征是以体育场馆改革为龙头，带动运动队和体育竞赛活动吸引社会资金。整体而言，这一时期的发展模式比较单一，培育体育产业的初步探索主要围绕两个方面：一是鼓励体育系统有条件的事业单位开展多种经营、扩大服务范围、积极增收节支，提出体育场馆要"以体为主，多种经营"，由事业型向经营型转变；二是吸引社会资金，以赞助和联办的形式资助体育竞赛活动和高水平运动队，促成了相当一部分优秀运动队实现了企业联办。1980年举办的"万宝路广州网球精英大赛"使主办方获利可观，这场体育赛事的成功举办标志着我国体育竞赛市场化正式开启。

第二，起步期（1992—2000年）。在我国体育产业发展的起步期，一系列政策指引密集出台，厘清了产业发展的基本思路，特别是单项协会实体化和俱乐部职业化的启动影响深远。1992年，《中共中央、国务院关于加快发展第三产业的决定》将发展体育产业的重点从经营创收转为推动体育事业向产业化发展；国家体委召开了"中山会议"，把体育产业问题作为深化体育改革的一项重要内容列入议事日程；中国足协召开了"红山口会议"，确立了中国足球要走职业化道路的改革方向。1993年国家体委制定了《关于培育体育市场加快体育产业化进程的意见》，提出体育事业要"面向市场，走向市场，以产业化为方向"的基本思路；中国足球推进协会实体化改革，以足球改革为突破口进行职业化尝试，将足球推向市场，拉开了中国体育职业化改革的大幕。1994年开始的足球甲A联赛成为我国体育产业化经营的重大标志性事件，被誉为中国体育产业的破冰之举。1995年国家体委颁布实施《体育产业发展纲要（1995—2010年）》，明确了体育产业包括体育主体产业、体育相关产业和体办产业[①]；同年中国男篮协会推出中国男子篮球职业联赛。1996年第八届全国人民代表大会第四次会议通过的《国民经济和社会发展"九五"计划和2010年远景目标纲要》进一步明确了体育要走"社会化、产业化的道路"；1996年中国排球协会推出了第一个跨年度的主客场俱乐部联赛。1998年中国乒乓球运动管理中心推出乒乓球俱乐部联赛。2000年国家体育总局制定了《2001—2010年体育改革与发展纲要》，建议将体育产业培养成为新的经济增长点，逐步缩小体育产业与国外的发展差距，进一步提升我国体育产业的国际竞争力。

知识链接

★ 红山口会议

体育产业是从经济学角度提出的概念。这一概念的提出，从理论上承认了体育是一种生产活动，它所提供的产品也具有价值。但是，在我国改革开放之前的社会普遍认知中，"体育"和"产业"是两个相互独立的概念。人们不认为体育也可以像工业、农业、服务业一样，以独立产业的形式存在。这是因为长期以来，人们把体育看成纯粹的消费性事业。即便承认它对生产有作用，也是间接的。

但随着经济体制改革不断深化以及社会主义市场经济不断发展完善，中国传统的体育事业发展模式出现了不同程度的变化。其中，足球项目职业化开创了竞技体育事业职业化的先河，也为我国体育事业的整体产业化发展奠定了现实基础。

---

① 体育主体产业，是指那些以体育资源为开发基础直接进行的生产与经营活动，是体育自身的经济功能和价值的发挥与体现；体育相关产业，是指那些以体育娱乐作为载体，向消费者间接提供各种用品与服务的生产与经营活动；体办产业，是指体育行政部门或单位利用某些体育资源为弥补经费不足所进行的各种生产和经营活动。

确定中国足球事业职业化走向的是中国足球史上具有划时代意义的"红山口会议"。1992年6月23日至27日,中国足协于北京西郊红山口召开工作会议,会议以改革为主题,决定把足球作为体育改革的突破口,确立了中国足球要走职业化道路的改革方向。

会议初期形成的共识在于,新中国成立后我国足球运动在党和政府的领导、关怀下取得了巨大进步,但是从体育事业发展的总体形势来看,足球运动发展仍相对迟缓,因此改革势在必行。虽然"改革"这一大方向得到了与会人员的广泛认可,但是在足球究竟应否以及能否实行职业化等问题上,与会代表产生了严重分歧。

与会同志讨论后认为,随着社会主义有计划的商品经济的发展,国家经济体制和运行机制发生了深刻变化,体育事业的改革与发展也必须与之相适应。随着人类社会的进步和发展,体育运动中的一些项目已经逐步实现专业化、职业化了。因此,我国的体育改革与发展,也必须按照这一规律办事。会议认为,进一步加快完善中国足协实体化和地方足协逐步向实体化过渡,是足球体制的重大改革,是全面实施足球俱乐部体制的重要步骤。会议最终确定了以足协实体化和组建职业足球俱乐部为中心的足球改革构想。

这次会议提出的足协实体化以及建立职业俱乐部和实行俱乐部赛制等构想,不仅标志着我国足球职业化改革的开始,也拉开了我国竞技体育职业化整体改革的序幕,为体育事业产业化发展发挥了重要作用。

第三,初步形成期(2001—2013年)。2001年北京获得第二十九届夏季奥林匹克运动会主办权,为我国体育产业带来重大发展机遇。在筹办2008年北京奥运会的过程中,体育产业规模不断扩大,体育消费持续活跃,体育市场体系不断健全,体育产业发展规划与管理改革不断深入。2004年,中国足球超级联赛的成立(简称中超联赛)——前身为原中国足球甲级A组联赛,进一步提升了我国职业足球竞赛水平和品牌影响力。国家体育总局于2005年和2007年两次通过全国体育产业工作会议,明确提出了全社会共同发展体育产业的基本思路,确立了"依托场馆、紧扣本体、全面发展、服务社会"的体育产业发展方针。从2009年起,每年的8月8日定为"全民健身日","全民健身"上升至我国国家战略层面。2012年,中央经济工作会议上指出以群众体育为手段推进新型城镇化建设,为体育产业发展指明了新的方向。

第四,快速发展期(2014—2018年)。2014年《国务院关于加快发展体育产业促进体育消费的若干意见》正式发布,明确指出推动体育产业发展成为经济转型升级的重要力量,随后一系列配套政策的出台为我国体育产业发展提供了广阔机遇。例如,2016年《国务院办公厅关于加快发展健身休闲产业的指导意见》和2018年《国务院办公厅关于加快发展体育竞赛表演产业的指导意见》均对我国体育产业发展起到了重要引领作用。在国家政策的驱动下,各级政府部门积极落实并跟进,我国体育产业进入了发展快车道。这一阶段体育产业增加值年均增长率超25%,产业基础日益夯实,产业规模不断扩大。

第五,高质量发展期(2019年至今)。2019年9月2日,国务院办公厅印发的《体育强国建设纲要》明确使用了"国民经济支柱性产业"的提法,不但确认了体育产业在国家战略中的定位,并且细化了发展体育产业的路径和抓手。同年9月17日,《国务院办公厅关于促进全民健身和体育消费推动体育产业高质量发展的意见》强调"强化体育产业要素保障,激发市场活力和消费热情,推动体育产业成为国民经济支柱性产业"。2021年,全国体育产业总规模为31 175亿元,同比增长13.9%;全国体育产业增加值为12 245亿元,同比增长14.1%,占当年GDP比重为1.07%。2022年北京冬奥会成功举办,实现"带动三亿人参与冰雪运动"的目标,我国冰雪运动产业实现高质量发展。

▶ 表7-1 我国体育产业的发展阶段

时间	阶段	主要事件或政策
1978—1991年	萌芽期	举办"万宝路广州网球精英大赛"
1992—2000年	起步期	《中共中央、国务院关于加快发展第三产业的决定》 《关于培育体育市场加快体育产业化进程的意见》 《体育产业发展纲要(1995—2010年)》 《2001—2010年体育改革与发展纲要》
2001—2013年	初步形成期	获得第二十九届夏季奥林匹克运动会主办权 中国足球超级联赛建立 全社会共同发展体育产业的思路正式提出 "全民健身"上升至国家战略层面

续表

时间	阶段	主要事件或政策
2014—2018 年	快速发展期	《国务院关于加快发展体育产业促进体育消费的若干意见》 《国务院办公厅关于加快发展健身休闲产业的指导意见》 《国务院办公厅关于加快发展体育竞赛表演产业的指导意见》
2019 年至今	高质量 发展期	《体育强国建设纲要》 《"十四五"体育发展规划》 举办第二十四届冬季奥林匹克运动会

第二节 体育产业的分类

一、按不同体育产业对体育发展贡献的不同作用分类

按不同体育产业对体育发展贡献的不同作用，体育产业可分为体育本体产业、体育相关产业、体育延伸产业和体育边缘产业。

（1）体育本体产业。即以体育自身特性进行生产或服务的部门。它是产业的部门群，即使用价值相近的产品生产、服务部门的集合。如体育健身娱乐业、体育培训业、竞赛表演业等，这些部门提供的基本上是无形产品。

（2）体育相关产业。即以体育为重要资源和手段进行生产或服务的部门。在归类上不属于体育本体产业，但与体育本体产业有着密切联系，能够为体育本体产业的生产创造条件。如体育用品及相关产品制造业、体育建筑业等，这些部门提供的基本上是有形产品。

（3）体育延伸产业。即在体育产业周围形成的综合网络，各个部门有形式上的联系。如体育彩票、体育保险、体育金融、体育旅游、体育新闻、体育经纪等，它们是一种行业网络，即若干产业链的纵横交错和前后延伸，这些部门提供的基本上是无形产品。

（4）体育边缘产业。即为了更好地发挥体育本体产业的效益而提供综合服务的部门，主要表现为一些附属服务设施和衍生项目等。例如，围绕

体育赛事衍生的餐饮、住宿等配套服务，以及纪念品、球星卡等实物产品均属于体育边缘产业。尽管这些部门的经营内容与体育竞技、体育赛事之间不一定存在直接和必然的联系，但同样是为实现体育本体产业目标而服务，因而属于体育产业大环境的一部分。

二、按体育产品的最终用途不同分类

按体育产品的最终用途不同，体育产业可分为体育服务业和体育用品业，其中体育服务业提供的是劳务性产品，体育用品业提供的是实物性产品。体育服务业包括体育健身业、体育竞赛表演业、体育教育培训业、体育信息咨询业、体育旅游业、体育媒体业、体育金融业、体育保险业和职业体育经纪等。体育用品业包括体育设施制造业、体育场馆建筑业、运动服装制造业、健康食品制造业等。

三、按体育产业链上下游关系分类

体育产业链是在体育用品或服务生产与价值实现过程中因存在分工而形成的产业集合，体育产业链以社会分工协作为基础，在各企业之间保持着供给与需求、投入与产出的有机联系，其主要特征是增值性、循环性、价值最大化目标、各方利益共享等。目前，赛事资源+媒体传播+衍生产业构成了我国完整的体育产业链，体育产业链上、中、下游分别对应着赛事资源、媒体传播与衍生产业。

赛事资源是产业链的核心驱动力，包括国内职业联赛、群众体育赛事和国际体育赛事等；媒体传播是产业链的催化剂，能够扩大赛事影响力、集聚客户资源，包括以电视为代表的传统媒体和以计算机、便携式电子设备等终端为媒介的新兴媒体；衍生产业为产业链变现提供了出口，包括体育彩票、体育用品、体育旅游、健身培训、体育保险等。

四、按《体育产业统计分类（2019）》分类

按《体育产业统计分类（2019）》，体育产业分为3大门类，即"体育服务业、体育制造业和体育建筑业"。其中体育服务业包括体育用品及相关产品销售、出租与贸易代理，体育管理活动，体育竞赛表演活动，体育健

身休闲活动,体育场地和设施管理,体育经纪与代理、广告与会展、表演与设计服务,体育教育与培训,体育传媒与信息服务,其他体育服务共 9 个大类;体育制造业包括体育用品及相关产品制造共 1 个大类;体育建筑业包括体育场地设施建设共 1 个大类。

知识链接

⭐ 我国体育产业统计分类演变

2008 年 6 月,《体育及相关产业分类(试行)》公开发布,这是我国第一部科学合理的体育产业统计类别,将体育产业划分为 8 大类,分别是:①体育组织管理活动;②体育场(馆)管理活动;③体育健身休闲活动;④体育中介服务;⑤其他体育服务;⑥体育用品、服装、鞋帽及相关体育产品的制造;⑦体育用品、服装、鞋帽及相关体育产品的销售;⑧体育场(馆)建筑。整体而言,《体育及相关产业分类(试行)》在概念界定上还是略显粗糙,体育及相关产业的提法过于含混,容易造成体育产业和其他产业的重复统计。

2015 年 9 月,《国家体育产业统计分类》公开发布,将体育产业分为 11 大类、37 个中类、52 个小类。相较于 2008 年的试行分类标准,此次分类中体育产业增加了 3 大分类。《国家体育产业统计分类》除了赋予了体育产业以更为精准的定义,还首次提出了"体育竞赛表演活动"这一大类概念和"体育健康服务"这一中类概念,为体育产业丰富了类别界限。

《体育产业统计分类(2019)》全文

2019 年 4 月,《体育产业统计分类(2019)》公开发布,基本延续了《国家体育产业统计分类》的分类原则、方法和框架,并根据新旧国民经济行业的对应关系,结合近年来体育实践的发展变化,在保持原分类基本结构不变的前提下对相关类别、说明和对应行业代码进行了调整。《体育产业统计分类(2019)》共包含 11 个大类、37 个中类和 71 个小类。新版分类涉及多个中类和小类的拆分合并,由此带来了内容的调位、扩展与增加,以及相应的代码变更。整体而言,新版分类标准具有分类体系更加完整、分类标准更加规范、更能反映体育产业实际活动等优点。

资料来源:根据国家体育总局公布的相关资料改编。

第三节　体育产业结构

一、体育产业结构的定义

体育产业结构是指体育产业内各生产部门之间的技术经济联系和数量比例关系，既反映了各体育用品和体育服务生产部门之间在生产技术上相互依赖、相互制约的关系，也反映了各类体育经济资源在各部门的配置情况和体育产业总产值在各部门的分布情况。因此，体育产业结构也可以理解为体育资源在体育部门之间配置的构成和相关性。

知识链接

★ 产业结构演变规律

1690年，英国古典经济学家威廉·配第（William Petty）在《政治算术》中第一次揭示了产业结构演变规律。1940年，克拉克（Colin Clark）在《经济进步的条件》中对配第的发现进行了验证，这一研究成果被称为"配第－克拉克定律"，即随着人均国民收入水平提高，第一产业国民收入和劳动力的相对比重逐渐下降，第二产业国民收入和劳动力的相对比重上升，第三产业国民收入和劳动力的相对比重也开始上升。1971年，美国经济学家西蒙·库兹涅茨（Simon Kuznets）进一步指出，随着经济的发展，国内生产总值在三次产业间分布的变动趋势为农业部门的比重下降、工业部门的比重快速上升、服务业部门的比重缓慢上升。产业结构演变的这一普遍规律对于体育产业而言同样适用。观察全球体育市场的现实情况可知，新兴经济体中体育制造业占体育产业的比重通常较高，而在典型的发达市场经济国家，体育服务业往往占据体育产业的最大比重。

二、我国体育产业结构现状

（一）我国体育产业三大门类结构现状

2015年到2018年，我国体育产业结构从"体育服务业、体育制造业和体育建筑业"三大门类来看，体育制造业总产出最高，体育服务业总产出其次，体育建筑业总产出最低，且与前两者的差距较大，占体育产业总产出的比重仅为2%左右。2019年，体育服务业总产出首次超过体育制造业总产出位居第一，但两者差距较小，之后两者差距逐年拉大。自2016年以来，体育服务业增加值始终超过体育制造业增加值，两者的差距日益增大。2021年，体育服务业占体育产业增加值的比重已达到70.0%，详见图7-1。

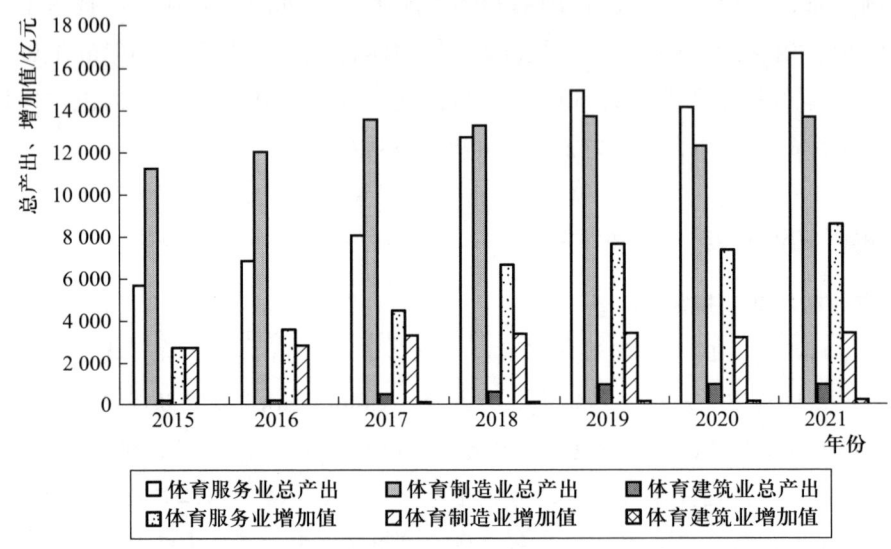

图7-1 2015—2021年中国体育产业三大门类产值变化情况
资料来源：国家统计局。

（二）我国体育产业11大类结构现状

2021年，我国体育产业结构从11大类来看，体育用品及相关产品制造的总产出和增加值占体育产业整体的比重最高，分别为43.5%和28.0%；其次为体育用品及相关产品销售、出租与贸易代理，分别为16.5%和24.1%；体育竞赛表演活动作为体育消费的重要组成部分，总产出和增加值占比规模较小，都为1.1%，详见表7-2。

▶ 表 7-2 2021 年中国体育产业 11 大类结构情况

序号	大类名称	总产出份额 /%	增加值份额 /%
1	体育用品及相关产品制造	43.5	28.0
2	体育用品及相关产品销售、出租与贸易代理	16.5	24.1
3	体育场地和设施管理	9.1	8.4
4	体育教育与培训	7.3	14.7
5	体育健身休闲活动	6.0	7.3
6	其他体育服务	5.5	6.0
7	体育传媒与信息服务	3.4	3.3
8	体育场地设施建设	3.2	1.9
9	体育管理活动	3.1	4.2
10	体育经纪与代理、广告与会展、表演与设计服务	1.2	1.0
11	体育竞赛表演活动	1.1	1.1

资料来源：国家统计局。

（三）我国 9 大类体育服务业结构现状

2015 年到 2021 年，9 大类体育服务业从规模来看明显分为三个梯队，规模最大的第一梯队包括"体育用品及相关产品销售、出租与贸易代理，体育教育与培训，体育场地和设施管理"，第二梯队涵盖了"体育健身休闲活动，其他体育服务，体育管理活动"，第三梯队由"体育传媒与信息服务，体育竞赛表演活动，体育经纪与代理、广告与会展、表演与设计服务"构成。第一梯队内部各产业规模差异较大，第二、三梯队内部各产业规模相对接近，其中第一梯队的体育用品及相关产品销售、出租与贸易代理占体育服务业的比重基本超 30%，但第三梯队的体育竞赛表演活动占体育服务业的比重仅为 2% 左右。如图 7-2 所示。

具体来看，第一梯队中，体育用品及相关产品销售、出租与贸易代理增加值长期稳居第一，但 2018 年出现明显下滑，之后逐年回升，到 2021 年增长到历史峰值；体育场地和设施管理增加值稳步增长，在 2017 年前稳居第二，2018 年被一直排名第三的体育教育与培训反超，并且后者增幅于

2021年达到历史峰值,规模超过了2017年的6倍。2020年,体育场地和设施管理增加值下跌,但在2021年恢复到2019年增加值水平。第二梯队中,体育健身休闲活动一直保持较快增长,虽然在2020年出现小幅下滑,但2021年有所回升并达到历史峰值。其他体育服务在2018年出现急剧增长,在2020年下降后呈上升趋势,体育管理活动基本位列第三。第三梯队中,体育竞赛表演活动增长放缓,2021年其增加值仅高于体育经纪与代理、广告与会展、表演与设计服务,位于倒数第二。体育传媒与信息服务增长较快,2018年排名从第二上升为第一,之后逐年上升。体育经纪与代理、广告与会展、表演与设计服务虽然在2018年发展较好,有后来居上的趋势,但在2021年增加值较低,居第三梯队的最后一位。

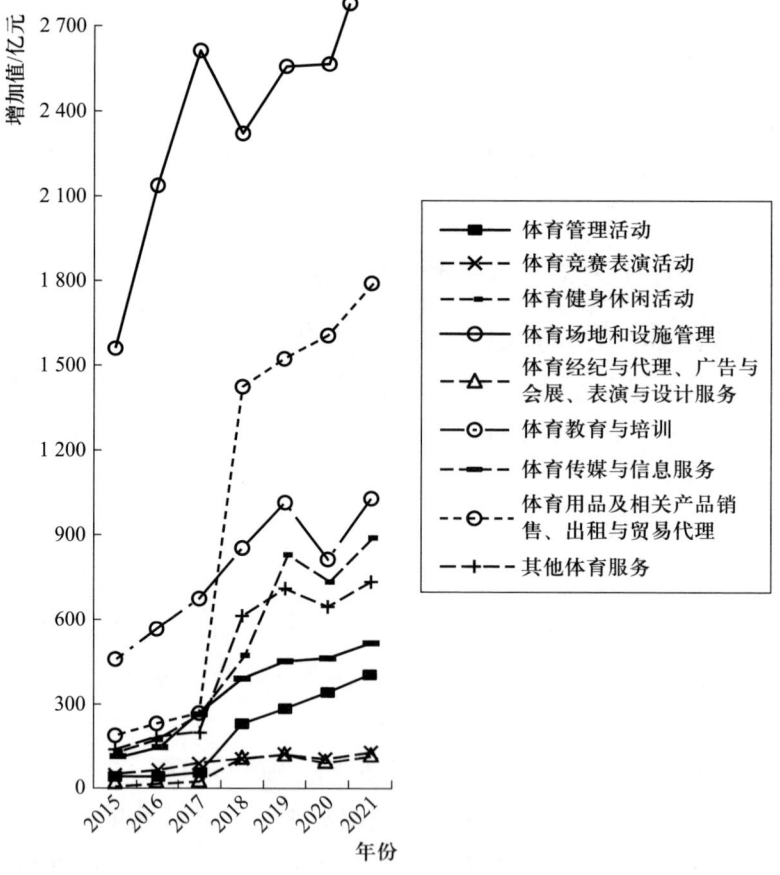

图 7-2　2015—2021 年中国 9 大类体育服务业增加值变化情况
资料来源:国家统计局。

三、我国体育产业结构优化的方向

（一）进一步提高体育服务业比重

体育产业的三大门类中，体育服务业应当具有现代体育产业的主体地位。从国外经验来看，体育产业的发达程度与体育服务业的比重密切相关。体育产业越发达的国家，体育服务业占体育产业的比重越大，英国、美国等发达国家体育服务业比重均大大高于体育制造业。早在2010年，美国体育服务业的比重就高达75%，可见体育服务业是其体育产业的绝对主体。然而，我国体育服务业占体育产业的比重虽然持续上涨，但2021年占比也仅略高于50%，与发达国家相比，体育服务业还未取得我国体育产业的真正主体地位。

（二）加速壮大体育服务业中的体育本体产业

从体育产业的11大类来看，竞赛表演活动作为体育本体产业，应当在体育产业链中发挥核心驱动作用。但目前我国体育产业中竞赛表演活动的总产出和增加值占比均排名后列，均为1.1%，发展潜力并没有被充分激发。从图7-2可以看出，体育服务业内部结构存在失衡现象。体育用品及相关产品销售、出租与贸易代理和其他业态相比，一直处于领先的状态，产业规模占体育服务业的比重基本在52%以上，而本应位于体育服务业核心层的体育健身休闲活动和体育竞赛表演活动占比分别仅为6%和2%。

此外，从表7-2可以看出，体育用品相关业态占体育产业的比重远高于体育健身休闲活动和体育竞赛表演活动，说明现阶段我国体育产业内部各业态发展明显失衡。体育本体产业过于弱小，未来应加速壮大体育本体产业，引领带动体育产业整体发展。

> **知识链接**

★ 产业结构优化理论

产业结构优化是指通过产业调整，使各产业实现协调发展，并满足社会不断增长的经济需求的过程。产业结构优化遵循产业结构演变规律，通过技术进步、产业政策调整等，使产业结构整体素质和效率向更高层次不断演变，实现资源优化配置，推进产业结构的合理化和高级化。

产业结构合理化是指产业之间实现比例均衡和有机协调，产业结构高级化是指产业结构从较低水平向高级水平演进的过程。判断产业结构合理化的基准有国际平衡基准、需求结构基准、产业均衡基准、结构效益基准等；衡量产业结构高级化的方法有标准结构法、相似系数法、高技术产业比重法、软化度判别法等。

例如，如果从资源配置角度评价产业结构合理化，应关注要素资源在产业间的配置、协调情况和利用效率，以要素投入结构和产出结构的耦合程度度量产业结构合理化，可以构建判断产业结构合理化的指标：$SR = -\sum_{i=1}^{n} \frac{Y_i}{Y} \times \left| \frac{Y_i \div L_i}{Y \div L} - 1 \right|$。其中，$Y$ 表示产出，L 表示劳动投入，i 表示第 i 产业部门，n 表示产业总数。SR 值越小，经济越偏离均衡状态，产业结构越不合理；反之，SR 值越大，产业结构越合理。

产业结构高级化的理论内涵突出表现为产业比例关系的改变和劳动生产率的提高，如果以各产业部门产出占比和劳动生产率的乘积作为产业结构高级化的度量，可以构建衡量产业结构高级化的指标：$SH = \sum_{i=1}^{n} \frac{Y_{it} \div Y_t}{LP_{it} \div LP_{if}}$。其中，$Y_{it}$ 为 i 产业在 t 时的总产出，LP_{it} 为 i 产业在 t 时的劳动生产率，LP_{if} 为 i 产业在完成工业化后的劳动生产率，n 为产业部门总数。劳动生产率高的产业产值占总产出的比重越高，说明产业结构高级化水平越高，SH 的值越大。

资料来源：赵玉林．产业经济学：原理及案例［M］．4 版．北京：中国人民大学出版社，2017．

复习思考题

一、名词解释

1. 体育产业
2. 体育产业结构
3. 产业结构优化

二、问答题

1. 体育产业的分类有哪些？
2. 试分析我国体育产业结构现状及优化方向。
3. 我国体育产业结构的演进是否符合产业结构演变的一般规律？

延伸阅读

[1] 韩永辉，黄亮雄，王贤彬. 产业政策推动地方产业结构升级了吗？——基于发展型地方政府的理论解释与实证检验[J]. 经济研究，2017，52（8）：33-48.

[2] 江小涓，等. 体育产业的经济学分析：国际经验及中国案例[M]. 北京：中信出版社，2018.

[3] 赵玉林，汪芳. 产业经济学：原理及案例[M]. 5版. 北京：中国人民大学出版社，2020.

[4] SHETH H, BABIAK K M. Beyond the Game: Perceptions and Practices of Corporate Social Responsibility in the Professional Sport Industry[J]. Journal of Business Ethics, 2010, 91: 433-450.

[5] ZHUO L, GUAN X, YE S. Quantitative Evaluation and Prediction Analysis of the Healthy and Sustainable Development of China's Sports Industry[J]. Sustainability, 2020, 12（6）: 2184.

第八章
群众体育

❂ 本章导语

  体育活动的参与者和影响对象归根结底是微观意义上的个体和家庭。因此，体育产业主体并非体育经济学研究的全部对象，本章即探讨群众体育这一话题。首先，本章从成本收益分析的角度展示了群众体育消费的理性决策过程，探讨了年龄、收入、健康风险等因素与群众体育偏好的关系，梳理了群众体育消费的人口统计学特征、人力资本特征和周期性特征。其次，本章讨论了体育教育的私人收益与社会收益，以及教育信号扭曲条件下的政府干预问题，并分别介绍了劳动年龄人口、少年儿童和老年人的体育培训特征。最后，本章介绍了体育休闲旅游的概念内涵及其所具有的空间特征、时间特征和动机特征，并讨论了体育休闲旅游的相关市场资源、经济活动统计和产业政策。

📖 学习目标

- ◆ 理解体育教育的人力资本作用和信号作用。
- ◆ 理解不同生命周期的体育培训特征。
- ◆ 理解体育休闲旅游的分类和特征。
- ◆ 掌握群众体育的消费决策模型。

第一节 体育决策与消费

一、群众体育的成本收益分析

群众体育又称大众体育或社会体育，英文名称为 mass sport 或 sport for all，是指人们出于强身、健体、娱乐、休闲、社交等目的而自愿参加的多样化的体育活动。[①] 从经济学领域理解群众体育的意义，最直观的一个层面显然是参与体育活动所带来的身心愉悦。但体育经济学对群众体育的成本收益分析远不止于此。在经济学家看来，参与群众体育相当于对健康"投资"，这就建立了群众体育与人力资本理论之间的联系，而人力资本的意义在于提升劳动者的收入水平。因而在体育经济学的范畴中，微观理性主体参与群众体育的决策过程，主要与劳动经济学特别是劳动供给理论关系密切。其中，个人和家庭所投入的时间、资金等构成了参与群众体育的成本，而身心愉悦、身体健康、收入增加等因素构成了参与群众体育的收益。群众体育成本收益分析的相关分析过程如图 8-1 所示。

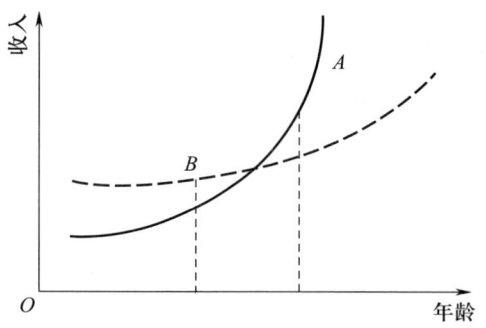

图 8-1 年龄、收入与群众体育偏好的关系

在图 8-1 中，横轴为年龄，代表个体从出生到死亡所经历的全生命周期，纵轴代表个体的收入水平。事实上，完整的分析对象应当包含投入群众体育的时间或资金这一维度。但由于平面图形的局限，我们省略了这个维度，而是直接以不同的"年龄 – 收入"曲线隐含表示，即进行比较静态分析。"年龄 – 收入"曲线表示随着年龄的变化，收入的对应变化。从曲线 A 所代表的个体情况来看，其参与群众体育的偏好较高。由于参与体育活动要占用劳动时间或投入资金成本，因此其在年轻时的收入水平会相应受到一些影响，从而低于个体 B。与之相对，曲线 B 所代表的个体对于群众体育的偏好或者说参与

[①] 周西宽. 体育基本理论教程 [M]. 北京：人民体育出版社，2004：98-99.

程度较低。在较年轻的生命阶段，个体 B 确实节约了与体育相关的时间或资金成本，其收入水平要高于同时期的个体 A。但随着时间的推移，人的身体因年龄增长而呈现出越来越高的健康风险。此时，始终保持运动习惯的个体 A 身体健康状况更优，从而在保持了良好劳动状态的同时节省了医疗支出，其综合收入水平反而超过了个体 B。

为了更加准确地理解个体在面对不同的健康风险时，对于群众体育的需求差异，我们需要进行一个更为细致的分析，如图 8-2 所示。

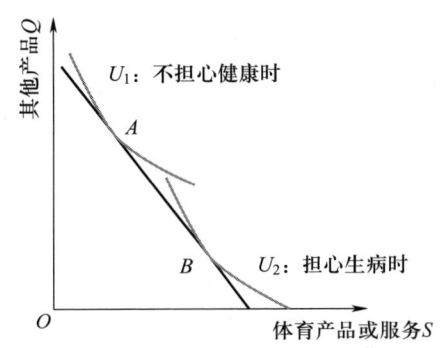

图 8-2 健康风险上升时群众体育偏好的改变

在图 8-2 中，横轴代表体育产品或服务，用 S 表示；纵轴代表其他产品，用 Q 表示。经济学家在"假设其他方面均相同"的条件下[①]发现，个体仅仅出于对自身健康状况的不同认知，会倾向于作出是否参与，以及在多大程度上参与群众体育的不同决策。图 8-2 中初始的均衡点为 A，此时个体认为自己的健康状态良好（如该个体可能是身体健康的年轻人），对于疾病风险的忧虑水平极低。因此参与群众体育的时间和资金等成本因素在决策过程中占据上风，个体会倾向于选择较少参与群众体育，而把节省出来的时间投入劳动力市场以换取工资收入，并购买其他各类所需的产品。但在另一时点（如偶然经历了罹患重病的过程），个体对于健康风险的忧虑水平会大幅度上升，为了提升身体免疫力、防范未来进入不健康状态，理性的决策者会选择新的均衡点 B。与 A 点相比，个体在 B 点的群众体育参与程度或消费水平上升，而对于其他产品的消费量则相应降低。上述分析表明，对于健康状况的预期变化将会影响个体对群众体育和其他商品的决策偏好。图 8-2 中不同的无差异效用曲线 U_1 和 U_2 可以反映这种偏好与预算的结合。

由此可见，积极参与身体锻炼、体育休闲、体育旅游等群众体育活动具有维系身心健康的特殊收益。即使短期内群众体育在时间和金钱方面形

---

① 这是一个古老的经济学术语，可以用一个拉丁语专有名词 ceteris paribus 来表示。

成了一定的成本约束，但是从人的全生命周期来看，适度参与群众体育几乎成为现代社会成员的必需品。如果对群众体育采取完全排斥或回避的态度，而试图寻找其他的替代品（如节食、服用药物等），则不但难度很大，而且往往要面临更高的成本。

案例

❂ 体育消费领域的"口红效应"

"口红经济"最早见于20世纪30年代的美国经济大萧条时期。经济学家把这种经济低迷时部分行业逆势上扬的特殊经济现象称为"口红经济"。在经济不景气时期，口红这样"一涂就看到，一涂就有气色"的廉价购买行为变成了性价比最高、最理性的消费举动——它们能够给人们带来满足消费欲望与心理慰藉的双重愉悦，这就是经济学上著名的"口红效应"。

自2020年年初新冠疫情暴发以来，全球宏观经济形势持续低迷，线下健身培训等传统体育服务业市场遭遇冲击，但运动服饰和装备销售受到的影响却较为复杂。全球知名的体育用品销售平台Stock X的统计数据显示，尽管新冠疫情对于全球经济带来严峻影响，但2020年5月和6月销售额却显著增加，成为该平台历史上销售量最大的两个月份。其中最热销的球鞋为Nike Air Jordan，销售额增加了近40%，而New Balance和Anti Social Social Club也经历了前所未有的同比增长。平台首席执行官史考特·卡特勒（Scott Cutler）认为，造成这一现象的主要原因在于消费者购物形态由实体向线上的转变，以及女性体育用品市场的显著增长。

事实上，"口红效应"也可以部分地解释体育消费领域的这一变化。要成为一支引发效应的"口红"，以下三个条件缺一不可：一是具有较高的性价比；二是具备显著的心理安慰作用；三是最重要的一点——相比同价位的消费品，它的安慰作用更强。在2020年年中，各国较为严格的社交隔离政策随着天气转热而有所放松，户外运动装备的消费需求随之反弹，加之销售商为出清库存而采取了不同程度的价格折扣政策。在各种因素的综合作用下，球鞋等运动健身装备具备了"口红效应"的上述三个条件，因此实现了新冠疫情期间的销量逆势增长。

但值得注意的是，"口红效应"只是影响体育消费的一种暂时的经济现象，由新冠疫情引发的危机终究会过去。要从根本上提升体育用品制造业的整体发展质量，必须从产业政策、投融资体系、人才和技术创新储备等方面综合发力，使体育消费真正成为引领疫后经济复苏的重要力量。

资料来源：根据搜狐网报道和孙素玲论文《体育用品市场的"口红效应"——兼论我国体育用品企业的营销策略》改编。

二、群众体育消费的人口统计学特征

人口统计学特征是经济学领域定量分析的常见维度，具体是指年龄、性别、民族等个体特征中的客观和自然变量。在体育经济学的分析框架下，人口统计学特征往往会单独影响，或是与其他社会经济因素结合起来共同影响群众体育的消费决策。

年龄显然是影响群众体育消费的关键因素。在前述体育经济学的基本分析框架中，我们已经展示了消费者如何权衡参与群众体育的成本和收益，继而作出不尽相同的消费决策。其中，年龄显然产生了关键影响。具体而言，由于个体通过劳动力市场获得的经济回报在全生命周期中存在波动，因而通常来讲，儿童和老年人等非劳动年龄人口参与群众体育的机会成本相对较低，这有利于提升上述群体的群众体育消费。此外，个体的健康风险呈现出随年龄增长而显著提升的趋势，因此考虑到参与群众体育的保健收益，年龄越大的个体会越倾向于提升群众体育消费。在这两种机制的共同作用下，群众体育消费与年龄的关系通常呈现出"先下降后上升"的U形特征。

性别是影响群众体育消费的另一个重要的人口统计学特征。性别对于群众体育消费的影响可以归结为两个方面。一方面，传统观点认为，群众体育项目对于个体的身体素质和运动禀赋具有不同要求，因此群众体育项目可以天然地区分为"男性项目"和"女性项目"，从而形成群众体育消费的性别群体差异。但越来越多的前沿研究对这一传统观点构成了挑战，从目前体育市场的发育情况来看，尽管群众体育产品和服务的性别偏好依然存在，但与性别相关的自然禀赋差异已经不再是影响群众体育消费的不可逾越的壁垒。另一方面，群众体育消费在当代社会的主要性别差异取决于性别的劳动分工差异。由于女性通常要受到劳动力市场和家务活动的双重时间约束，因此在进行群众体育消费的过程中要面临更高的机会成本。与之相对，在平均和整体的意义上，男性所面临的约束条件则相对宽松。

三、群众体育消费的人力资本特征

人力资本是现代经济学的核心概念之一，是指附着于人身之上、可以通过积累得到的良性因素。传统的人力资本理论主要着眼于劳动年龄人口，更加强调人力资本中的正规教育和培训等内容。随着人们的认知逐步提高，营养、健康等更为广泛的因素被纳入人力资本的讨论框架之中。但是就经济学分析的经典框架而言，教育和培训特别是正规教育依然是理解人力资本最为重要的视角。

受教育程度对群众体育消费的影响较为复杂，可以从多个维度加以理解。首先，受教育程度提升意味着个体文化素养和综合素质的改善。此时，个体更容易意识到参与群众体育终身受益，从而摆脱短期视角的局限性。其次，由于群众体育的门类构成本身具有复杂性，有相当多的群众体育项目需要跨越一定的基础技能门槛才能够参与。而受教育程度提升有利于获得相应的技能培训条件，从而扩大个体参与群众体育消费的选择空间。最后，受教育程度更高的个体往往在劳动力市场上的工资收益也更高，而向市场供给劳动和参与群众体育之间会存在时间配置的权衡。从这个意义上讲，受教育程度会提升群众体育消费的机会成本。总体而言，受教育程度对群众体育消费既存在正向影响也存在负向影响，最终影响取决于二者共同作用的结果。

四、群众体育消费的周期性特征

群众体育消费的周期性特征可以从个体的生命周期和宏观经济周期两个维度加以理解。生命周期视角的详细内容参见前述的基本分析和人口统计学分析，此处主要论述宏观经济周期对群众体育消费的影响。

宏观经济周期是指经济整体发展的繁荣或萧条趋势，这种宏观经济的趋势波动会对体育消费产生影响。具体的影响过程可以通过弹性分析加以论述，以 X 和 Y 分别代表收入和群众体育消费，Δ 代表变量的变化，则弹

性的计算如下式所示:

$$E = \frac{\%\Delta consumption}{\%\Delta income} = \frac{\Delta Y/Y}{\Delta X/X} = \frac{\mathrm{d}Y}{\mathrm{d}X} \cdot \frac{X}{Y}$$

所谓群众体育的消费弹性是指消费对收入变化作出反应的敏感程度。由于群众体育消费不属于食品、衣物等生活必需品,往往归于改善生活品质的休闲类消费,因此其消费弹性较大。在经济萧条的情况下,人们很难减少生活必需品的消费,而是会首先减少非必需品的消费,而把相应的预算调剂给必需品使用,以保障食品、衣物等消费支出不减少。反之,在经济繁荣的情况下,人们的生活必需品的消费相对固定,并不会因为收入增加而大幅度增长,因此群众体育消费随收入增加而增长的幅度相对更大。

案例

★ 我国线上体育健身的消费特点与优势

得益于大数据、云计算、物联网等技术进步,数字经济为我国体育产业高质量发展充分赋能,线上体育健身成为数字体育发展的有机组成部分,相关消费规模不断壮大。健身休闲作为典型的体育服务业,开发线上产品具有更高的传播效率和较低的边际成本,能够充分发挥规模经济作用,有效提振消费。因此,线上体育健身产品和服务的消费潜力释放是数字体育发展的有机组成部分和必然结果。以线上体育健身平台 Keep 为例,其平台发展与我国 4G 网络的建设和普及进程几乎同步,2019 年的平均月活用户已经高达 2 000 万,显著带动了线上线下的综合消费增长。

除了消费市场自身发育,公共卫生环境的变化提供了有利于线上体育健身消费增长的客观条件。疫情压力使消费者提升免疫力、保持身体健康的需求更加迫切。而传统健身房的产品和商业模式在疫情环境下难以为继,也需要通过开辟线上场景培育新的市场自生能力。因此,线上体育健身消费的供需两端具有高度契合性。在线上健身行业发展的带动下,2021 年健身器材市场增长 15%,消费规模达 546.5 亿元,相比 2015 年增长近 200 亿元。

事实上,线上体育健身消费增长体现了有效市场和有为政府的共同作用。一方面,数字技术进步和特定的疫情环境导致消费市场供需旺盛;另一方面,政府引导在刺激线上体育健身消费的过程中发挥了重要作用。例如,"全民健身线上运动会"由国家体育总局、中华全国体育总会、全国性单项体育协会、省（自治区、直辖市）体育部门和互联网平台共同开展，自2022年4月底启动以来，各项赛事累计参赛规模已突破100万人次。庞大的线上健身参与基数能够在相当程度上促成消费潜力的转化与释放。

从我国线上体育健身消费的长期发展来看，首先，我国线上健身行业具有后发优势。国家体育总局数据显示，2017—2021年线上健身行业复合增速高达24.1%，同期线下健身行业复合增速仅为6.6%，并预计未来5年仍将保持高速增长。其次，我国具有超大规模消费市场优势。工商注册数据显示，我国线上健身相关企业有1 300余家，其中2021年新增注册企业610余家，增速达103.4%。最后，我国具有强有力的政策工具优势。为了培育线上体育健身行业发展新动能，我国已先后出台10余项推动互联网和健身服务业融合发展的相关政策，对于消费增长产生了积极的政策引导意义。

资料来源：根据《经济日报》文章《体育产业释放强大活力》改编。

第二节　体育教育与培训

一、体育教育

（一）体育教育的属性与投入机制

广义的体育教育一般包括职业体育教育和群众体育教育。就职业体育教育而言，本质在于积累专用人力资本，在教育过程完成后形成专门的人力资源供给并取得回报。事实上，职业体育教育仅仅表现为投资周期和面临风险的异质性，但人力资本投资和补偿的基本分析框架依然适用。职业体育教育的其他具体原理超出了本书的讨论范围，有兴趣的读者可以参考"体育教育训练学"的相关教材或著作。本节所讨论的群众体育教育，主要是指以促进健康为目的，向儿童和青少年传授体育知识和技能的正规教育过程。

结合本章前述内容所介绍的人力资本理论，体育教育最重要的经济意义在于，儿童和青少年时期所接受的体育教育有利于个体在终身层面提升健康水平，从而在未来取得更高的劳动力市场回报。因此，体育教育具有私人投资的属性。而且，当一国居民因体育教育而在健康方面普遍获益时，将有利于降低社会整体的医疗成本，甚至有助于提升国防等公共产品的供给质量。因此，体育教育又具有公共属性。由此形成了体育经济学中关于体育教育的私人收益和社会收益的讨论。

体育教育的私人收益和社会收益不仅反映了体育教育的需求，更重要的是，区分这两种收益反映了对于体育教育的义务划分问题：如果体育教育具有很高的私人收益，那么无论政府部门投入较多还是较少，个人都愿意对体育教育投资以获取收益。相反，如果体育教育的收益主要由社会获得，无法对应某个具体对象，那么个人和家庭将没有兴趣也没有理由对教育进行投资。也就是说，对体育教育的投资行为应当更多地由公共资源来承担。

当然，由于体育教育在时间和空间上无法与其他教育范畴明确切割开来，因此针对体育教育单独计算收益是相当困难的。但体育经济学目前已经取得的理论共识是，在不同的教育阶段，体育教育的个人收益和社会收益的比例关系显然是不同的。一般来说，基础教育阶段的体育教育具有社会收益较高、外部性较大的特点，而高等教育阶段的体育教育具有个人收益较高、外部性较小的特点。因此，将这两个教育阶段加以比较可知，基础教育阶段的体育教育更适宜由国家通过公共财政的形式予以保障，而高等教育阶段的体育教育更适宜由个人投资以实现人力资本积累。

我们可以通过对体育教育实践的大量观察来印证这一理论。就我国的体育教育而言，基础教育阶段着眼于培养学生基本的体育核心素养，因此往往按照通用型的教育模式进行，项目、器材的选择和授课内容的安排较为固定。而在高等教育阶段，学生个性化的体育需求进一步得到重视，体育课程的选修内容趋于多样化，可利用的教学资源更加丰富。与之相匹配，公共财政对我国基础教育的支撑作用更加明显，负担了较多的教育义务。而从高等教育来看，尽管财政补贴依然是非常重要的经费来源，但个人和家庭的负担比重较基础教育而言已经大为提升。

（二）体育教育的信号扭曲与政府干预

尽管体育教育兼具私人收益和社会收益的性质，但是，从市场雇主的视角来看，与个体的知识和技能等传统人力资本相比，劳动者的体育素质往往并不是最重要的生产率标志。如果雇主的这种顾虑通过其招聘行为表现出来，就会产生负面的信号作用，从而导致体育教育的私人收益下降。此时，理性的个人和家庭就会降低对体育教育的重视程度，如削减接受体育教育的时间和精力投入。

但是，一方面，体育教育关乎国防安全、社会医疗成本等深层次因素，如果个体在主观上出于私人收益的考虑削弱了体育教育，客观上也会导致体育教育的社会收益下降。另一方面，个体理性在短期和长期之间有可能存在矛盾，短期内个体减少体育教育的理性决策对于终身的综合收益而言不见得是最优选择，目前受到普遍关注的职场健康和工伤风险问题就是相关的例证。因此，仅仅通过个体的理性决策和劳动力市场信号，有可能无法实现体育教育的社会福利最大化，即存在所谓的市场失灵问题。

对于体育教育的市场失灵矫正，政府通过教育公共治理发挥"信号灯"和"指挥棒"的作用，强化体育教育的重要性和参与度，是一种行之有效的典型措施。以我国初中毕业生升学考试中的体育教育改革为例，接受初级中等教育的青少年正处于身体发育的关键阶段，体育锻炼的参与质量涉及体重控制、视力不良的早期干预、身体协调能力的培养等终身健康因素。有鉴于此，我国于1992年开展体育科目进入初中毕业生升学考试的试点工作，目前已实现"体育进中考"的全覆盖。从体育教育的社会收益大于私人收益、财政投入发挥更大作用的义务教育阶段来看，以"体育进中考"的改革方式通过教育公共治理克服市场失灵，对于提升我国体育教育质量、改善国民体质和运动素养而言具有关键意义。如表8-1所示。

▶ 表8-1 我国体育中考改革相关历程

年份	文件名称	有关体育中考的主要内容
1990	《学校体育工作条例》	明确体育是学生毕业、升学考试科目
1992	《初中毕业生升学考试体育试点工作意见》	体育考试成绩计入升学总分
1993	《初中毕业生升学考试体育试点工作方案》	考试项目为3项，以30分为起点，计入中考总分

续表

年份	文件名称	有关体育中考的主要内容
1995	《全国继续试行初中毕业生升学考试体育工作方案》	3个不同性质的考试项目；体育考试成绩计入升学总分；分值在20~30分为宜
1997	《初中毕业生升学体育考试工作实施方案》	从1998年起在全国范围内分阶段实施体育中考政策；考试项目不超过三项，分值30~45分，计入中考总分
1999	《关于初中毕业升学考试改革的指导意见》	体育分数一般占中考总分的5%；平时成绩计入体育考试总分
2006	《教育部 国家体育总局关于进一步加强学校体育工作 切实提高学生健康素质的意见》	改革、完善体育考试制度，体育考试成绩按比例计入中考总分
2007	《中共中央 国务院关于加强青少年体育增强青少年体质的意见》	全面实施体育中考制度，并逐步加大体育成绩在中考成绩中的分量
2013	《中共中央关于全面深化改革若干重大问题的决定》	强化体育课和课外锻炼，推进考试招生制度改革
2016	《教育部关于进一步推进高中阶段学校考试招生制度改革的指导意见》	将体育纳入录取计分科目，科学确定考试分值或等级要求

资料来源：杨长久. 回顾与展望：体育中考20年研究评述［J］. 浙江体育科学，2020，42（1）：55-62.

除"体育进高考"改革外，为了在义务教育阶段进一步发挥体育教育的社会效益、纠正市场信号扭曲，近年来形成了旨在更加充分地保障学生参与体育教育的一系列政策实践和制度安排。2021年7月，中共中央办公厅、国务院办公厅印发了《关于进一步减轻义务教育阶段学生作业负担和校外培训负担的意见》，明确提出应引导学生科学利用课余时间，开展适宜的体育锻炼。面对"双减"背景下体育教育资源的供需矛盾，国家体育总局正在积极探索优秀退役运动员到学校担任兼职体育教师等新路径，从而推动形成家庭、校园、社会共同支持体育教育发展的良好环境。

二、体育培训

（一）体育培训的概念与构成

与体育教育类似，体育培训领域同样存在着职业体育培训和群众体育培训的分野。本章主要讨论群众体育培训。随着现代体育的发展，各运动项目的技能要求和专业化程度不断提升，因而接受专项运动技能培训成为体育参与的必要条件。通过提供场地、设施、师资等专业条件，满足运动技能获取需求的培训服务即为狭义体育培训。在狭义体育培训市场的基础上，还存在一些并不依托于具体运动项目的培训服务，如健身塑形、户外拓展训练等，以及社会体育指导员等与职业资质认证相关的培训，其与狭义体育培训共同构成了广义体育培训。体育培训的构成见图 8-3。

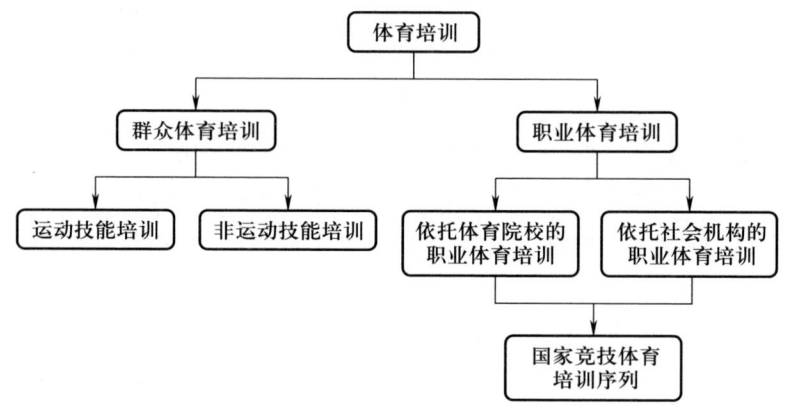

图 8-3　体育培训的构成

由图 8-3 可知，体育培训的构成和分类方式颇为复杂。本书在介绍体育培训的过程中，着重突出群众体育的全生命周期视角。

（二）全生命周期的体育培训

体育培训是除体育教育以外积累健康人力资本的又一种重要方式。由于处于不同生命周期的培训对象在体育培训的动机和形式方面差异较大，因此本书将以年龄阶段为线索分别加以介绍。

第二节 体育教育与培训

1. 劳动年龄人口体育培训

首先介绍劳动年龄人口体育培训，是因为这一群体在我国的人口年龄结构中占据的比重最大，对于经济和社会建设所发挥的作用也最为关键。就业是劳动年龄人口的典型经济状态，因此针对这一群体的体育培训通常是指劳动年龄人口在非工作时间接受特定的运动项目（如游泳、网球等）训练，或者通过专业性的内容安排集中参与体育锻炼的过程。

和职业体育中与工作直接相关的培训不同，群众体育中的培训要求个体暂时脱离工作状态，因此接受体育培训涉及直接的经济成本和因为脱离工作状态而减少的劳动收入这一间接成本。但是，对于劳动年龄人口而言，接受体育培训的收益也十分明显。这是因为体育培训有助于缓解工作压力、改善健康水平，从而促进劳动生产率的提升。因此，是否参加体育培训、应当以何种方式和频率参加体育培训，是个体及其家庭综合权衡成本和收益后的理性选择。

在体育经济学中有一类很特殊的研究问题，即体育培训费用的支付问题。经济学家指出，培训大致可以分为一般培训和特殊培训两种类型。所谓一般培训是指受训者一旦获得某些技能，将可以应用于所有的企业和岗位，如打字、驾驶、使用计算机等。特殊培训是指只对受训者获得技能的企业有益的培训，雇员一旦离开该企业，培训的价值随之消失，如生产企业针对某一个特殊工艺或工作流程对员工进行的培训，而雇主往往仅有意愿为特殊培训支付费用。[①]

从上述标准来看，体育培训旨在改善人的身体素质和健康状况，因而属于典型的一般培训。于是在现实中，我们很容易观察到办公室白领在下班后自主选择接受各类体育培训的现象。在这一过程中，体育培训的付费者是劳动者本身而非其雇主。这也是体育培训通常被视为体育消费重要支柱的原因所在。但是，在某种情况下，雇主也有可能为体育培训这一一般培训付费。例如，开放公司健身房，为员工提供体育锻炼设施，或者利用公司场地安排工间操和下班时间的健身操课服务等。雇主为体育培训付费，

---

① BECKER G S. Human Capital: A Theoretical and Empirical Analysis with Special Reference to Education [M]. 3rd ed. NBER Books, 1994: 556.

其动机往往在于提供其他雇主通常不会提供的福利项目，以提升对于优秀人才的吸引力。

2. 少年儿童体育培训

通常认为，针对少年儿童的体育培训可以从人力资本和信号两个视角加以理解。从人力资本视角来看，与体育相关的健康人力资本形成具有敏感期和关键期，即某些运动能力的塑造和运动习惯的养成在特定的时期较其他时期发展更快，对培训刺激作出的反应也更为敏感。这表明在生命周期的特定阶段，有针对性地开展体育培训可以获得相对其他时期更高的投资回报率，对个体一生产生的影响也更大。例如，国家卫生健康委员会的一项研究显示，接受早期体育培训，特别是运动技能的学习对于儿童手部灵巧性的培养而言作用非常关键。[①] 而手部灵巧性显然会在一定程度上影响到终身的工作和生活能力。也就是说，把握好少年儿童体育健康素养发展的敏感期和关键期，在早期有针对性地进行体育培训投资，可以起到事半功倍的效果。

从信号视角来看，由于我国在基础教育阶段的升学标准具有多元化特征，少年儿童接受体育培训、展示运动技能水平和竞赛成就在特定情况下有利于其获得升学机会。如果家长捕捉到了这一现象，那么少年儿童参加体育培训有可能并非出于提升其健康人力资本考虑，而仅仅是旨在向教育资源的提供者释放信号，以建立或巩固自身的升学优势。

当然，在现实生活中，纯粹出于人力资本考虑或信号考虑并不常见，儿童的体育培训决策往往是二者综合考虑的理性结果。但值得注意的是，既然少年儿童的体育培训存在升学信号机制，就要注意防范市场扭曲和市场失灵对家庭和社会收益的消极影响。对此，政府应加强公共治理，优化教育资源配置、推动教育均等化发展，并通过相应的体育产业政策切实规范少年儿童体育培训市场。

---

① 陈艳杰，梁爱民，贺媛. 北京市972例学龄前儿童运动协调性现况调查[J]. 中国计划生育学杂志，2021，29（4）：675-678.

知识链接

● 教育改革对体育培训市场的规范与引导

中考体育改革后，多个省区市四、六、八年级体质健康测试占据一定分数且计入中考成绩已进入议程。部分地区开始尝试以过程性、增值性评价手段测试学生体育成绩，增加过程性测试分数在学生日常考试、升学测试中的占比。例如，北京中考体育改革2023年迎来新变化：四年级、六年级、八年级的学生将统一按要求，分层级、分时段、分内容地参加中小学体质健康测试统测。该统测结果将作为过程性考核成绩，记入学生中考体育总成绩。从全国范围看，不仅是北京，如上海、天津、云南、广东等地，体育中考开展过程性体质监测已成为常态。

过程性健康体质监测给学校体育工作注入了"强心剂"，提高了学校、家长及社会对体育的重视，对促进学校体育评价、家庭体育锻炼和社会营造体育氛围等发挥了极其重要的导向作用。但在实施过程中，也暴露出学校、家长及社会为取得中考体育高分才重视体育的现象，容易产生功利化、应试化和短视化的倾向，偏离体育"以考促学""以体育人"的初衷。

体测成绩将纳入中考体育总成绩，这根"指挥棒"也引发了部分体育锻炼动机的功利化。在中考、高考"指挥棒"影响下，学校、家长、学生会"精准应试"，"考什么、教什么""考什么、练什么""考什么、补什么"。一些家长带孩子参加体育锻炼带着体测中"得优良、得满分、能加分"的功利目的。在"只要考试、必有培训"的惯性力量下，许多校外培训机构迅速开设各种应试速成班，针对性开展与体测相关的体育项目培训，满足部分家长在短期内让孩子得高分、得满分的心理需求。这不仅无助于学生找回体育的乐趣，更无益于身体健康，有悖于学校体育的目标。

考前临时突击式训练容易导致体育锻炼效果的短视化。过程性健康体质监测的出发点在于推动学生体质健康促进工作更加长效，但在现实中，一些家长给孩子选择参加考试项目速成班、临时提升班、私教课、一对一辅导等，多是存在一种"临时抱佛脚"的心理。这容易造成学生体质健康水平上升的假象和学生体质"停考即下降"的隐患。相关监测数据显示，凡是在国家规定考试的学段，体质健康数据普遍呈上升态势，但过了考试学段，体质健康数据又开始断崖式下降，出现明显的"下降拐点"。根据教育部等六部门组织的"全国学生体质与健康调研"结果，学生机能、体能一般在中考期间达到最高水平，之后会呈现总体下滑态势。而且这种短期内训练提升的方式也极易造成运动损伤，极端情况下还存在导致学生不能准时参加现场测试的隐患。这与部分学校体育没有培养起学生对体育锻炼的长期兴趣爱好和习惯是紧密相关的。

资料来源：根据《光明日报》文章《学校体育应为学生健康而幸福的人生奠基》改编。

3. 老年人体育培训

第七次全国人口普查数据显示，我国60岁及以上人口约为26 402万人，占全国总人口18.70%，面临老龄化挑战已经成为我国的基本国情之一。老年人体育培训具有重要意义，原因在于体育参与能够对老年人的健康人力资本产生积极影响。体育学领域的大量研究表明，体育锻炼不但能够抑制基础疾病、改善老年人体质，而且能够显著改善老年人的心理健康状况，提升老年人生活幸福感。但是，老年人从事体育锻炼通常面临身体和认知功能下降、对压力的适应性降低等不利因素。因此，必须正确认识老年人体育锻炼的生理特点和条件约束，审慎对待老年人体育培训市场的产品与服务供给。

值得注意的是，在商业实践中，单独提供老年人体育培训的机构并不多见。更加常见的方式是，市场化的老年人体育培训服务往往由养老机构提供，作为其养老产品和服务的一部分或增值服务。这主要是因为，养老服务和老年人体育培训服务具有天然契合性，当企业选择联合供给的时候，其成本要低于分别供给这两类服务的成本之和。这种把两种或更多的产品合并在一起生产比分别生产的成本更低的现象，在体育经济学中被称作范围经济（economies of scope）。

第三节 体育休闲旅游

一、体育休闲旅游的内涵

体育休闲旅游并不意味着"体育"和"休闲旅游"等关键词的简单融合。事实上，体育休闲旅游的内涵通常是借助于体育休闲旅游主体的活动类型所反映出的行为特征，或者根据体育休闲旅游活动的实际结果来作出界定，即将参与体育活动的类型作为体育休闲旅游定义的重要视角。

目前，得到大多数学者认同的体育休闲活动类型分类方法有两种。第一种分类方法是根据游客消费体育产品内容的差异性将体育休闲旅游分为三种类型：一是主动式体育休闲旅游，显著标志是消费者在旅行过程或休闲活动中主动参与体育运动；二是事件式体育休闲旅游，即游客到异地旅行去观赏体育赛事，或参与某个主题与体育相关的休闲事件和活动；三是怀旧式体育休闲旅游，即消费者刻意选择前往与体育相关的场所，如名人堂、体育博物馆或著名的体育馆，从事旅游活动和休闲活动。第二种分类方法是按照参与的主动性或被动性，将体育休闲旅游分为两种类型：主动式体育休闲旅游是指消费者在旅游休闲过程中，身体力行地参与运动项目和体育活动；被动式体育休闲旅游主要是指参与一些体育观赏活动的旅游和休闲行为。

两种分类方法虽然有所差异，但体现了体育休闲旅游内涵的共通性，即划分的依据均是以消费者在旅游休闲过程中是否实质性地参与体育活动。从这一逻辑来看，可以说被动式体育休闲旅游实质上包含了第一种分类中的事件式体育休闲旅游和怀旧式体育休闲旅游。归纳来看，体育活动的类型既有主动参与、深度参与的一面，也有被动体验和浅尝辄止的一面，这就意味着体育休闲旅游的内涵必须联系消费者的需求和偏好来理解。

二、体育休闲旅游的特征

首先，体育休闲旅游具有鲜明的空间特征。体育活动受一定空间规定的限制，如赛道的长度、运动场的面积，空间特性主要由其规则性决定。对旅游休闲活动而言，其空间特性主要体现为旅游者离开居住地到达目的地的移动，以及满足消费者休闲需求的设施和场地条件。值得关注的是，在体育休闲旅游中，空间和场所是两个有所侧重和区别的概念。空间侧重于体育旅游者的地理性移动、相关设施的空间分布及与经济相结合而产生的空间经济意义；场所既可包含体育休闲活动的开展地点、特色休闲项目的区域依托，又涉及将该场所视为某种资源而加以利用的经济效率问题。

其次，体育休闲旅游具有特定的时间特征。从消费视角来看，体育休闲旅游的时间特征主要体现在消费者的异地停留时间，以及体育休闲旅游活动的季节性。一方面，基于旅游行业的统计习惯，只有"在旅游目的地至少停留 24 小时"，即至少离家在外度过一个夜晚的消费者才会被纳入体育旅游的统计范畴。另一方面，体育休闲旅游活动具有鲜明的季节性。特别是重大体育赛事的时间安排对于观赏性体育休闲旅游的市场表现具有直接影响，而参与性的体育休闲旅游活动也对特定季节表现出较强的依赖性（如夏季的帆船、冬季的滑雪等）。但体育休闲旅游活动的时间特征不是一成不变的。出于成本考虑，商家可能通过优化产品和服务组合、反季节促销等方式平抑过于剧烈的市场需求波动。政府部门也有可能出于资源保护的目的，对旺季的体育休闲旅游活动加以限制。此时，体育休闲旅游的市场表现并不完全取决于供求因素。

最后，体育休闲旅游具有独特的动机特征。这主要是指体育和休闲旅游在消费偏好上的优先次序问题。简单理解，即体育是否构成了消费的首要动机。例如，对于同一项体育活动，有些游客出行是受该体育活动的直接激发，若没有这次体育活动，游客便不会有此次旅行。与之相反，有些游客在旅行前的计划中虽包含对该项活动的参与，但没有这次体育活动，游客同样会到该目的地旅行。有些游客甚至是在旅游过程中恰巧听说此活动或路过该活动的举办场地，从而以非常被动和偶然的方式参与了该项体育活动。从狭义上讲，只有当体育构成了消费的首要动机时才符合体育休闲旅游的内涵。

三、体育休闲旅游的产业发展

（一）体育休闲旅游的市场资源

资源是体育休闲旅游经济活动的基础，把握体育休闲旅游资源的分类特点应从认识此类资源的特殊属性入手。第一类体育休闲旅游资源是一般意义上的场地资源。户外体育包含山地运动、水上运动，其所依赖的高山、水域等场地资源能够转化为体育休闲旅游活动的消费场景。近年来，取得较大市场反响的冰雪旅游、山地户外旅游、城市马拉松赛事、徒步节事、自行车旅游、海洋和滨水运动旅游、运动休闲特色小镇等业态都是第一类体育休闲旅游资源的具体利用形式。

第二类体育休闲旅游资源是竞技体育所依托的特定场馆。场馆作为体育休闲旅游资源造就了众多成功的商业案例。例如，巴塞罗那足球俱乐部的诺坎普球场和博物馆一年能够接待游客150万人次，已经成为城市地标和旅游者竞相参观的对象。除了场地的物理属性，体育赛事本身也可以作为体育休闲旅游资源的一种表现形式。例如，2022年世界杯期间共有超百万游客到访卡塔尔。在第二类体育休闲旅游资源中，场馆成为旅游节事的有机组成部分，吸引游客作出消费行为。

除上述有形资源以外，体育用品与休闲旅游纪念品的融合形成了第三类体育休闲旅游资源。典型案例包括球衣作为休闲旅游纪念品而出售等。无形产品之所以能成为体育休闲旅游资源，是因为休闲旅游消费的综合性、服务属性、不可储存性以及生产与消费的不可分割性等特征，与体育产品的消费特征高度吻合。特别是知名体育明星、知名赛事品牌、与体育相关的知名城市等，在激发体育休闲旅游消费需求方面具有得天独厚的优势。

知识链接

我国独具特色的红色体育旅游

红色体育旅游是红色旅游和体育旅游的交叉产业，是当前旅游业和体育产业的热点，也是我国独有的旅游形式。红色体育旅游内涵丰富，性质新颖，既有红色教育形式作载体，又有体育旅游的特点，是一项专题性旅游活动，因而作为一种新出现的"教育＋旅游"的形式，对旅游者具有独特的吸引力。

目前学术界的主流观点认为，如果按照不同的旅游目的而对旅游活动形式加以划分，红色体育旅游显然是一种专题性旅游活动，其既有红色旅游的活动形式，又有体育旅游的活动特征，二者相互关联、相辅相成。从红色体育旅游的具体资源和形式来看，革命先辈进行革命活动所留下的遗址、旧址、遗物、文字、图片资料和具有革命精神的其他内容共同构成了红色体育旅游的资源主体，使之成为集教育、参观、缅怀等形式于一体的体育旅游活动。因此，红色体育旅游具有教育性、学习性、故事性、健身性与参与性等特征。

所谓教育性与学习性，是指红色体育旅游资源所承载的革命精神和历史印迹对游客而言具有深远的教育意义，从而形成薪火相传的红色精神财富。所谓故事性，是指红色体育旅游资源涉及的革命历史人物和情节具有独特的趣味性与吸引力。所谓健身性，是指红色体育旅游资源能够与运动健身目的充分结合，形成具有较强目标性和计划性的体育活动。所谓参与性，是指红色体育旅游相比其他旅游形式在体验过程中相对艰苦，从而有益于磨砺游客的革命精神和意志品质。

资料来源：赵林保. 探析红色体育旅游特征的研究［J］. 当代体育科技，2021，11（24）：160-162.

（二）体育休闲旅游的经济活动统计

针对体育休闲旅游的经济活动开展准确的统计工作，是理解体育休闲旅游市场发展状况的前提。但是，对交叉行业开展核算工作是世界性的统计实践难点。国际上通常采用建立卫星账户的方式针对国民经济核算的产出数据进行二次统计。考虑到我国卫星账户的建立尚不完备，本书着重介绍现阶段国内体育休闲旅游统计的实践情况。

如表8-2所示，从产业统计分类情况来看，国家统计局公布的《体育产业统计分类（2019）》以及《国家旅游及相关产业统计分类（2018）》均对体育休闲旅游统计的相关指标有所涉及。体育产业分类标准对体育休闲旅游的统计分类标准较为单一，统计范围限定在以体育运动为主要内容的观赏性、体验性的休闲旅游服务；旅游及相关产业分类标准中，对体育休闲旅游的统计是以场所为划分依据，包含各个室内、室外的体育场所及休闲健身场所，还将用于旅游的体育设备出租纳入统计范围。无论从旅游产业分类看体育休闲旅游，还是立足于体育产业视角统计体育休闲旅游活动，两者的统计覆盖范围目前均较为有限。例如，关于体育休闲旅游最基本的人次及收入情况尚无官方统计数据，关于体育休闲旅游的产业分类也缺乏统一口径，但国家体育和休闲旅游主管部门已经意识到了统计体系和大数据建设的重要性。未来体育休闲旅游的行业分类标准有望进一步细化和规范化，以提升统计数据的信效度。

▶ 表 8-2　体育休闲旅游相关产业统计分类

产业统计分类	小类	名称	说明
《体育产业统计分类（2019）》	0810	体育旅游服务	指观赏性体育旅游活动（如观赏体育赛事、体育节、体育表演等内容的旅游活动），旅行社组织体验性体育旅游活动的服务，以体育运动为目的的旅游景区服务，以及露营地、水上运动码头、体育特色小镇、体育产业园区等的管理服务
《国家旅游及相关产业统计分类（2018）》	1621	体育场馆旅游服务	仅包括可供游客观赏体育赛事的室内、室外体育场所，以及室外天然体育场地的管理服务
	1622	旅游健身服务	仅包括休闲健身场所为游客提供的健身器械、保龄球、台球、棋牌等服务
	2143	旅游娱乐体育设备出租	仅包括用于旅游的自行车、照相器材、娱乐设备、运动器材等出租

资料来源：《体育产业统计分类（2019）》《国家旅游及相关产业统计分类（2018）》。

（三）体育休闲旅游的产业政策

产业政策是指中央政府或地方政府为了促进某种产业在该国或该地区的发展而有意识采取的一些政策措施，常见的产业政策包括税收优惠、土地补贴和信贷补贴等。由于体育休闲旅游消费反映了经济发展水平和居民收入水平提升后的需求升级特征，代表了新兴的商业模式和消费业态，因此国家对该产业的发展高度重视，相关产业政策既包括休闲旅游产业和体育产业主管部门共同颁布实施的政策法规，如《关于大力发展体育旅游的指导意见》等；也包括由国务院直接颁布的各项重要文件，如《关于加快发展体育产业促进体育消费的若干意见》《关于促进旅游业改革发展的若干意见》等。

一般而言，产业政策既存在扶持市场发展的积极意义，又难以完全避免扭曲市场信号的负面作用。但具体到体育休闲旅游行业而言，消费者的健康需求与人的基本权利息息相关，带有普惠性质的体育休闲旅游服务与纯粹的竞争性商品相比具有更强的民生保障含义。因此，通常认为体育休闲旅游领域能够且有必要适用更加积极的产业政策。

复习思考题

一、名词解释

1. 群众体育的消费弹性
2. 人力资本
3. 体育休闲旅游

二、问答题

1. 年龄和收入是如何影响体育消费的？
2. 你如何看待社会上对于"体育进高考"的讨论？试用体育经济学原理加以分析。
3. 什么是范围经济？你可以举出体育培训中存在范围经济的例子吗？
4. 体育休闲旅游具有哪些特征？

延伸阅读

[1] GARCIA J, MUÑIZ C, RODRIGUEZ P, et al. Comparative Analysis of Sports Practice by Types of Activities[J]. International Journal of Sport Finance, 2016, 11（4）：221-231.

[2] HUMPHREYS B, RUSESKI J. An Economic Analysis of Participation and Time Spent in Physical Activity[J]. The B. E. Journal of Economic Analysis and Policy, 2011, 11（1）：1-38.

[3] RUSESKI J E, MARESOVA K. Economic Freedom, Sport Policy, and Individual Participation in Physical Activity: An International Comparison[J]. Contemporary Economic Policy, 2013, 32（1）：42-55.

第九章
职业体育

✱ 本章导语

职业体育是高度专业化、商业化的竞技体育，其核心是职业体育赛事的运作和推广。伴随着职业体育俱乐部和职业体育联盟的产生和发展，职业体育拥有了更广阔的市场。作为职业体育的一个重要组成部分，体育经纪人在促进市场主体之间的交易、优化资源配置等方面发挥了重要作用。本章首先介绍了职业体育的概念、起源，以及职业体育与奥林匹克运动会之间的关系。其次阐述了职业体育俱乐部和职业体育联盟的发展历程，并结合案例分析了职业体育俱乐部和职业体育联盟的特点。最后结合体育经纪人相关利益群体，阐释了体育经纪人相关概念以及体育经纪人产业链。

📋 学习目标

- ◆ 了解职业体育的概念、起源和发展。
- ◆ 理解职业体育联盟的特点。
- ◆ 掌握体育经纪人的运营模式。

第一节 职业体育概述

一、职业体育的概念

职业体育也称商业体育，可以理解为一种追求竞技比赛票房价值、以商业利益获取为目的的竞技体育活动。从体育学视角来看，职业体育与业余体育相对，特指那些以体育为主要生计的职业选手及相关从业人员的职业性活动。而在经济学视角下，职业体育是基于某一运动项目开展劳务性生产经营，围绕该项目生产开发而形成的相对独立和完整的商业化经营体系。综合以上两种观点，本书将职业体育的概念归纳为：以职业体育俱乐部为组织形式、以体育赛事为产品、以市场需求为导向、以追求最大利润为目的的经营体系。

二、职业体育的起源与发展

职业体育的萌芽以 1600—1749 年英国商业体育的起源作为标志。在这一时期，英国完成了从封建社会向资本主义社会的过渡，社会生产力得到解放，商品经济得到发展，形成了"重商主义"的政治经济制度。在这种制度下，出现了一些以简单体育比赛为内容的商业性体育表演，如足球、板球、赛马、拳击、斗牛等。传统的乡村体育、健身娱乐体育开始向商业体育转变，吸引了众多参与者和观众。

英国资产阶级革命完成后，各类业余体育俱乐部开始出现。16 世纪，英国的封建贵族喜欢利用马匹显示自己的身份和地位。在此历史背景下，赛马俱乐部诞生了。1750 年，一些贵族在英国的纽马克特（New Market）成立了第一家赛马俱乐部，意图规范赛马在当地的比赛规则和比赛秩序，俱乐部内各个成员通过捐资等各项活动来维持俱乐部运营。这种俱乐部的运行模式，对以后英国业余板球、足球、橄榄球俱乐部的起源都产生了巨大影响。

早期的英国业余体育俱乐部属于上流社会的自愿团体组织，俱乐部要根据申请者的职业、收入、社会地位来决定是否接纳其为俱乐部成员。可见，在当时，业余体育俱乐部是上流社会人士业余消遣与社交的沙龙，是社会地位高贵的象征。第一次工业革命后，大众收入普遍增加，城市化进程加快，进一步加速了英国业余体育俱乐部的发展。1866年，英国业余体育协会（The Amateur Athletic Club）成立，该协会是世界第一家业余体育协会。英国业余体育协会将业余体育选手定义为"业余爱好者、从未获得过经济补偿的绅士"。不过，也正是由于具有深厚的业余体育俱乐部基础，英国并不是最早发展职业体育俱乐部的国家。受商业化的影响，美国在1861年南北战争后开始逐渐摆脱业余体育俱乐部模式的束缚，成为世界上最早出现职业体育俱乐部的国家。1869年，世界第一家职业体育俱乐部——辛辛那提红长袜在美国成立了。

从19世纪末开始，职业体育在美国和欧洲主要发达国家迅速发展起来。美国及英国率先成立了大批职业体育俱乐部，进而完成了体育职业化的过程。到了20世纪20年代，奥地利、捷克斯洛伐克、匈牙利等国家完成了体育的职业化；20世纪30年代，职业体育开始出现在西班牙、阿根廷、巴西、巴拉圭、瑞士、法国、意大利、葡萄牙等国家；到20世纪50年代后，土耳其、荷兰、比利时等国开始出现职业体育。第二次世界大战后，电视转播等媒体的介入促进了职业体育的兴盛。职业体育联盟通过规范门票、广告、电视转播以及冠名等特许权和球队纪念品等营销手段，成为带有商业性质的娱乐活动，促使职业体育联盟的经营和有效的职业体育市场紧密地联系在一起。在亚洲，日本1993年首开职业足球联赛，职业运动协会现有15个会员组织；韩国1997年成立了职业篮球联盟（KBL、WKBL）；中国从1993年首次举办主客场制的中国足球俱乐部锦标赛开始，目前已基本形成以足球职业化改革为先导，篮球、排球、乒乓球、羽毛球和网球等项目向职业化过渡的新格局。

知识链接

★ "十四五"时期我国职业体育发展工程

统筹谋划职业体育发展，做好职业联赛创建和职业联赛管理机构组建顶层设计，完善职业体育发展支持、监管政策，规范职业俱乐部运营和职业联赛发展。建立健全俱乐部自治、行业自律、政府监管、社会监督相结合的职业体育综合监管体系。继续深化足球改革，推进篮球、网球、马术、冰球、高尔夫球、围棋等项目职业化发展，鼓励和支持乒乓球、羽毛球、排球、棒球、垒球、橄榄球、帆船、攀岩、霹雳舞等项目走职业化发展道路。畅通体制内教练员、运动员职业化发展通道。探索职业运动员人才培养多元渠道，推动形成符合中国国情和职业体育特点的职业运动员管理制度。探索建立体育经纪人制度。充分发挥职业体育俱乐部市场主体作用，打造一批示范样板。不断提升职业联赛品牌价值和自身盈利能力，形成一批具有世界影响力的职业联赛。

资料来源：《"十四五"体育发展规划》。

除职业体育俱乐部、职业体育联盟外，职业体育还包括各单项运动项目的职业巡回赛事，如职业高尔夫球巡回赛、网球大满贯赛事等。这些赛事大多起源于19世纪末20世纪初，例如，第一届美国高尔夫公开赛于1895年举行；温布尔登网球锦标赛、美国网球公开赛、法国网球公开赛和澳大利亚网球公开赛分别于1877年、1881年、1891年和1905年举办了第一次赛事。进入20世纪，经过了漫长的发展，这些单项运动项目的巡回赛变成了具有广泛影响力的职业体育赛事。

三、职业体育与奥运会

20世纪80年代以前，以国际奥委会为代表的许多国际体育组织并不认同职业体育，使许多项目的职业化国际进程受阻。1980年，国际奥委会从章程中删除了业余规定。同时，许多国家和国际体育组织也对职业体育、职业运动员的态度发生了变化。1986—1989年，足球、马术、田径、冰球、网球、篮球等国际体育组织先后允许职业运动员参加奥运会，标志着职业体育成为国际奥林匹克运动大家庭的一员。如此，职业体育得以在全世界更广泛地发展，成为各国竞技体育体系的重要组成部分。

第二节　职业体育俱乐部

一、职业体育俱乐部的起源与发展

职业体育俱乐部的诞生以1869年在美国成立第一家职业体育俱乐部——辛辛那提红长袜（Cincinnati Red Stockings）为标志。1869年6月1日，辛辛那提红长袜与曼非尔德独立进行了第一场职业棒球比赛，开启了职业棒球的新纪元。1871年，美国成立了全美职业棒球运动员协会（The National Association of Baseball Players），这是美国历史上最早的职业体育俱乐部组织，它的成立宣告美国职业棒球俱乐部联赛正式开启。

职业体育俱乐部在世界其他国家的出现晚于美国。1876年，英格兰的谢菲尔德星期三足球俱乐部率先开始招募职业球员，开创了英国职业体育俱乐部的先河。1885年7月，英国足球联盟通过决议，使职业足球俱乐部合法化。从此，英国业余足球俱乐部开始使用职业运动员，并相继转变为职业足球俱乐部。受英国职业足球的影响，19世纪后期，职业足球俱乐部在其他各国也纷纷成立。

经过100多年的发展，职业体育俱乐部和业余体育俱乐部之间已有了本质差异。职业体育俱乐部是在业余体育俱乐部的基础上发展形成的，它随着社会、政治、经济、文化以及体育自身功能的发展变化不断完善。通常，职业体育俱乐部有较为完善的内部管理办法和运行机制。"会员制"以及"会员与非会员混合制"是现行较为通用的会员管理方式。职业体育俱乐部是职业体育组织体系中重要的基层组织形式，这一组织形式多为职业性的集体运动项目所采用，而职业性的个人运动项目主要通过各种职业巡回赛组织来开展。随着职业体育不断发展，职业体育俱乐部集娱乐化、社会化、商业化、国际化于一身的特点也越来越明显。

案例

★ 格雷泽家族对职业体育俱乐部的收购与经营

格雷泽家族是指以马尔科姆·格雷泽（简称格雷泽）为核心的一个犹太人家族。1995年，格雷泽开始筹划收购一支NFL球队，当他最终将收购目标定为坦帕湾海盗队的时候，没有人看好这笔交易。坦帕湾海盗橄榄球俱乐部当时在美国橄榄球联赛中常年处于中下游水平。在很多人看来，这支球队身上很难发现太大的市场价值和升值潜力。但出乎意料的是，格雷泽在2003年就实现了他的承诺：带领球队夺得超级碗。2003赛季开始前，格雷泽看准机会用800万美元和未来两年的选秀权从奥克兰突袭者队换来了知名教头乔恩·格鲁登（简称格鲁登）。在2003赛季里，坦帕湾海盗队在格鲁登的带领下一路过关斩将闯入超级碗冠军赛，并在冠军赛中以48∶21大胜格鲁登的前东家奥克兰突袭者队摘得桂冠，格雷泽的豪赌又一次收到了巨大回报，夺冠奖金和纷至沓来的商业赞助带来了巨额利润，而坦帕湾海盗队的市值也从1995年格雷泽买下球队时的1.92亿美元飙升至7.79亿美元。经过漫长的发展，2018年球队市值为19.75亿美元，在世界前50名球队中排在第49名，同时在NFL排名第28。2021年，坦帕湾海盗队再次夺得超级碗冠军。

2005年，格雷泽家族以7.9亿英镑收购曼彻斯特联足球俱乐部。在收购过程中，格雷泽家族出资约2.5亿英镑，随后将老特拉福德球场、训练基地和俱乐部资产抵押后，举债5.4亿英镑完成了收购。在格雷泽正式收购曼联后，收购过程中产生的5.4亿英镑债务自然而然就转嫁到了曼联身上，使得这个曾经世界上最富有的俱乐部一夜之间却变成了每年负债数千万英镑的还款机器。这次收购后，曼联在接下来的连续13年内，每年都要支出超过6 000万英镑的利息。此后，曼联债务逐渐攀升，从5.4亿英镑到6.6亿英镑，直到2010年的7.1亿英镑。由于债台高筑，2010年通过发行债券，曼联融得5亿英镑资金用于偿还贷款。这笔债券票面利率约8.5%，因此带来每年超过4 000万英镑的支出。2012年，格雷泽家族将曼联以23亿美元的估值在纽约证券交易所上市，这也让曼联成为当时全球估值最高的体育俱乐部。截至2018年，格雷泽家族在曼联俱乐部身上获利达15亿英镑。

资料来源：根据《超级碗冠军英超豪门格雷泽家族如何经营体育》改编。

知识链接

★ 世界十大最具价值体育俱乐部

2022年,《福布斯》杂志发布了"2022年世界最具价值的50家体育俱乐部榜单"。达拉斯牛仔队以80亿美元的估值再次占据榜首,其次是新英格兰爱国者队,估值为64亿美元。如表9-1所示,列举了榜单前十名的俱乐部。

▶ 表9-1 世界最具价值体育俱乐部榜单前十名

俱乐部名称（所属联赛）	市值
达拉斯牛仔（NFL）	80亿美元
新英格兰爱国者（NFL）	64亿美元
洛杉矶公羊（NFL）	62亿美元
纽约洋基（MLB）	60亿美元
纽约巨人（NFL）	60亿美元
纽约尼克斯（NBA）	58亿美元
芝加哥熊（NFL）	58亿美元
金州勇士（NBA）	56亿美元
华盛顿指挥官（NFL）	56亿美元
洛杉矶湖人（NBA）	55亿美元

资料来源：根据 The World's 50 Most Valuable Sports Teams 2022 改编。

二、职业体育联盟

（一）职业体育联盟的概念

职业体育联盟是指由多个职业体育俱乐部联合组成，通过一系列制度安排来促进俱乐部之间竞争实力均衡，以实现整体效益最大化目标的经济组织。通常情况下，职业体育联盟由独立管理和组织的职业体育俱乐部自发组成和联合创建，俱乐部的所有者组成联盟董事会，联盟董事会委托联

（二）职业体育联盟的起源与发展

早在1800年，美国上流社会的体育爱好者们就尝试将英国的业余俱乐部制度引入美国体育发展中，但收效甚微。在美国第一家职业棒球俱乐部诞生之后，全美职业棒球运动员协会在1871年成立。虽然在名称上该组织还没有被称作联盟，但这却是世界历史上最早的职业体育联盟组织。1876年，全美职业棒球俱乐部联盟（The National League of Professional Baseball Club）成立，取代了全美职业棒球运动员协会，随后更名为国家棒球联盟（The National League）。

从19世纪末开始至20世纪，随着美国的经济发展，更多的职业体育联盟开始在美国出现（表9-2）。

▶ 表9-2 美国主要职业体育联盟及成立时间

联盟名称	成立时间
美国职业棒球大联盟（Major League Baseball）	1903年
职业高尔夫巡回赛（Professional Golf Association）	1916年
国家冰球联盟（National Hockey League）	1917年
国家橄榄球联盟（National Football League）	1922年
全国运动汽车竞赛协会（National Association for Stock Car Auto Racing）	1948年
美国职业篮球联赛（National Basketball Association）	1949年
美国女子职业高尔夫协会（Ladies Professional Golf Association）	1950年
美国职业足球大联盟（Major League Soccer）	1993年

北美职业体育联盟的规则完善、管理先进，经济效益突出。以四大职业联赛的电视转播合同为例，美国国家橄榄球联盟（NFL）在2021年与亚马逊、哥伦比亚广播公司（CBS）、美国广播公司（ABC）等电视转播媒体签订了2023—2033年的电视转播合同，总价值高达1 130亿美元；美国职业篮球联赛（NBA）在2014年与美国有线电视联播网（ESPN）、美国广播

公司（ABC）以及特纳电视网（TNT）签订价值达到240亿美元（约27亿美元/年）的9年续约合同，新合同从2016—2017赛季开始生效一直延续到2024—2025赛季，这也使得美国男子职业篮球联赛拥有世界上第二昂贵的电视转播合同；美国职业棒球大联盟（MLB）与福克斯体育频道（FOX）的电视转播合同，总价值达51亿美元，时间跨度为2022—2028年；美国国家冰球联盟（NHL）在2011年与美国全国广播公司（NBC）签订的10年转播合同总价值高达20亿美元。

知识链接

★ 美国国家橄榄球联盟的发展历程

美国国家橄榄球联盟（NFL）居北美四大职业体育运动联盟之首，是世界上规模最大的职业橄榄球大联盟，也是世界最具商业价值的体育联盟。目前联盟共有32支球队，分为两个联合会：美国橄榄球联合会（AFC）和国家橄榄球联合会（NFC）。每个联合会由四个分区组成，每个分区有四支球队。在常规赛季中，每支球队于每年9月至12月间进行16场比赛，比赛日通常选在周日、周一或周四。常规赛季结束后，每个联合会将有七支球队进入季后赛，经过三轮淘汰赛，两个联合会的冠军将在指定球场举办超级碗（Super Bowl）比赛，争夺最后的总冠军。

美国国家橄榄球联盟的发展壮大得益于广播电视等媒体的普及以及美国健全的电视转播机制。20世纪60年代，电视在美国的普及使美国国家橄榄球联盟逐渐成为电视转播的重要内容。电视媒体制作人在转播上的努力，使得美国国家橄榄球联盟电视转播不仅仅是一项竞技体育，更像是一种娱乐节目。借鉴综艺、情景剧等拍摄手法，试图抓住赛事任何有趣的一面，其将转播升华为"讲故事"，使得美国国家橄榄球联盟对于非核心观众也非常具有吸引力。到了1970年，美国广播公司（ABC）作为第一个单独购买美国国家橄榄球联盟版权的电视公司，开启了美国国家橄榄球联盟与电视台的长期合作。美国广播公司制作的橄榄球电视节目 *Monday Night Football*，一度成为当时的一种文化现象。20世纪80年代，美国国家橄榄球联盟创立了以电视转播为基础，同时包含衍生收入的商业模式。

1993年以前，美国国家橄榄球联盟球队核心收入来自联盟对于门票收入和转播权收入的分成。然而，1993年以后，更多当地收入包括球馆雅座、包厢、冠名、广告等非分成收入开始迅速崛起，其中达拉斯牛仔俱乐部就是引领"球馆经济学"的最佳代表。1989年，美国石油富豪杰里·琼斯以1.4亿美元收购达拉斯牛仔俱乐部和达拉斯体育馆,当年达拉斯牛仔俱乐部取得有史以来最差战绩,主场观众人数也在不断下滑。杰里·琼斯入主后对俱乐部进行了大刀阔斧的改革,包括更换教练组、引进核心球员等,其中最核心的莫过于对于球馆经济效益的开发:他将达拉斯球馆改造成一个面向富人的球馆,将球票翻倍,并将2 500个普通座席替换成100个奢华包间,将座位后面赞助商广告提价到15 000美元。1993年,俱乐部球馆收入从90万美元一跃升至3 000万美元,当年达拉斯牛仔总收入达到9 290万美元,较第二名领先1 800万美元。如今,达拉斯牛仔已经成为全世界最具价值的体育俱乐部。从1993年开始,随着更多的球队应用"球馆经济学",美国国家橄榄球联盟的收入也节节攀升。

此后,美国国家橄榄球联盟又对目标受众进行了市场细分,分为核心粉丝、女性和儿童,以及一般粉丝。对于核心粉丝,需要保证这部分人不能被边缘化;对于儿童,美国国家橄榄球联盟推出了"Play Football"系列活动,通过商品、培训项目等活动参加橄榄球项目儿童数量从1994年的35万提升至1999年的500万;"Feel the Power"活动则针对一般粉丝,规模有8 000万~9 000万人。

美国国家橄榄球联盟通过不同的商业模式和营销手段将其打造成为世界上最具商业价值的职业体育联盟。根据2017年的统计,从世界体育职业联盟收入规模来看,美国国家橄榄球联盟以130亿美元收入排名第一,美国职业棒球大联盟以95亿美元排名第二;英格兰足球超级联赛收入53亿美元排名第三;在中国拥有众多粉丝的NBA以48亿美元收入排名第四。

资料来源:根据《NFL:终极体育联盟,内容产业终极商业模式》改编。

19世纪后期,职业体育联盟登陆欧洲。1888年,为了能够使各个足球俱乐部保持比赛数量,帮助各俱乐部和足球运动员取得稳定收入,英格兰足球协会创建了由12支足球俱乐部组成的英格兰足球甲级联赛(Division I),它成为欧洲历史上最早的职业体育联盟。到20世纪中叶,英格兰足球联赛已经变成拥有4个层级完善赛制的全国性统一联赛。此后,世界各国的足球联赛广泛采用这一赛制。经过长时间的发展,目前欧洲体育市场中有5大职业体育联盟在全球范围内具有很强的影响力,它们分别是英格兰足球超级联赛(Premier League)、德国足球甲级联赛（Bundesliga）、意大利足球甲级联赛（Serie A）、西班牙足球甲级联赛（La Liga）和法国足球甲级联赛（Ligue 1）。

知识链接

★ 中国职业足球的联盟化发展之路

作为我国职业体育发展的先行者，中国职业足球自1994年职业化改革以来，一直在朝着联盟化的方向不断前进。目前，中超联赛在管理模式上采用的是中国足协主导、中超公司运营的行政主导型职业体育联盟管理模式。中国足协掌握着职业足球联赛的管理权、经营权、所有权，并通过中超公司委员会管理中超联赛。在经营模式上，中国足协通过中超公司来经营中超联赛，主要负责联赛的整体商务资源。在股权结构上，中国足协占有36%股份，16家俱乐部各占4%股份。中超公司的董事长由中国足协任命。

近年来，为积极推动中国职业足球的联盟化发展，各相关行政部门积极出台政策，支持职业足球改革。2012年2月，中国足球协会审议通过了《中国足球职业联赛管办分离改革方案（试行）》，意图通过改革将联赛逐步交由职业联赛理事会管理。2014年，国务院发布《关于加快发展体育产业促进体育消费的若干意见》，明确指出要"鼓励发展职业联盟，逐步提高职业体育的成熟度和规范化水平"。2015年，中央全面深化改革领导小组第十次会议审议通过了《中国足球改革发展总体方案》，提出要改进完善足球竞赛体系和职业联赛体制。其中重要一条是要调整组建职业联赛理事会，建立具有独立社团法人资格的职业联赛理事会，负责组织和管理职业联赛，合理构建中超、中甲、中乙联赛体系。中国足球协会从基本政策制度、俱乐部准入审查、纪律和仲裁、重大事项决定等方面对理事会进行监管，派代表到理事会任职。理事会派代表到中国足协任职，参与有关问题的讨论和决策。

《中国足球改革发展总体方案》的出台标志着中国足球的联盟化进程又迈入一个新的阶段。2016年5月，中国足协成立了"职业联盟筹备组"。此后，中国足协、中超公司，以及各职业俱乐部经过了3年的积极沟通和准备，于2019年成立了"职业联盟筹备工作组"。2021年7月，中国职业足球俱乐部联合会（简称"中足联"）筹备工作会议在上海召开，中足联的正式挂牌成立和开始运转进入倒计时。未来，中足联将作为独立社团法人，负责组织、管理职业联赛，合理构建中超、中甲、中乙联赛体系。

资料来源：根据《初登中国足球舞台，中足联能否将职业联赛纳入正轨？》和《中国职业足球联盟发展模式研究》改编。

（三）职业体育联盟的特点

1. 竞争实力均衡

比赛结果的不确定性是职业体育联赛吸引观众的核心要素，职业体育俱乐部经济实力与竞技实力上的相对均衡能够保证竞赛结果的不确定性，对吸引消费者、实现联赛整体经济利益的最大化具有重要作用。在职业体育中，没有哪一支俱乐部能够独自进行比赛，必须是至少两支竞争实力均衡的球队相互协作、共同生产，才能使每支球队都达到利润最大化。因此，职业体育联盟会通过一系列市场因素和制衡机制，强化联盟的内部治理，建立联盟的规则和秩序，协调联盟内的各种矛盾，使联盟中各俱乐部之间保持着相近的经济水平和竞技水平，使各球队间产生相互依赖、相互合作的关系，创造良性的竞争环境，最终使联盟经济利润最大化。

2. 垄断性

在绝大多数职业体育联盟中，联盟内各俱乐部在经济、法律、商业上与联盟达成一致。联盟的行为主要包括设计各种规章制度和决策程序，比如章程、比赛规则、联赛规模、球员资格、进入门槛、收入分享以及各种营销活动。联盟贯彻并执行这些规章制度，以实现俱乐部联合收益的最大化，促进该项运动项目的流行和普及。按照经济学对卡特尔的定义，职业体育联盟的行为满足了卡特尔的三个基本条件：一是集体生产。职业俱乐部之间相互比赛，共同完成竞赛产品。二是提高价格。职业体育的门票和电视转播权始终呈现攀升的趋势。三是控制产量。由于有着严格的比赛等级和赛程的限制，职业体育提供的比赛在一个时期内是相对固定的。

3. 反垄断豁免

就职业体育赛事而言，通过联盟控制市场份额和球队数量，在特定的地域内提供有限甚至是唯一的比赛、运动产品，不仅是比赛精彩性的需要，更是有效竞争的要求。同时，职业体育联盟的核心产品是体育赛事，与其他产业所提供的产品有着本质不同。职业体育赛事具有明显的团队生产特征，由职业体育联盟来协调职业俱乐部之间的活动，便于从整体上为观众提供高水平的赛事产品。如果在完全竞争的市场条件下，各俱乐部为了追逐自身利益而争夺球迷，必然会使强队更强、弱队更弱，比赛激烈程度会大为下降，所有俱乐部的利益都会受损。因此，需要具有垄断性的联盟制度将俱乐部层面的运动竞争和联盟层面的经济合作有机结合起来。

从垄断竞争的观点来看，垄断并不必然导致经济的低效率与浪费，有时反而有利于提高整个社会的经济效益和资源配置效率。垄断也并不必然限制竞争，在特定市场反而有利于形成有效的竞争。对于职业体育联盟，通过适度的反垄断豁免，能够帮助其维持职业体育市场的有效竞争，为公众提供精彩激烈的体育比赛。目前，美国、欧洲国家普遍将当地的职业体育联盟不同程度地纳入了反垄断豁免制度。

案例

★ 美国职业体育联盟电视转播权的反垄断豁免——《体育广播法》

美国《体育广播法》（1961年）（*Sports Broadcasting Act*）规定，职业体育联盟可以作为一个"单一实体"与电视台签订转播合同，并批准了四大职业体育联盟在电视转播权谈判方面的豁免。这样，职业体育联盟就可以利用卖方垄断优势，在电视转播谈判中占据主动，并以整个联盟的名义取得转播收益。

《体育广播法》使美国所有职业运动联盟，包括橄榄球、棒球、篮球、冰球等在签订任何"电视赞助转播协议"时都免受《谢尔曼反托拉斯法》的约束。1966年，这项法律扩大了适用范围。若两个及两个以上的职业橄榄球联盟合并经营并且不造成球队数目的减少，甚至增加球队数目，也可免受《谢尔曼反托拉斯法》的约束。这一修正条款为日后美国国家橄榄球联盟（NFL）和美国橄榄球联盟（AFC）的合并以及超级碗（Super Bowl）的诞生扫清了法律障碍。

《体育广播法》颁布后，美国国家橄榄球联盟总裁罗泽尔与哥伦比亚广播公司（CBS）签署了一份以465万美元购买第一年转播权的合同，合同于1962—1963赛季开始生效。到了1964—1965赛季，购买转播权的价格涨到了1 410万美元。高昂的电视转播权价格以及签约后全国性的曝光率为美国国家橄榄球联盟随后的巨大成就奠定了基础。1998—2005年，美国国家橄榄球联盟的电视转播合同价值已经高达176亿美元。高额的电视转播合同帮助美国国家橄榄球联盟发展成美式橄榄球最高级别的体育联赛，美国国家橄榄球联盟是北美四大职业体育运动联盟之首，也是世界上最大的职业美式橄榄球联盟和最具商业价值的体育联盟。

> 同样，1991 年，另一个美国职业体育联盟美国男子职业篮球联赛通过与美国全国广播公司（NBC）签订的转播合同，使每一支球队平均分得了 680 万美元的电视转播费。美国男子职业篮球联赛认为这种市场运作模式（整体谈判＋平均分配）能够保证联盟的整体利益，所以对各支球队单独与地方电视台合作进行了严格限制。1991 年美国男子职业篮球联赛电视转播方案规定，每支球队最多可以销售给美国全国广播公司其主场或客场共 41 场比赛，转播所获得的收入可以直接归各球队所有。
>
> 资料来源：根据《美国职业体育电视转播权的制度保障——〈体育广播法〉》改编。

第三节 体育经纪人

一、体育经纪人的概念与分类

（一）体育经纪人的概念

关于体育经纪人的概念，目前国际上并没有一个统一、公认的界定。从世界范围来看，在欧美等体育产业发达程度较高的国家，体育经纪人指从事职业体育工作的运动员、教练员等职业体育参与者的法定代表人。同时，体育经纪人也负责与球队老板、经理和其他个人进行沟通。一些大型体育经纪组织，如国际管理集团（IMG）、创新艺人经纪公司（Creative Artists Agency）、八方环球（Octagon）等公司，其业务范围还包括帮助客户处理从投资到报税等理财业务。

在我国，根据《体育经纪人国家职业标准》，体育经纪人的概念被界定为在体育市场中对运动员、活动、组织等进行中介服务的人员。具体来说，体育经纪人是从事体育赛事、体育组织品牌包装、经营策划、无形资产开发及运动员转会、参赛等活动的人员，是在取得合法资格后，从事居间、行纪、代理等经纪业务的个人或组织。

（二）体育经纪人的分类

随着我国体育产业的发展，体育经纪人行业不断壮大，逐渐形成了清晰的产业门类。基于我国目前的体育产业发展情况，体育经纪人主要可进行如下分类：按组织形式划分为个体经纪人、合伙经纪人或经纪人事务所、经纪公司等；按经纪活动方式划分为居间经纪人、代理经纪人；从客户性质划分，有运动员（队）经纪人、体育比赛经纪人、体育组织经纪人、场馆运营经纪人、体育调研咨询经纪人等。

二、我国体育经纪人产业的发展

在我国，体育经纪人约在20世纪80年代开始兴起。随着市场经济的发展，在赛事组织过程中，组织者开始运用市场经济规律来进行操作，成为具备体育经纪人意识的赛事组织者。起初这些人主要是体育行政主管部门的工作人员，后来，随着我国赛事产业的发展，越来越多的人对这种由经纪人参与赛事的操作方式产生了兴趣。

20世纪90年代，我国体育经纪人市场取得了进一步发展。1993年，中国星华实业集团总公司在北京成功举办了国际职业拳击冠军赛。公司总裁李伟成为中国首位持有国际拳击协会（IBF）职业拳击经纪人营业执照的体育经纪人。1997年10月，上海希望国际体育经纪人有限公司注册成立，成为中国第一家体育经纪人公司。随后，广东鸿天体育经纪人公司、中体经纪人有限公司也相继成立。1999年，为了适应市场需求，上海体育竞赛中心在上海交通大学创办了全国首个体育经纪人培训班。

进入21世纪，人力资源和社会保障部将体育经纪人纳入第六批国家职业类别。2008年6月，国家体育总局和国家统计局联合印发了《体育及相关产业分类（试行）》，将体育经纪业纳入国家体育产业统计体系，标志着体育经纪业已进入国民经济发展序列。2014年，国务院颁布《关于加快发展体育产业促进体育消费的若干意见》，将体育产业纳入国民经济新的增长点范畴，明确指出要培育发展多形式、多层次的体育中介组织，扶持体育策划、咨询、经纪和营销企业的发展，为体育经纪行业的进一步发展指明了方向。2019年，国务院办公厅印发的《体育强国建设纲要》明确提出了建立体育经纪人制度、完善体育经纪人职业标准和管理规范的任务。

三、体育经纪人的运营

（一）体育经纪人的运营主体

现阶段，根据我国体育经纪人的实际发展情况，体育经纪人的运营主体分为个体体育经纪人、合伙体育经纪人、体育经纪公司等。

1. 个体体育经纪人

个体体育经纪人是指拥有体育经纪人资格证书、在工商部门注册且属于个人独资的法人。目前，世界上部分项目协会如国际足球联合会（FIFA）、国际田径经纪人协会要求个体体育经纪人代理运动员的转会、参赛等事务。

2. 合伙体育经纪人

合伙体育经纪人是指两个或两个以上具有体育经纪人资格证书的经纪人，在符合法律规定的条件下，经过工商部门依法登记注册，以经纪人事务所或其他合伙形式从事经纪业务的合伙人。合伙人须订立合伙协议，共同出资、合伙经营、共享利益，并依出资比例或协议约定，以各自的财产承担责任，对经纪人事务所的债务承担无限责任。

3. 体育经纪公司

体育经纪公司是指依据《公司法》成立的、按登记机关核准经营范围从事体育经纪业务、负有限责任的体育企业法人。体育经纪公司通常实力比较雄厚，既能够从事运动员经纪业务，也能够从事赛事推广、俱乐部包装、体育组织代理等多项业务。

（二）体育经纪人的运营模式

运营模式是指企业内部人、财、物、信息等各要素的结合方式，主要涉及关键活动和利益相关者两个关键要素的管理。因此，要了解体育经纪人的运营模式，就要立足体育经纪人的利益相关群体及其产业链。

1. 体育经纪人利益相关群体

体育经纪人利益相关群体包括体育经纪人组织内部群体、外部群体。

内部群体一般包括信息部、股东、财务部、运营部、人事部等，外部群体包括顾客、服务商、社会大众、供应商、赞助商等（图9-1）。体育经纪人的内部和外部利益相关群体共同影响体育经纪人的决策和行动。

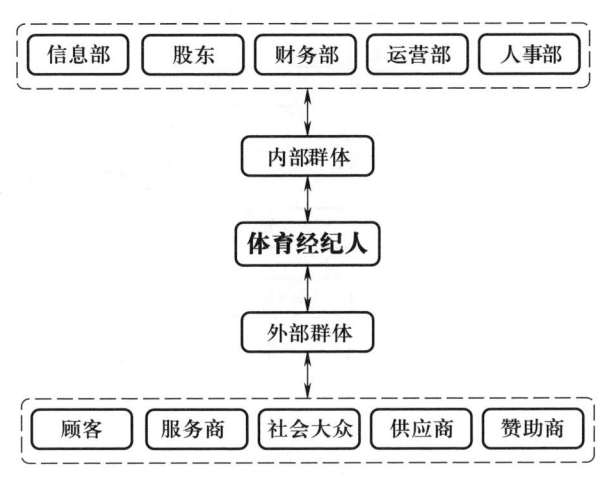

图9-1 体育经纪人利益相关群体

2. 体育经纪人产业链

产业链是指从原材料一直到终端产品制造的各生产部门的完整链条，主要包括供应、生产、销售三个环节（图9-2）。体育经纪人及其利益相关群体直接或间接参与了这三个环节，并发挥了积极作用。

（1）供应环节。体育经纪公司想要正常运转，信息资源、物品资源、人力资源、资金等各经济要素的供应是必不可少的。得到供应的同时，体育经纪人还需要对各类经纪要素进行必要的调节，以保证体育经纪人运营主体健康、有序地发展。

（2）生产环节。体育经纪人运营主体通过组织内的运营部、财务部、人事部、信息部等部门生产出有关的经纪人服务，客户和消费者根据自身需要去咨询体育经纪人的各个部门。

（3）销售环节。体育经纪人运营主体通过与客户或消费者进行信息的交流与沟通，确定交易意向并成功达成服务销售，获得报酬并实现盈利。同时，通过了解客户、消费者以及社会大众的反馈，体育经纪人也能够了解自身产品的不足，并根据消费者诉求对产品服务进行调整和更新，从而提升自身价值。

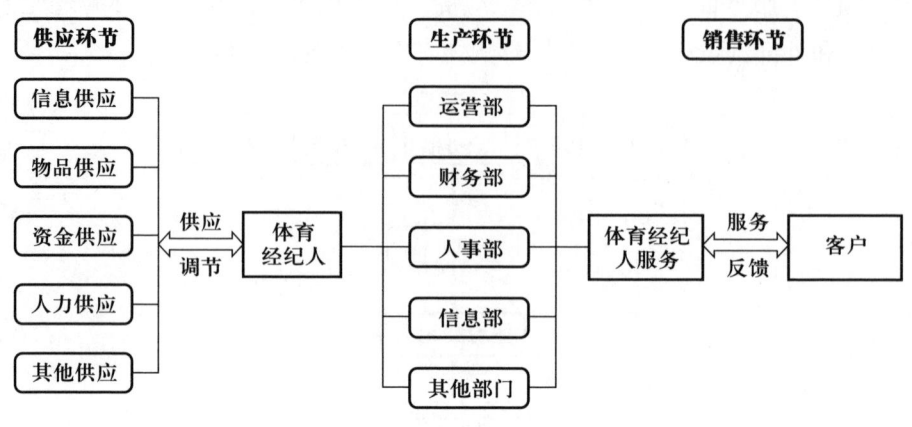

图 9-2 体育经纪人产业链

知识链接

★ 国际管理集团

国际管理集团（IMG）是目前全球规模最大的体育经纪公司，在全球 38 个国家设有 78 个分支机构，雇员超过 3 000 名，年收入超 10 亿美元。IMG 在高尔夫球运动员、网球运动员经纪业务等方面处于世界领先地位。1960 年，IMG 创始人麦科马克签下了第一个客户——美国著名高尔夫球运动员阿诺德·帕尔默（Arnold Palmer）。在随后的数十年发展历程中，其所代理的体育明星包括泰格·伍兹、桑普拉斯、舒马赫、李娜等。

IMG 是如何开发运动员的商业潜力的呢？据 IMG 雇员格尔·科林说："IMG 签约的运动员之所以能吸引商家，首先是因为他们运动技能突出。IMG 的工作首先要保证运动员保持良好的状态，所有的工作都要围绕这一目标。我每年的首要工作是帮助我代理的运动员确定整个日程。这些运动员要参加众多的比赛，还要接受各种杂志、报纸和电视采访，以及包括慈善工作在内的各种活动，经纪人做任何工作都是要确信是在为运动员增值、提升价码或改善其交易的结构。"

资料来源：根据《全球体育中介巨头 IMG 即将上市》改编。

复习思考题

一、名词解释

1. 职业体育
2. 职业体育联盟
3. 职业体育经纪人

二、问答题

1. 职业体育的发展都经历了哪些阶段？
2. 简述职业体育俱乐部的发展历程。
3. 美国国家橄榄球联盟的发展历程，给我国职业体育发展带来了哪些启示？
4. 职业体育联盟有哪些特点？
5. 如何理解职业体育联盟的反垄断豁免制度？
6. 结合现实生活中职业运动员的转会、代言等活动，请简要分析体育经纪人的利益相关群体及其产业链。

延伸阅读

[1] 郑芳, 杜林颖. 欧美职业体育联盟治理模式的比较研究[J]. 体育科学, 2009, 29（9）: 36-41.

[2] BUKSTEIN S. Collective Bargaining in Professional Sports: Player Salaries, Free Agency, Team Ownership, League Organizational Structures and the Power of Commissioners [M]. New York: Routledge, 2020.

[3] KIM Y H, LI H, NAURIGHT J. A destination development by building a brand image and sport event tourism: a case of Sport City USA [J]. Sport in Society, 2018, 21（8）: 1196-1203.

[4] NAURIGHT J, ZIPP S. Routledge Handbook of Global Sport [M]. New York: Routledge, 2020.

第十章
赛事经济

本章导语

近年来，体育赛事作为体育运动的重要组成部分，已经成为推动体育经济高质量发展的重要环节。举办世界杯和奥运会等大型体育赛事，也越来越成为含金量极高的"市场蛋糕"，对举办国和举办城市的经济发展具有较强的拉动作用。本章首先介绍赛事经济的基本理论，主要阐述体育赛事的基本概念、分类、利益相关群体以及体育赛事的经济成本和经济效益。其次论述奥运经济的基本概念、奥运会的经济效益、奥运经济的负面效应以及后奥运经济的思考。最后阐述世界杯的发展历程以及世界杯的经济效益。

学习目标

- ◆ 了解体育赛事的概念与经济效益。
- ◆ 理解世界杯的发展历程与经济效益。
- ◆ 掌握分析奥运会经济效益的方法。

第一节 赛事经济概述

随着国民生活水平和质量不断提升,大众参与体育运动的热情逐渐提高,为赛事经济提供了广阔的市场空间和扎实的群众基础。梳理体育赛事经济的相关概念与基本特征,具有重要的理论价值。

一、体育赛事的概念

关于体育赛事的概念,目前学术界并没有达成共识。从竞技体育视角,早期有学者认为体育赛事等同于运动竞赛,是指在裁判员主持下,按统一的规则要求,组织与实施的运动员个体或运动队之间的竞技较量。从项目管理视角,有学者认为体育赛事是特定的组织团体依其本身举办之目的,通过科学化的管理与筹备过程,在特定的时间与地点,召集运动竞技活动的相关人员及团体共同参与所形成的综合性集会。从赛事内容视角,有学者认为体育赛事是一种以体育竞技活动为主题的综合性社会活动,除了体育比赛,还包括商业性体育表演。当然,也有学者认为体育赛事是一种提供竞赛产品和相关服务产品的特殊事件。

综合以上观点,根据体育赛事所包含的时代特征,以及体育赛事的目的多样性,我们认为体育赛事是指以体育竞技活动为核心,在一系列竞赛规则等多种因素约束下,提供体育产品和相关服务产品的一项特殊事件,这种特殊事件能够对社会和文化、政治和经济、自然和环境等多个领域产生重要影响。

二、体育赛事的分类

当前,对体育赛事的划分并没有统一的标准。通常来说,体育赛事有以下几种分类:

(1)根据体育赛事的性质,可以分为职业体育赛事和非职业体育赛事等。

(2)根据体育赛事的规模,可以分为综合性大型体育赛事(如奥运会、亚运会等)、大型单项体育赛事(美国男子职业篮球联赛、世界杯及世锦赛等)、一般型体育赛事(邀请赛和一些商业性体育赛事)及规模较小型体育赛事(市级体育联赛及校级联赛等)等。

(3)根据体育赛事的参与人群,可以分为竞技性体育赛事、群众性体育赛事和职业性体育赛事等。

(4)根据参赛运动员的年龄,可以分为青少年组体育赛事和成人组体育赛事等。

(5)根据体育赛事的举办地,可以分为室内体育赛事(羽毛球赛事、乒乓球赛事等)、室外体育赛事(足球赛事、马拉松赛事等)。

(6)根据体育赛事的项目,可以分为综合性体育赛事与单项体育赛事等。

(7)根据体育赛事举办的季节,可以分为夏季体育赛事和冬季体育赛事。

(8)根据体育赛事的级别,可以分为基层、地区、全国性、洲际、国际体育赛事等。

(9)根据体育赛事组织方的性质,可以分为商业性体育赛事、准商业性体育赛事和公益性体育赛事。

三、体育赛事的利益相关群体

体育赛事的利益相关群体包括赛事所有权人、赛事举办地政府、赛事举办机构、赛事主办社区、赞助商、媒体、运动员、教练员、裁判员和观众等(图10-1)。

(一)赛事所有权人

赛事所有权人是依法拥有赛事占有、使用、收益与处置权利的个人或组织,其主体可以是举办地政府,也可以是某个组织机构(如国际奥委会等)。赛事所有权人决定了赛事的定位、竞赛规则、赛事举办地点与时间、赛事发展方向等一系列重大问题。以奥运会为例,国际奥委会作为这项全球规模和影响最大的体

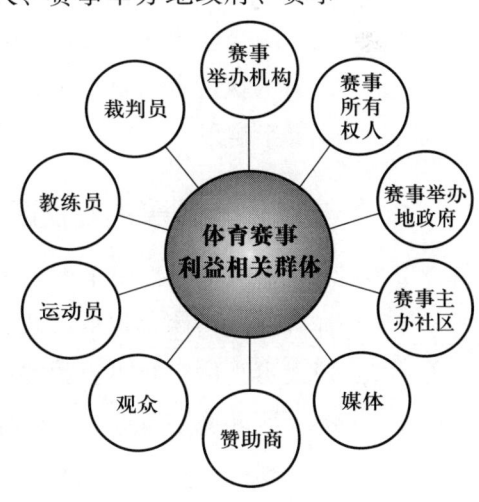

图10-1 体育赛事的利益相关群体

育盛事的所有权人，肩负着奥林匹克精神在全世界推广的使命，包括竞赛项目的设置、举办城市的遴选以及奥运市场开发等主要工作。

（二）赛事举办地政府

政府在赛事开发过程中扮演着重要角色。从申办体育赛事的角度来看，许多国家和地区都将举办大型体育赛事作为提高城市竞技水平、提高城市知名度的重要手段。从赛事组织的角度来看，赛事举办地政府能够调动各种资源帮助体育赛事成功举办，同时也会为赛事举办提供一系列优惠政策。例如，2019年，财政部、国家税务总局、海关总署联合下发了《关于北京2022年冬奥会和冬残奥会税收优惠政策的公告》，明确规定了为支持筹办北京2022年冬奥会的有关税收优惠政策。从体育赛事的实际运营来看，政府在体育赛事运营若干环节（如交通、安保等）中的作用是体育赛事成功举办的必要条件。

（三）赛事举办机构

赛事举办机构是直接负责某项赛事组织运营具体工作的机构。赛事举办机构可以是政府，也可以是一般的商业性运营机构或经济实体。随着社会分工越来越细，赛事所有权与经营管理权的分离现象也越来越普遍，越来越多的赛事选择体育赛事运营公司等商业性机构进行运营。特别是某些大型综合性体育赛事，还可以有若干个主办机构（或协办机构）。作为赛事运营的执行者，赛事举办机构是赛事能否成功举办并实现赛事自身价值的主要影响因素。

（四）赛事主办社区

赛事主办社区主要由主办社区居民和主办社区环境两方面组成。主办社区居民是体育赛事运营人员和赛事志愿者群体的主要来源，通常以多种形式参与体育赛事，如赛事志愿者、救护工作人员、赛事宣传人员等。主办社区环境是举办、运营体育赛事的有力保障，一般包括社区的基础设施环境和自然环境。社区的基础设施环境如体育场馆、道路、宾馆、酒店等，都是体育赛事必不可少的部分；社区的自然环境与体育赛事也有密不可分的联系，一些体育项目如帆船、滑雪、攀岩、铁人三项等项目，都需要以合适的自然环境为依托。

（五）赞助商

赞助商是体育赛事的另一个重要利益相关群体。对于赛事组织者来说，赞助商既可以提供大量资金，也可以提供可观的人力、物力，帮助赛事组织者进行赛事推广。对于赞助企业来说，成为体育赛事的赞助商是进行品牌市场营销的绝佳机会。体育赛事赞助一般具有沟通对象广、广告效果好、目标群集中、容易被接受等特点，所以体育赛事赞助已经成为企业提升产品知名度和美誉度的重要手段。

（六）媒体

体育赛事的快速发展离不开广播电视等媒体的作用。就大型赛事而言，以奥运会为例，自从1980年奥运会出售电视转播权以来，奥运会的电视转播费用节节攀升，到了2016年里约热内卢奥运会，奥运会的电视转播收入达到了41亿美元。就商业性体育赛事而言，媒体不仅帮助各大体育赛事塑造了全球体育市场，也给这些赛事的组织机构带来了丰厚的收益。从2016赛季到2019赛季，英格兰足球超级联赛的电视转播费用总收入达到了惊人的81亿英镑。

（七）运动员、教练员、裁判员和观众

运动员、教练员、裁判员和观众都是体育赛事重要的利益相关者。运动员、教练员、裁判员是体育赛事的直接参与者，通过赛事展示自身运动技术和职业技能，从而获得相应的荣誉和经济利益。部分运动员还能够通过企业代言获取更高的商业利益。同时，体育赛事能够通过知名运动员来增加知名度和关注度。

体育赛事的观众包括现场观众和通过电视、网络等媒体观看赛事的观众。观众对体育赛事的需求主要是精彩的赛事和良好的服务。观众对赛事的参与直接影响到赛事组织者和举办地的经济收入。

四、体育赛事的经济成本

（一）体育赛事的直接经济成本

体育赛事的直接经济成本分为体育赛事的申办成本、组织成本和场馆设施建设成本。

1. 申办成本

赛事组织方在申办赛事之前要对即将申办的赛事进行全方位的分析，以确定自身的软硬件条件，申办过程必须符合规定的申办程序，最后由赛事主办组织通过会议决定。整个申办过程根据赛事的特点和规模，都会花费不同程度的时间成本和经济成本。

2. 组织成本

体育赛事的组织成本主要包括用于组织管理、文化活动、公共关系、通信、医疗、安保等方面的必要支出（图10-2）。在以往的赛事组织中，参赛者的交通和食宿花费往往被算作赛事的收益。然而，当前越来越多的赛事组织方减免运动员的食宿和交通费用。因此，体育赛事的组织成本还要将食宿和交通费用计算在内。

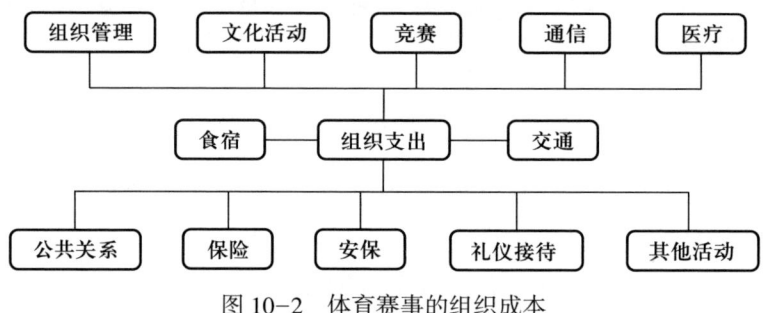

图 10-2　体育赛事的组织成本

3. 场馆设施建设成本

针对大型体育赛事，主办方还须考虑体育赛事的场馆设施建设成本，主要包括举办赛事所必需的建设项目的花费，如新建、改建、扩建各项比赛所需的体育场馆设施，运动员住宿场所和媒体中心等。

（二）体育赛事的间接经济成本

为了保证赛事成功举办，举办城市往往在赛事筹备阶段会进行较大规模的基础设施建设，该支出属于体育赛事的间接支出。体育赛事的间接支出不仅能够对体育赛事产生影响，而且对城市经济发展也能产生深远的影响。

除间接支出外，体育赛事的负外部性成本也是体育赛事的间接经济成本。负外部性也称外部成本或外部不经济，是指个人或企业的行为影响了其他人或企业，使之支付了额外的成本费用，但后者又无法获得相应补偿的现象，是未能在价格中得以反映的，对交易双方之外的第三者所带来的成本。大型体育赛事的间接经济成本包括由于体育赛事的举办而给城市社会和环境所带来的负外部性，如世界一级方程式锦标赛等赛事对居民正常生活的干扰，会给举办地带来较明显的噪声污染。

五、体育赛事的经济效益

（一）体育赛事的直接经济效益

根据体育赛事产品的特点，体育赛事能够带来的直接经济效益主要有四个方面：一是转播权出售的媒体收入；二是现场门票收入；三是来自各级赞助商的收入；四是出售特许商品所带来的收入。

以 2019 年中国主要体育赛事为例，如图 10-3 所示，总体而言，赞助收入所占比重最高。具体而言，中国超级联赛（中超）赛事收入中赞助收入占比 72%，门票及衍生品收入占比 22%，转播权转让收入占比最低为 6%；中国职业篮球联赛（CBA）赛事赞助收入占比 90%，门票及衍生品以及转播权转让收入占比均为 5%；广州马拉松（广马）赛事赞助收入占比 79%，政府补贴占比 16%，门票及衍生品收入占比 5%；中国网球公开赛（中网）赞助收入占比 75%，门票及衍生品收入占比 15%，转播权转让收入占比 10%。

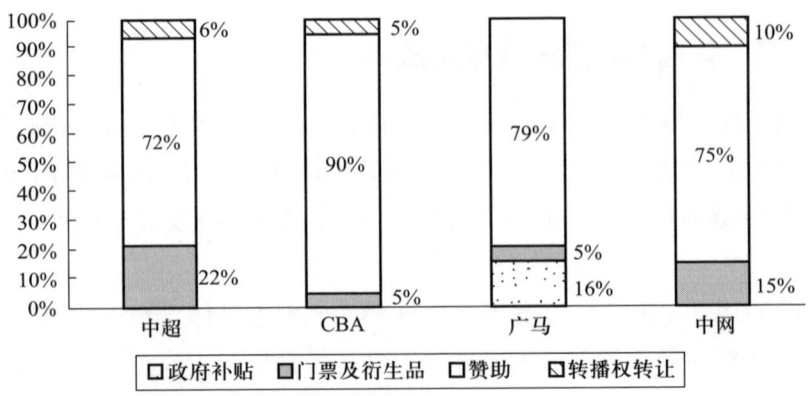

图 10-3　2019 年中国主要体育赛事收入占比
资料来源：根据智研咨询报告改编。

（二）体育赛事的间接经济效益

体育赛事能够带来多方面间接经济收益：其一，体育赛事能够使城市基础设施得到快速发展。体育赛事的筹备和举办期间，能够促进举办地的基础设施建设，从而促进城市人口流动，增加就业，提升职业技能，提高民众收入。其二，体育赛事能够提升区域经济的集聚效应。体育赛事活动本身就是具有短期经济效益的经济活动，在赛事举办期间能够将各种经济活动结合在一起，创造出更多的经济效益，大量资金也涌入举办城市及其关联地区。同时，在直播和转播赛事的过程中，周边信息服务产业也会集中性发展，为区域经济增长奠定良好的基础。其三，体育赛事能够带动当地体育文化、旅游产业的发展。赛事活动的举办能够加强当地体育文化的对外交流，吸引更多的文化资源，为当地的文化产业创新作出贡献。同时，体育赛事与旅游产业的融合，能够作为一个地区旅游发展的核心吸引力，推动区域旅游公共服务体系、重点项目开发、重大活动运营、品牌建设营销等体系的建设，并引导该区域旅游产业的可持续健康发展。

第二节　奥运经济

一、奥运经济的概念

当今世界，奥林匹克运动已不仅仅是体育竞技的舞台，更是彰显区域竞争力和企业经济实力的舞台。随着 2022 年冬奥会和冬残奥会成功举办，北京成为全球第一个"双奥城市"，充分彰显了中国推广奥林匹克运动的大国担当。从经济视角来看，1984 年洛杉矶奥运会的成功举办，开创了奥运会扭亏为盈的历史先河，成为现代奥运成功商业运作的典范，为被经济困扰的奥林匹克运动注入了新的发展活力。自此，经济学界逐渐认同奥运会的经济作用，奥运经济的概念也成为理论与实践界关注的焦点。

关于奥运经济的概念，有学者从奥运经济分类的视角认为，奥运经济是指国际奥委会、奥运会主办国组委会和主办国及主办城市的直接或间接的经济效益。其中直接经济效益主要包括出售电视转播权、奥林匹克标志产品的专营权、指定赞助商的赞助、纪念品以及门票收入等，最大受益者是国际奥委会和主办国组委会。间接经济效益主要指依托奥运会的经济辐射功能，对其他相关产业诱发产生的巨大经济效益，包括申奥经济效益、筹办奥运过程的经济效益和后奥运会时代的经济效益。间接经济效益涉及的主要行业有交通运输、信息通信、能源供给、环保设施、建筑设计、旅游餐饮、媒体广告和体育产业等。显然，间接经济效益远远大于直接经济效益。

也有学者从奥运经济构成的视角出发，认为奥运经济是举办城市在筹办和举办奥运会期间，以及奥运会后的一段时期内利用奥运会创造的商机，借势发展本地区经济的一系列活动。其内容主要包括：① 直接为举办奥运会而产生的经济活动，如比赛场馆及相关设施的投资及投资拉动等；② 围绕奥运会资源开发进行的经济活动，如奥运会市场开发等各项内容；③ 主办城市借奥运契机，发展区域经济、加快城市建设等各种经济活动。

从奥运经济发挥作用的机理来看，奥运经济又可以被概括为注意力经济[1]、品牌经济、借势经济的集合体：① 由于注意力资源的相对集中而给举办城市和国家带来阶段性加速发展，即奥运经济是一种注意力经济；② 通过良好的运作造就一批知名产品和企业品牌，即奥运经济是一种品牌经济；③ 奥运会的举办将为所在城市和国家的经济、社会发展提供强大的推动力，产生类似催化剂的作用，即奥运经济是一种借势经济。

综合以上观点，我们将奥运经济定义为：国际奥委会、奥运会主办国组委会和主办国及主办城市在奥运会申办、筹办与举办的各个阶段，以及奥运会后的一段时期内产生的所有直接和间接经济收益。

二、奥运经济的特征

（一）周期性

奥运经济具有明显的周期性特征。奥运会是奥运经济运行的核心资源，对举办城市的发展产生阶段性作用。奥运经济不仅在整体上呈现出周期性特征，并且在具体的奥运周期中存在着明显的阶段性特征。以往奥运会主办国的经验表明，奥运经济一般经历三个阶段：第一阶段为从申办成功到奥运会开幕前，以奥运场馆及相关设施投资为主，地产、建材、科技、通信、环保等行业的投资大幅增加；第二阶段为奥运会举办当年，以举办奥运会刺激的各项消费为主，旅游、交通、商贸等行业快速发展；第三阶段为奥运会结束后，受投资和需求不足的影响，可能产生房地产闲置、旅游业不景气等低谷效应，经济增速可能较奥运前有所减缓，即通常所说的"后奥运效应"。

（二）非均衡性

奥运会对不同产业的影响具有明显的非均衡特征，为举办城市带来的经济增长并不能使所有产业都受益。从历届奥运会的经验来看，奥运经济对第一产业的带动作用较小，对第二、第三产业的带动作用较为明显。在第一产业中，一般对绿色食品生产行业有较强的带动性；在第二产业中，对

---

[1] 注意力经济是指通过最大限度地吸引用户或消费者的注意力，培养潜在的消费群体，以期获得最大未来商业利益的一种特殊的经济模式。

建筑业、建材制造业以及通信设备制造业等行业拉动作用明显；在第三产业中，会有力促进文化、体育、旅游、会展行业的快速成长，推动房地产业升温，加快商贸流通、交通运输等传统行业的发展。以1996年亚特兰大奥运会为例，住宿娱乐、商业性服务、餐饮、零售、运输五大行业的收益分别为6.78亿美元、5.96亿美元、4.12亿美元、3.21亿美元和2.35亿美元，占到了全部收益的43.7%。然而，举办该届奥运会对于农业、采矿、冶炼、机械制造等行业的影响几乎为零，甚至为负。

（三）制约性

自1984年洛杉矶奥运会以来，国际奥委会在开发奥运会的经济价值、确保奥运会顺利进行的过程中，逐渐形成了一套成熟的商业运作规则，包括采取严格措施保护奥林匹克知识产权，控制运动员的商业行为，以及限制举办城市组委会的活动范围和权限等。在与主办城市的合作过程中，国际奥委会既给主办城市一些经济利益，又对主办城市的市场开发行为进行严格的控制，以维护其在全球体育行业内的独特地位。

（四）融合性

奥运会创办之初，就蕴含了丰富的思想、文化和道德理念，旨在以体育运动提高人们的精神境界，增进各国之间的团结、友谊与合作。奥运经济也是如此，在经济全球化的背景下，举办国家必须与世界经济和文化潮流相互交融。奥运会体现了体育与文化、体育与经济以及文化与经济的相互融合。因此，各举办国都极力以民族文化为背景，努力推动民族文化与世界文化的交流与融合，赋予奥运经济文化和精神的发展内涵，借举办奥运会之势提升其国际地位。

三、奥运会的经济效益

举办奥运会能给举办国和举办城市带来较好的经济效益，主要包括直接经济效益和间接经济效益。

（一）奥运会的直接经济效益

参考赛事的经济效益界定标准，奥运会的直接经济效益主要包括电视转播权收入、赞助商的赞助收入、门票收入以及衍生品收入和发放营销许可证收入等方面。

1. 电视转播权收入

电视转播权收入是奥运会直接经济效益的重要来源，已成为奥运会盈利的重要指标。如图 10-4 所示，自 1984 年洛杉矶奥运会商业化运作以来，电视转播权收入大幅提高。特别是 2004 年雅典奥运后，国际奥委会为了使更多经费用于促进奥林匹克运动的发展，将原本收取转播权收入的 60% 改为只收取 49%，加之不断上涨的转播权售价，奥运会主办国获得实际电视转播权收入飙升。例如，1984 年洛杉矶奥运会电视转播权收入 2.87 亿美元；2000 年悉尼奥运会电视转播权收入首次超过 10 亿美元，达到 13.18 亿美元；2008 年北京奥运会高达 17.2 亿美元，其中北京奥组委获得 49% 的电视转播权收入，高达 8.43 亿美元；2012 年伦敦奥运会电视转播权收入达到 35 亿美元。

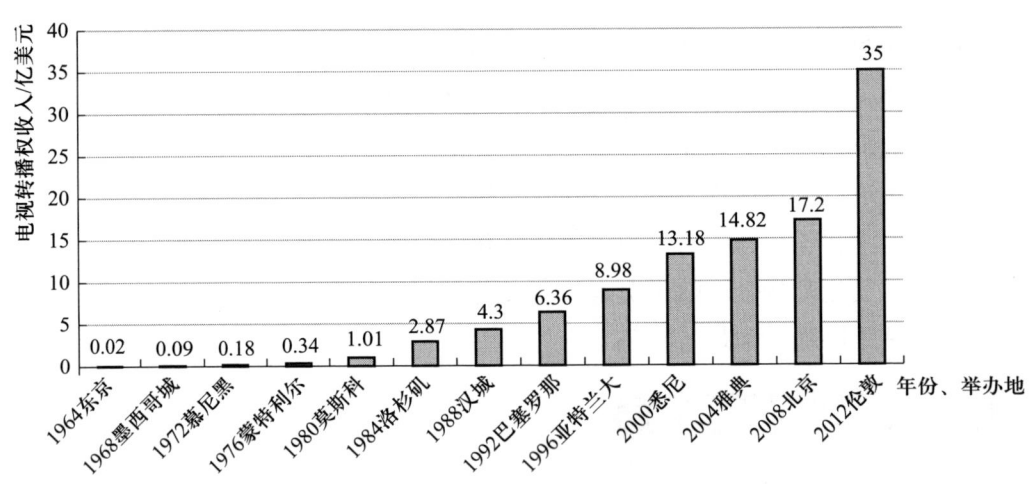

图 10-4 1964—2012 年奥运会电视转播权收入

2. 赞助商的赞助收入

尽管《奥林匹克宪章》规定奥运会一切费用只能来自政府拨款，禁止一切商业行为，但筹办奥运会所需要的大量经费使举办者都会与赞助商进行合作，这也符合赞助商的利益。1985年，国际奥委会通过了"国际奥林匹克营销计划"（TOP计划），该计划将国际奥委会、奥运会组委会、各国（地区）奥委会联系在一起，在国际范围内选择行业最著名的公司作为正式赞助商，而加入该计划的企业将获得在全球范围内使用奥林匹克知识产权、开展市场营销等权利及相关的一整套权益回报，更为重要的是享有在全球范围内产品、技术、服务类别的排他权利。这种类别的排他权利通过国际奥委会与各国（地区）奥委会和奥运会组委会签订协议的方式在各国和地区得到保障。截至2021年3月，TOP计划企业数量已增加至14家，主要包括可口可乐、阿里巴巴、爱彼迎、丰田等行业顶尖企业，为奥运会带来了巨大赞助收入。以2008年北京奥运会为例，北京奥组委获得了TOP计划中的1/3收益（大约2.86亿美元）。除国际奥委会确定的全球TOP计划赞助商外，主办国奥运会组委会有权确定10~15家企业作为奥运会的赞助商。2022年北京冬奥会建立了四级赞助体系，即官方合作伙伴、官方赞助商、官方独家供应商、官方供应商，不同级别赞助商对应着不同的赞助门槛和权限。

3. 门票收入

门票收入一直是奥运会的重要收入来源。奥运会门票一般由组委会的销售公司负责，大多提前两年开启预售，主要采取套票和单项票两种形式。例如，2008年北京奥运会售出门票700万张，2012年伦敦奥运会售出门票960万张，2016年里约热内卢奥运会售出门票600万张。

4. 衍生品收入和发放营销许可证收入

开发销售奥林匹克纪念币和纪念邮票等周边产品，不仅是历届奥运会文化特色的展现，更成为筹办奥运会经费的重要来源。如1988年汉城奥运会的邮票和纪念币销售额超过2亿美元。彩票是早期奥运会的主要收入，尽管当前在奥运会总收入的占比逐渐缩小，但也不容忽视，如以中国体育彩票为主的国家公益彩票为2008年北京奥运会提供了27.5亿元的资金支持。与此同时，国际奥委会和主办国奥运会组委会还会以许可证的形式准许企业在产品上使用奥林匹克标识，但获得许可证的企业需将其商品10%~15%的营销额上交国际奥委会和主办国奥运会组委会。

尽管举办奥运会能够带来可观的经济收入，但实际上在1984年洛杉矶奥运会之前，奥运会一直被各国视为"形象工程"，举办奥运会是"赔本赚吆喝"的亏本生意。直到洛杉矶奥运会的首次商业化尝试，带来了前所未有的 32.9 亿美元的经济效益，开辟了奥运会商业化的道路，将"赔本生意"变成了可以产生盈利的奥运经济。

> **案例**
>
> ★ 索契冬奥会的"赚钱之道"
>
> 　　投入高达 500 亿美元（约合人民币 3 098 亿元）的索契冬奥会被称作"史上最昂贵的奥运会"，但却取得了难以置信的商业成功。2014 年 4 月，索契冬奥会组委会主席切尔内申科表示，索契冬奥会运营利润为 50 亿卢布（约合人民币 8.72 亿元）。奥运会收入一般来自四个方面：出售电视转播权、赞助、门票和特许商品开发。首先，索契冬奥会最大的成功之处在于电视转播权的出售。索契冬奥会转播频道从上届温哥华冬奥会时的 240 个大幅增至 464 个，转播时间达 10.2 万小时，而温哥华冬奥会仅有 5.7 万小时。同时，转播冬奥会的媒介种类增多，智能手机、平板电脑、网络等成为新的增长点。此外，转播费用水涨船高。和以往一样，美国依旧是奥运会转播的最大市场。为赢得索契冬奥会的转播权，美国全国广播公司（NBC）支付了 7.75 亿美元，比 2002 年盐湖城冬奥会多出了 2.3 亿美元，涨幅达到 42%。整体来看，索契冬奥会的电视转播权收入高达 12.6 亿美元。其次，赞助收入是重要收入来源。索契冬奥会与 50 多家公司建立了合作关系，赞助收入高达 13 亿美元，是温哥华冬奥会的 1.5 倍，这也让索契冬奥会变得"财大气粗"。最后，门票销售高达 150 万张，特许商品的销售收入也超过 5 亿美元。索契冬奥会打赢"经济牌"，无疑是最大的成功。
>
> 资料来源：根据《索契冬奥会净赚 8 亿 史上最昂贵奥运会为何赚钱》改编。

（二）奥运会的间接经济效益

　　奥运会的间接经济效益指的是举办奥运会对该国经济发展的促进作用，主要包括促进国内生产总值增长、带动相关行业发展、提供大量就业机会、改善投资环境。

1. 促进国内生产总值增长

　　国内生产总值（GDP）通常指的是一个国家（或地区）在一定时期内

运用生产要素所生产的全部最终产品（物品和劳务）的市场价值。举办奥运会是一项规模浩大的活动，筹办期间举办国在交通、场馆、环境治理等方面都需要投入巨资，大量资金被源源不断投入到与举办奥运会相关的行业中，这些行业彼此相互关联，一个行业的经济增长会对另一个行业产生乘数效应，这些投资经过多次循环，从而促进了举办城市和举办国的生产总值增长。例如，根据北京市统计局的数据，从2001年至2007年奥运会举办前，北京市生产总值规模由2 817.6亿元增加到9 006.2亿元，增长2.2倍。北京奥运会筹办期间，在治理环境污染、60项重大工程、新体育场馆建设、基础设施方面共投资1 045亿元，即7年筹办期平均每年增加约150亿元投资。北京市统计局公布的数据显示，2008年北京市体育产业实现增加值154.0亿元，同比增长75.8%，占生产总值比重达到1.39%，其中北京奥运会直接拉动占生产总值的0.58%。同时，据美国高盛统计，在2008年北京奥运会筹办期间，中国经济增长速度每年额外增加0.3%，7年间额外增加生产总值达1.376万亿元。此外，2014年英国政府公布报告显示，英国从2012年伦敦奥运会得到的后续经济收益已经超过140亿英镑（约240亿美元），其中2013—2014财年，英国吸引外国直接投资项目达1 773项，比前一财年增长14%，创下历史纪录。

2. 带动相关行业发展

首先，建筑业和制造业受奥运会的影响最直接。历届奥运会投入巨资用于奥运会场馆建设、基础设施建设、生态环境建设等，由此带动建筑业、制造业发展。同时，这些建设能够极大改善城市环境，增强城市功能。其次，奥运会对旅游业的影响不容小觑。历届奥运会都能吸引大量国内外游客到现场观赛，由此带动相关住宿、餐饮等服务行业发展。如图10-5所示，1984年洛杉矶奥运会期间增加的入境旅游人数为23万人；1988年汉城奥运会增加的入境游客为22万人，与旅游直接相关收入达14亿美元；1992年巴塞罗那奥运会增加的入境游客为30多万人，旅游收入为30亿美元；1996年亚特兰大奥运会增加的入境游客达29万人，旅游收入为35亿美元；2000年悉尼奥运会增加的入境游客达50万人，在旅游业方面为澳大利亚带来的经济收益高达42.7亿美元；2008年北京奥运会增加的入境游客高达60万人，增加旅游收入达50亿美元；2016年里约热内卢奥运会增加的入境游客为 24.4 万人，增加的旅游收入为 3.59 亿美元。

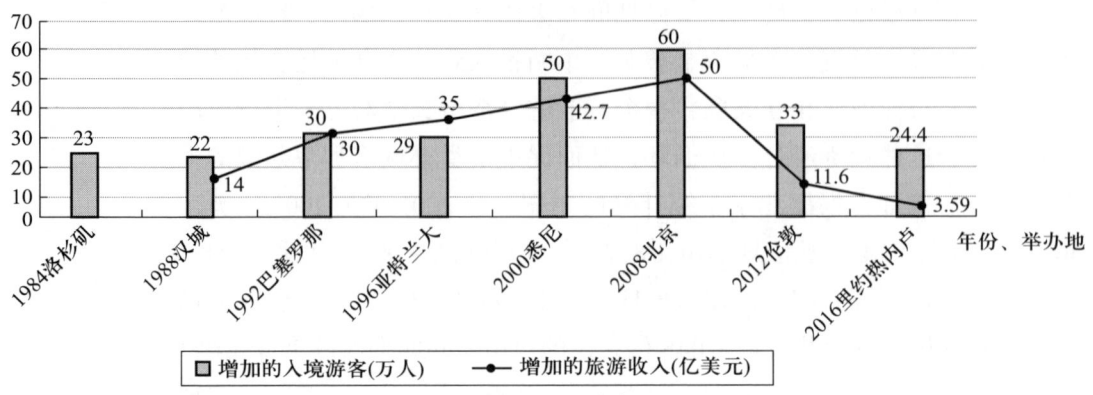

图 10-5　奥运主办国增加的入境人数以及旅游收入

资料来源：根据国务院发展研究中心调查研究报告与司尔亚司统计数据改编。

案例

★ 北京冬奥会带来的"产业效应"

冬奥会是一项全球性的大规模体育盛会，具有极强的奥运经济效应。2022 年北京冬奥会在开幕前、举办中以及后冬奥时代都带来和创造出相应的"冬奥经济效应"。除冬奥会产生的直接经济效应外，更值得关注的是北京冬奥会带来的"产业效应"。从这个视角来看，北京冬奥会不仅是一个催化器，还是一个试验场，更是一个多产业的未来投资风向标。

1. 激活中国冰雪经济的催化器

北京冬奥会激活了中国的冰雪经济，让冰雪运动不仅成为一项体育运动，更成为一个现代产业。自 2015 年北京冬奥会成功申办以来，截至 2021 年 10 月，我国参与冰雪运动的人数达到 3.46 亿人，实现了"带动三亿人参与冰雪运动"的目标。《中国冰雪产业发展研究报告（2021）》数据显示，在 2020—2021 年冰雪季，我国冰雪休闲旅游收入超过 3 900 亿元。预计到"十四五"规划末期的 2025 年，我国冰雪旅游人数将超过 5 亿人次，冰雪旅游收入超过 1.1 万亿元。很明显，北京冬奥会成为一个催化器，早已激活并推动中国万亿元规模冰雪经济时代的加速到来。

2. 科技、新能源等行业领域的试验场

北京冬奥会也成为多个行业领域的试验场。最具代表性的就是数字人民币。数字人民币成为本届冬奥会的一大亮点,已落地35.5万个冬奥场景,实现交通出行、餐饮住宿、购物消费等全场景覆盖,再一次向世界展示了中国在数字货币方面的领先水平。还有一个具有代表性的例子就是清洁能源。清洁能源动力赛事服务车辆占比超过85%。更值得关注的是,氢能源在北京冬奥会的场景应用,将会加速掀起氢能源的市场投资热潮。

3. 未来碳中和时代的投资风向标

北京冬奥会是一届实现了"碳中和"目标的绿色冬奥会,从场馆建设到基础设施打造,从绿色环保材料使用到人工智能、5G、智能机器人等前沿技术的应用,实现了碳排放全部中和。比如,在整个冬奥会期间,使用清洁能源车辆实现减排约1.1万吨二氧化碳,相当于5万余亩(约3 334公顷)森林一年的碳汇蓄积量。北京冬奥会在碳中和方面的实践,也再次传递出在未来碳中和时代下,将会涌现出诸多个数亿元乃至是千亿元级的市场投资机遇。

展望未来,北京冬奥会带来的"产业效应"将持续创造更多价值。

资料来源:根据《北京冬奥会带来哪些"冬奥经济效应"?》改编。

3. 提供大量就业机会

奥运会的筹办能够为举办国新增大量就业岗位。统计数据显示,1988年汉城奥运会为服务业提供了16万个就业岗位,为制造业提供了5万个岗位,为建筑业提供了9万个岗位。1992年巴塞罗那奥运会在四年内投入奥运会相关行业中的劳动力数量达76.5万人,并创造出2万个长期就业机会,使巴塞罗那的失业率从1986年的18.4%降到了1992年的9.6%。2008年北京奥运会筹办期间,从2005年至2008年四年新增就业岗位高达150万个,为劳动力市场创造了有利条件。相关数据显示,2022年北京冬奥会通过促进京津冀地区的体育、文化、旅游发展,为体育、文化、旅游休闲等产业创造约60万个就业机会。

4. 改善投资环境

相对于奥运会场馆建设和相关基础设施对中国经济增长的拉动作用而言,奥运会对改善投资环境具有更长远、更持久的积极作用。奥运会涉及的基础设施建设与公共设施服务,既是成功举办奥运会的基本条件,也是改变举办城市投资环境的重要条件。1992年巴塞罗那奥运会给城市结构带来了巨大变革。1989—1992年，巴塞罗那道路设施增加了15%，供水排水系统增加了17%，绿化带和海滨旅游区增加了78%，人工湖和喷泉增加了268%，极大地改变了当地的投资环境，使巴塞罗那城市综合排名上升至欧洲第8名，一跃成为国际性大都市。巴塞罗那奥运会的成功，不仅在于奥运会本身，更重要的是通过筹办和举办奥运会给城市的持续发展注入了动力和活力，新兴产业和支柱产业得到了发展，提高了城市的吸引力和知名度，城市功能进一步增强，生态环境得到改善，并带来了长期的积极影响。

案例

★ 巴塞罗那的"奥运营城之路"

1992年的巴塞罗那奥运会，让巴塞罗那这座原本普通的工业城市实现了彻底的转型。奥运会对于巴塞罗那的意义不只是那些新建的建筑，更重要的是促成了这座城市的重生。对于巴塞罗那而言，奥运会为这座城市带来了更多的产业支撑，重塑了这座城市的产业体系——逐渐从工业城市向旅游城市转型、从粗放型发展向绿色型发展转变，丰富了城市的文化内涵。

其一，不断利用奥运资源。自1992年奥运会后，巴塞罗那对闲置的体育场馆进行了改建、租赁，有的场馆改建为了市民日常运动场馆，有的体育馆则外租给专业体育赛事俱乐部，起到了很好的创收作用。例如，将维护费用较高的蒙锥克体育场租给西甲联赛的西班牙人队，并对球队之前的球场进行地产开发。这样政府解决了体育场的维护问题，而球队的收益则远远超过体育场的租金。

其二，改善城市环境。相关数据表明，巴塞罗那奥运预算中有80%专门用于改善城市建设。而前往巴塞罗那的游客也从1991年的170万人增至2014年的790万人。当时，因奥运而修建的兰布拉大街已经成为这座城市著名的旅游观光街区，还有奥运期间新开通的巴士路线直到现在依然为市民提供着生活便利。

其三，改善基础设施。除改善城市环境外，巴塞罗那大大强化了交通网络建设，建成了5千米长的海滨沙滩，改造港口，修建了两条环形公路和隧道。同时，在生活设施改造方面，改建城市排水系统，建成了提供水、电、气和电话服务的网络设备，真正将这座城市彻底"唤醒"。

其四，积极搭建赛事平台。2003年，巴塞罗那提出了城市体育运动发展计划，包括所有和体育有关的公共、私营事项。经过评估分析，每年大约会举行300项赛事，包括F1、网球及其他项目，主要靠运动协会组织或支持举办，为巴塞罗那这座城市带来了可观的经济收益和旅游收益。

资料来源：根据《成都借鉴：巴塞罗那的奥运营城之路》改编。

四、奥运经济的负面效应

奥运会为举办国带来经济效益的同时，也会带来一些负面效应，对举办国和举办城市产生一定程度的影响，主要包括后奥运时期经济增速下滑或衰退、挤出效应和虹吸效应。

（一）后奥运时期经济增速下滑或衰退

在后奥运时期，比赛场馆、奥运村等体育设施仍要投入大量的修缮维护费用，如果无法得到较好的后续利用，会给举办城市造成巨大的经济负担。对主办国而言，如果投资与需求大幅下降，极有可能带来经济增速下滑，甚至出现经济衰退现象（或"低谷效应"）。如表10-1所示，以历届奥运会进行比较，分析各举办国在奥运举办前一年、举办当年、举办后一年的GDP增长率变化。从表中可以看出，除1996年亚特兰大奥运会、2012年伦敦奥运会以及2016年里约热内卢奥运会以外，其他奥运会主办国在奥运会后经济增速都出现了不同程度下滑。尤其在场馆利用方面，悉尼主体育场在2002年只举办过8场比赛，其余大部分时间处于闲置状态；雅典奥运会结束后一年时间内，为维护奥运场馆支出的费用就高达1亿欧元。

对冬奥会而言，平昌冬奥会后韩国GDP增长率略有下滑，由举办前一年的3.2%下滑至举办后一年的2%。相比而言，索契冬奥会后俄罗斯GDP增长率下滑更加明显，举办后一年俄罗斯GDP甚至出现负增长（-2%）。

▶ 表 10-1　奥运会举办国 GDP 增长率

历届奥运会	前一年 /%	举办当年 /%	后一年 /%
1964 年东京奥运会	8.5	11.7	5.8
1988 年汉城奥运会	12.7	12.0	7.1
1992 年巴塞罗那奥运会	2.6	0.9	-1.0
1996 年亚特兰大奥运会	2.7	3.8	4.5
2000 年悉尼奥运会	5.1	3.9	1.9
2004 年雅典奥运会	5.8	5.1	0.6
2008 年北京奥运会	14.2	9.7	9.4
2012 年伦敦奥运会	1.3	1.4	2.2
2014 年索契冬奥会	1.8	0.7	-2.0
2016 年里约热内卢奥运会	-3.6	-3.3	1.3
2018 年平昌冬奥会	3.2	2.9	2.0

资料来源：根据世界各国经济增长数据整理。

1976 年加拿大蒙特利尔奥运会被认为是修建体育设施"最浪费"的一届奥运会。为举办奥运会，蒙特利尔投入巨资大兴土木，仅修建主体育场就耗资 10 多亿美元，政府也因此背上了沉重的财政负担。与此同时，蒙特利尔还修建了一些与奥运会毫无关联的场地和大型豪华体育设施，不但给举办城市带来了极大经济负担，而且在奥运会后大量闲置，在没有任何收益的情况下依然要承担高昂的保养费用，给当地居民带来了长时间的"低谷效应"，直到 2006 年政府才将举办奥运会的欠款还清，这也为今后的举办国提出了新的课题。

除体育场馆受到较大影响以外，房地产业也会受到波及。在奥运会筹办期间，大量直接投资涌入基础设施建设中，建筑业和制造业发展迅猛，房地产业也随之迅速发展。然而，当奥运会热度消退后，各方投资减少，房地产业产能过剩和有效需求不足的双重压力导致主办城市的房地产业衰退。例如，由于 1992 年巴塞罗那奥运会的影响，在奥运会举办前的 7 年里，当地房价上升了 250%~300%。但在奥运会结束后，房价连续 4 年下跌，最大年跌幅达 50%。

 案例

★ 平昌冬奥会：究竟是得是失？

2018年2月25日，平昌冬奥会顺利闭幕。在总结各种成败得失的时候，冬奥会的成本、收入无疑是其中最重要的一项，而在这件事情上，平昌冬奥会的表现似乎并不出色。根据《平昌冬奥会创造的经济效益》报告，本次冬奥会可创造规模达64.9万亿韩元的经济效益，涵盖两个部分：一是与奥运会相关的投资和消费支出可能创造的21.1万亿韩元收益，具体包括体育场馆、交通网络和住宿设施投资建设所带来的约16.4万亿韩元以及冬奥会期间国内外游客消费约4.7万亿韩元；二是后奥运时期的10年期间所产生的间接经济效益43.8万亿韩元。

然而，种种迹象表明，经济效益难达预期。从平昌奥组委2018年1月中旬公布的数据看，平昌所在的江原道地区宾馆和酒店共有客房约72 000间，当时只有16 744家房间被预订，仅占全部房间数量的23.26%。另一方面，从门票销售来看，根据平昌奥组委的说法，94%的冬奥会门票被卖出，仅17日一天就有14.6万名观众来到现场观赛，但现场实际上座率却和奥组委的说法有出入，无论高山滑雪场还是奥林匹克公园的冰上运动中心，都出现了大量的空座位。更有甚者，奥运志愿者被要求扮成普通观众的模样，填补空闲的座位。同时，有媒体报道，韩国国内几乎所有大型企业都参与了赞助活动，除了自愿为冬奥买单的商家，也有部分企业是被政府和官方摊派了任务，属于不得已而为之。

从后奥运时期的视角来看，根据韩国的设想，希望通过举办一届冬奥会将平昌打造成一个举世闻名的体育旅游城市，继而推动整个江原道的经济发展。然而，与曾经举办1988年汉城奥运会的汉城（今首尔）相比，这种设想可能大打折扣。汉城（今首尔）在举办奥运会时已有千万级人口，是韩国乃至亚洲的一个经济中心。反观平昌只有4.5万人，经济落后，交通和接待能力都不满足一个传统意义上的旅游城市的需要。即便韩国方面斥资37亿美元在平昌和首尔之间修建了一条崭新的高速铁路，单程依然耗时两小时。在一个出行率低下、地处偏僻的平昌投入过多面临基建投资收不回成本的可能，如何应对后奥运时期的惨淡变得刻不容缓。根据韩国产业战略研究院分析，平昌冬奥会结束后，12个比赛场馆每年维护和运营所需的费用约为314亿韩元，而预期收入仅为172亿韩元，这说明平昌每年要继续用税款填补142亿韩元的空缺。

资料来源：根据《平昌冬奥会：一本不容乐观经济账，一次代价巨大的赌博》改编。

（二）挤出效应

挤出效应通常是指政府财政支出的增加，引起利率上升，进而导致私人投资减少的现象。筹办奥运会期间政府对基础设施建设投入大量资金，导致政府财政支出增加，奥运会对主办城市经济的挤出效应也随之产生。这种挤出效应不仅体现在投资领域，还体现在消费和收入等方面，非但不会随着奥运会的结束而结束，反而会对主办城市的经济产生较长时间的影响。

1. 奥运会对投资的挤出效应

首先，公共投资对私人投资的挤出效应。筹办奥运会的公共投资主要用于体育场馆建设和配套设施建设，这些大型设施不具备投资弹性。当政府大量投资此类项目，就极易导致私人投资成本增加，公共投资即会挤出私人投资。其次，私人投资对私人投资的挤出。奥运会具有改善举办国或举办城市投资环境的作用。基础设施与生态环境的改善，加之奥运会的巨大商机，会诱发国内或国际大型公司在举办城市开展投资。这些外来公司通常在技术、资金、管理等方面具有优势，本地企业如果不具备这些优势，就会被外来投资挤出。最后，奥运会资产投资对其他行业投资的挤出效应。与机会成本的原理相似，举办奥运会所进行的资产投资就意味放弃对其他行业的资产投资。由于举办国的资源是有限的，不能同时开展多个奥运会级别的大型活动。如果将奥运投资投入本地企业或科研机构中，也会取得一定的收益。此外，这种挤出效应往往具有滞后性和联动性特征，如果处理不当会导致后奥运时期城市经济发展缺乏后劲。

2. 奥运会对消费的挤出效应

奥运会作为体育盛事，能够刺激居民增加与奥运会相关的消费。一方面，居民对奥运门票、彩票、纪念币、纪念品的消费支出会挤出其他日常生活消费。另一方面，虽然奥运会提升了外来旅游人员的消费，但该部分人员的消费主要集中在餐饮、住宿、交通等领域，对与奥运相关性较低的行业消费产生挤出效应，可能进一步对当地经济结构产生潜在影响。此外，奥运会期间由于投资增加和大量游客涌入，住宿、餐饮等物价飞速上涨，给举办城市的正常旅游带来不便，非奥运游客的旅游意愿会呈现下降态势，产生奥运旅游挤出非奥运旅游现象。

（三）虹吸效应

奥运会的虹吸效应通常指的是奥运会主办城市由于自身吸引力或国家财政预算的倾斜，吸引大量其他区域的投资，进而导致其他地区发展受到影响的现象。举办国在国家财力一定的情况下，财政投资会优先保证奥运会的举办，对举办城市的投入增加，对其他地区的投入减少，引起其他地区的资金、人才向奥运会举办城市流动。尽管这种虹吸效应能够极大改善举办城市的基础设施和环境状况，促进举办城市快速发展，但对其他地区的建设投入和发展造成不利影响。例如，2000年悉尼奥运会筹办期间，悉尼所在的新南威尔士州建筑业产出增加1.55个百分点，而澳大利亚建筑业的整体产出仅增加0.54个百分点。

五、后奥运经济的思考

后奥运经济通常指的是奥运结束后的若干年间，奥运会主办国在经济领域所受到的正面或负面影响。受不同因素影响，历届奥运会主办城市后奥运经济变化有所不同，需提出针对性解决对策。

（一）影响后奥运经济的主要因素

1. 举办国经济发展水平

奥运会举办国经济发展水平是影响其后奥运经济走势的重要因素。一般来说，经济发展水平不高的发展中国家，后奥运时期经济波动幅度相对较大；经济发展水平比较发达的国家，后奥运时期的经济波动较小。例如，奥运会结束后，主办城市由奥运会引致的投资需求和消费需求可能急剧下降，同时以奥运体育场馆为主的总供给短期内不可能减少或拆除，从而导致大量基础设施闲置或利用率下降，经济增速下滑现象凸显。相反，如果奥运场馆可以得到有效利用，在消费需求维持稳定情况下，主办国或主办城市有机会在后奥运时期拉抬相关产业，从而促进经济增长。1988年汉城奥运会后，由于韩国整体需求和投资下降，GDP增长率从奥运年的12.0%下滑至次年的7.1%（表10-1），并伴随巨大的房地产泡沫，而2008年北京奥运会后，中国经济一直维持较高增速且未出现大幅波动，这与中国强大的市场规模与活力密切相关。

2. 举办城市规模

城市规模主要包括城市的人口数量、市场容量以及经济结构等因素，这些因素都会影响举办城市后奥运经济的表现。一般来说，更多的人口和更大的市场容量意味着更强的经济稳定性，受到负面的影响相对较小，即便失去了奥运期间的大量需求和政府投资，人口和市场红利也能在几年内填补经济增长空白。相反，如果人口数量较少和市场容量较小，后奥运时期的经济发展会受到极大限制。此外，城市经济结构也会对后奥运经济变化产生影响，投资消费结构、产业结构成熟的城市，受到的冲击就相对较小；经济结构频繁变动的城市，受到的负面影响更大。例如，在仅有4.5万人口的韩国平昌，由于冬奥会主体育场高昂的维护成本和低迷的市场需求，韩国政府甚至考虑将其直接拆除。

3. 奥运会的投资规模

一般来说，奥运会筹办时期投资规模越大，后奥运经济波动幅度就越大，但并非每届奥运会都如此。2008年北京奥运会总投资规模高达3 200亿元，但奥运后并未受到较大影响。具体而言，奥运会投资可以分为直接投资和间接投资，直接投资主要是奥运场馆及相关设施建设的投入（属于高风险投入），间接投资指的是由于举办奥运会而新增加的基础设施建设的投入。间接投资虽然以奥运会为契机，但在后奥运时期能够为城市经济发展提供强力支撑，有利于举办城市高质量发展。已有研究表明，奥运会直接投资与间接投资的比值越接近1，奥运会后产生经济风险的可能性就越大。1976年蒙特利尔奥运会的投资比值为0.92，奥运场馆建设与基础设施建设的投资基本持平，导致奥运会后出现了15亿美元的巨额亏空。对2008年北京奥运会而言，总投资中的间接投资（主要为城市建设支出）2 800亿元，直接投资（主要为场馆建设支出）约194亿元，即使将220亿元的奥运运行保障支出纳入直接投资范畴，直接投资与间接投资比值仍低于0.15。由此可见，大部分投资均被投入北京市基础设施建设中，为后奥运时期的北京经济增长奠定了坚实基础。

4. 投融资体制的健全性

在奥运会筹办和举办期间，由于投资大、周期长、风险高，私人资本难以满足奥运会投资对资金的需求，因此需要主办城市和主办国政府通过财政支出提供全部或部分资金。如果缺乏长期运营规划，这种以政府投资为主体的奥运投融资体制在后奥运时期难以有效降低体育场馆的闲置率（较低的投资效率），不利于奥运会主办城市和主办国的经济发展。当然，选择运营能力较高的社会资本参与奥运场馆建设与运营，是促进后奥运经济高质量发展的有力举措之一。

（二）后奥运经济问题的应对策略

1. 出台宏观调控政策

有效调节奥运会前后的供求水平，从而维持经济平稳运行，是提升后奥运经济高质量发展的重要举措。对奥运会主办国而言，要充分运用货币政策、财政政策、产业政策等宏观政策手段；对主办城市而言，应出台针对性具体措施，以宏观政策与微观举措协同发力，有效调节市场供求水平。例如，在奥运会筹办和举办期间，适时采用紧缩性货币政策和财政政策，有效压缩总需求。在后奥运时期，则采用相反的宏观经济政策，以实现奥运前后总需求和总供给在总量和结构上的平衡，有效抑制经济波动和地区经济发展与产业发展的不平衡。

2. 打造奥运特色消费群

主办国和主办城市应充分利用举办奥运会这一契机，加快国内以及区域内体育产业的发展，驱动形成经济发展的新增长极。例如，充分挖掘主办城市的旅游资源，将主办城市的文化与奥运旅游结合起来，促进主办城市体育旅游业发展。此外，为大力发展体育、旅游和文化产业，在税收政策上给予相关产业税收优惠和减免等，推动体育产业发展，从而有效增加后奥运时期主办城市居民的体育消费需求和国内外游客的旅游消费需求，保持主办城市和主办国奥运前后消费需求的稳定增长。

3. 合理调整奥运投资规模

为避免赛后出现巨大经济波动，主办城市应对奥运前后固定资产投资结构进行合理规划，尽可能减少直接投资，增加间接投资。例如，房地产业在奥运后受投资波动影响最大，并且对国家经济健康发展产生巨大影响。为避免后奥运时期房地产业衰退对经济的冲击，政府需建立健全房地产指标监测体系和房地产市场预警制度。在奥运会筹办期间，即制定合理的房地产业发展规划，并监控房地产市场发展动态，及时出台宏观调控政策及措施，避免房地产泡沫扩大。

4. 改革奥运投融资体制

在奥运会筹办和举办期间，可以采用PPP模式，建立多元化的奥运投融资体制，即由国际奥委会和主办城市的奥组委实施监督，通过招标等方式吸收国际上知名企业或企业集团进行投资和运营，有效减轻财政负担。尤其需要注意的是，要加强对社会资本运营能力的论证，提高奥运场馆专业化运营效率和水平。此外，还可以加强与国际知名保险公司的合作，及时分散后奥运经济的风险。

第三节　世界杯经济

作为与奥运会同等影响力的国际顶级体育赛事，国际足联世界杯（简称"世界杯"）是世界上规格最高、含金量最高、知名度最高的足球赛事，对促进世界经济的发展具有重要作用。

一、世界杯的发展历程

世界杯的发展历程与现代足球运动密不可分。1863年，第一份正式的足球比赛规则在英国创立，标志着现代足球运动的诞生。随着现代足球运动的普及和发展，各国相继成立本国足球协会。1904年5月21日，在法国巴黎的体育运动联合会总部，国际足联（FIFA）正式宣告成立。1921年，法国人雷米特当选国际足联主席，他提出了举办一项世界性的足球大赛并邀请最出色国家队参加的提议。1928年在国际足联大会上，每4年举办一次世界杯的提议以25比5的投票表决结果通过，国际足联成立20多年来终于有了自己的代表性赛事。1930年，首届足球世界杯在乌拉圭举行，共有来自3大洲的13支球队参赛，除东道主乌拉圭队自动获得参赛资格以外，其余12支球队通过邀请获得参赛资格。1930年成功举办首届世界杯后，国际足联又在1934年和1938年两度举办世界杯。其中1938年在法国举行，报名球队达 35 支，开始通过预选赛确定最后的 14 支参赛队。本届大赛还确立了卫冕冠军和东道主直接参赛的规定[①]，世界杯呈现稳步发展态势。受第二次世界大战的影响，世界杯中断了 12 年，1950 年恢复后，开始逐渐发展壮大。迄今为止，世界杯已经举办了 21 届，成为世界上最重要、影响力最大的单项体育赛事。

二、世界杯的经济效益

作为世界上影响力最大的单项体育赛事，世界杯给国际足联、举办国和赞助商等参与方均带来了巨大的经济效益。

（一）国际足联的经济效益

国际足联是世界上最大的非营利组织之一，同时又是最赚钱的非营利组织之一，而其中大部分盈利都来自世界杯的举办。以 2018 年为例，根据国际足联财报，借助于世界杯年的影响力，国际足联在比赛转播版权、市场营销、门票销售等业务收入均超出预期，总营收达到 46.41 亿美元。从支出视角来看，2018 年国际足联总支出 28.91 亿美元，其中俄罗斯世界杯的投资支出高达 18.24 亿美元，占比高达 63%。从收入视角来看，如图 10-6 所示，2018 年电视转播权收入达到 25.44 亿美元，占总收入比重达 54.8%；营销收入（或赞助收入）达 11.43 亿美元，占比 24.6%；周边产品授权收入达 1.85 亿美元，占比 4%；服务招待/住宿与门票收入达 6.89 亿美元，占比 14.8%；其他收入 8 000 万美元，占比 1.7%。

从具体数据来看（表 10-2），根据国际足联财报，2018 年俄罗斯世界杯的电视转播权收入 24.48 亿美元，占国际足联所有电视转播权收入比重高达 96%；周边产品授权收入达 1.75 亿美元，占比 95%；服务招待/住宿与门票收入 6.88 亿美元，占比高达 99%；其他收入 3 600 万美元，占比 45%。

---

① 国际足联规定，从 2006 年世界杯预选赛起，卫冕冠军需要参加其所属区域内的世界杯预选赛，从而只有东道主可以直接入围决赛圈 32 强的比赛。从 1998 年法国世界杯开始，世界杯决赛圈扩军为 32 强。此外，在卢旺达基加利召开的第 73 届国际足联理事会上，国际足联确定 2026 年世界杯将首次由 48 支球队参赛。

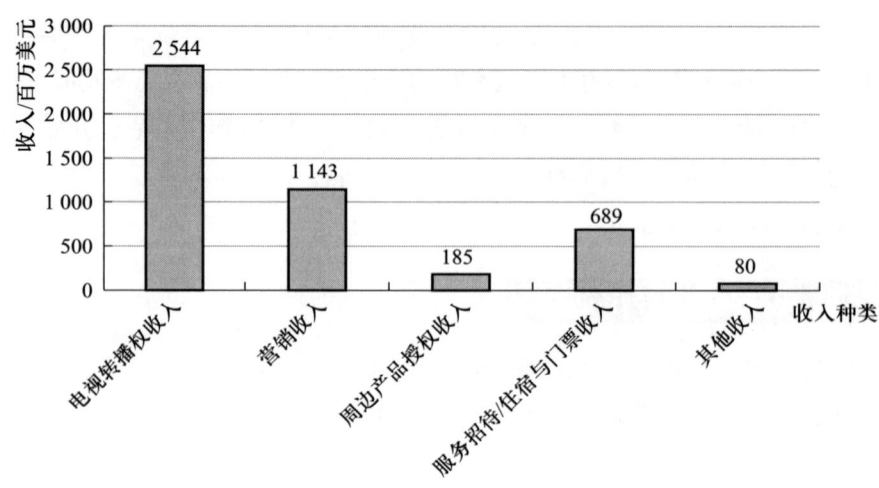

图 10-6　2018 年国际足联收入统计

资料来源：根据 2018 年国际足联财报数据改编。

▶ 表 10-2　2018 年俄罗斯世界杯收入统计

收入种类	2018 年俄罗斯世界杯收入/亿美元	2018 年俄罗斯国际足联收入/亿美元	世界杯收入占比
电视转播权收入	24.48	25.44	96%
周边产品授权收入	1.75	1.85	95%
服务招待/住宿与门票收入	6.88	6.89	99%
其他收入	0.36	0.8	45%
赞助收入	11.4	11.43	99%
一级赞助商	7		61%
二级赞助商	3		26%
三级赞助商	1.4		12%

资料来源：根据 2018 年国际足联财报数据改编。

从赞助收入视角来看，在世界杯的赞助商中，分为三级赞助体系，分别是第一级别的 FIFA 全球合作伙伴、第二级别的世界杯赞助商、第三级别的区域赞助商，按照欧洲、中北美、南美、非洲/中东和亚洲 5 个区域划分，最多 20 个区域赞助商。俄罗斯世界杯赞助收入总计 11.4 亿美元。其中，第一级赞助商提供的赞助费为 7 亿美元，第二级赞助商提供的赞助费为 3 亿美元，第三级赞助商提供的赞助费为 1.4 亿美元。

（二）举办国的经济效益

1. 经济增速显著上升

举办世界杯除了给国际足联带来巨大收益，也促进了举办国的经济发展。以举办世界杯的前一年、举办当年以及举办后一年的相关数据为例，如表 10-3 所示。从举办当年 GDP 增长率来看，德国增速最快，达 3.8%，巴西增速最慢，为 0.5%。从举办后一年的数据来看，除巴西出现负增长外，其他国家的经济增速仍然比较显著。此外，从贡献率来看，相关数据显示，1998 年法国世界杯为经济增长贡献 1%；2002 年韩日世界杯，韩国获得直接收益 40 亿美元，为 GDP 增长贡献 0.74%；2014 年巴西世界杯，巴西获得了超过 140 亿美元的收入，为巴西经济增长贡献了 0.2%。

▶ 表 10-3　世界杯举办国 GDP 增长率

历届世界杯	前一年 /%	举办当年 /%	后一年 /%
2006 年德国世界杯	0.7	3.8	3.0
2010 年南非世界杯	−1.5	3.0	3.3
2014 年巴西世界杯	3.0	0.5	−3.6
2018 年俄罗斯世界杯	1.8	2.8	1.3

资料来源：根据世界各国经济增长数据整理。

2. 消费收入大幅提高

举办世界杯能够为举办国和举办城市带来巨大的消费市场。统计数据显示，2018 年世界杯期间，来自 194 个国家的外国球迷共计在俄罗斯消费了大约 15 亿美元。其中，美国球迷的消费总额位居榜首，共计花费 56 亿卢布（约 8 883 万美元），占比 5.92%；中国紧随美国之后位居第二，共计花费 41 亿卢布（约 6 500 万美元），占比 4.33%；第三为墨西哥，共计花费 22 亿卢布（约 3 490 万美元），占比 2.33%。从具体消费结构来看，美国球迷在俄罗斯消费结构分布为：13%用于支付用餐，30%支付酒店住宿，3%购买礼品，54%消费其他；中国球迷在俄罗斯消费项目主要为：5%用于支付用餐，10%支付酒店住宿，26%购买服装，11%购买化妆品，10%购买饰品，38%消费其他。

案例

★ 中国球迷夺冠俄罗斯"旅游世界杯"

2018年俄罗斯世界杯法国队成功捧起大力神杯，成为最终赢家。中国虽无缘世界杯赛场，却以超过10万名的入境球迷游客人数夺得俄罗斯"旅游世界杯"冠军。据俄罗斯官方统计，俄罗斯在此次世界杯期间总共发放了180万张"球迷身份证"，其中超过半数发给了当地观众（97.9万张）。中国公民在世界杯期间办理的"球迷身份证"数量达6.7万张，仅次于东道主俄罗斯，在入境游客中排名第一。

从中国游客的地域分布来看，根据《世界杯全球出行大数据报告》，上海和北京的游客承包了将近2/3的赴俄机票订单，上海游客以33.1%的订票占比高居榜首，北京和广州分别占26.1%和11.8%，重庆、青岛、杭州、武汉等新一线城市也有很高的赴俄观赛热情。值得一提的是，距离俄罗斯较近的长春以最热情国内游客城市第五和平均停留时间最长抢眼地出现在榜单中，较2017年同期赴俄人数增长了790%。

从赴俄中国游客目的来看，除了看球赛，在比赛间隙也倾向于观赏景点和享受免税店购物。高昂的球赛门票和往返机票，以及水涨船高的住宿费用是游客的三大消费支出。以世界杯观赛旅行团为例，人均花费达到3万元，资深球迷成团观赛的人均花费则超过5万元。

从赴俄观赛旅游的政策上看，一系列利好政策为中国游客提供了种种便利。在世界杯开赛前夕，俄罗斯政府颁布了多项政策，为球迷观赛提供了诸多便利，尤其是对中国持记载个人信息的实体或电子观众卡、门票或获取门票的证明可免签证入境俄罗斯，省去了许多办理签证的手续。此外，由于历史和政治等原因，中国和俄罗斯外交关系稳固，两国人民在贸易和文化等多方面往来密切，俄罗斯多地也规划了针对中国游客的红色旅游线路。良好的政策和文化氛围更易于吸引中国游客赴俄旅游。

资料来源：根据《中国球迷夺冠俄罗斯"旅游世界杯"，后世界杯旅游热持续升温》改编。

（三）赞助商的经济效益

世界杯在带给无数球迷激情与欢乐的同时，也给众多赞助商带来宣传契机，成为各大企业提高盈利的重要途径。在足球场四周的 LED 广告牌、赛后的球员采访背景墙、球票背面广告，以及历届世界杯的精彩镜头、精彩回放中，都会出现赞助商的广告，使广告展示效果实现最大化。因此，赞助商在广告投入等方面不惜重金。统计数据显示，2018 年世界杯期间各国企业投入的广告费用总计达 24 亿美元。其中，中国企业成为世界杯新金主，在本届世界杯期间的广告支出最多，达到 8.35 亿美元，占比约为 34.79%，是美国 4 亿美元的两倍，更远高于东道主俄罗斯的 0.64 亿美元。在本届世界杯的 17 个赞助商中，中国企业占据 5 席，包括与阿迪达斯、可口可乐等共同位列第一级别的赞助商万达，与百威、麦当劳并列的第二级别赞助商 VIVO、蒙牛、海信，以及第三级别赞助商雅迪，创下中国企业赞助世界杯的新高，打破了昔日美国企业、日本企业对奥运会、世界杯等国际体育盛会的赞助席位大包大揽的局面。在世界杯历史上，有很多企业通过赞助一跃成为世界一线品牌，知名度和销售收入大增，世界杯成为最好的营销渠道。

案例

◎ 中国企业"英利绿色能源"助力世界杯

作为全球关注度最高的体育赛事，中国企业近年来一直着力"世界杯营销"。中国企业在世界杯上一掷千金，一方面是想借体育营销走出国门，而赞助世界杯是最快、最经济的全球品牌成长路径，这意味着全球化的"成长时间"将大大缩短，与竞争者拉开了距离。

2009 年 2 月，来自中国的企业英利绿色能源控股有限公司与国际足联在北京签署合作协议，并正式发布公告，宣布英利绿色能源成为 2010 年南非世界杯第 7 家特别赞助商，既是首家获得此项全球赞助权的中国企业，也是第一家赞助世界杯足球赛的可再生能源公司。根据协议，英利绿色能源为 2010 年南非世界杯的 20 个训练基地提供太阳能电池板，并享有包括部分世界杯足球赛门票、场地广告宣传和媒体版权在内的全球市场营销权。

赞助世界杯后,"中国英利"迅速成为各大搜索引擎的热词。从2010年2月至7月,媒体报道2 202篇,"媒体关注度"提升800%。英利官方网站每日平均访问量总共超过2万次,点击率增长了5倍。当年6月7日至7月23日,美国纽交所数据显示,英利股价上涨了3.8美元,总市值纯增5.6亿美元。南非世界杯后,英利的订单达4吉瓦(电量计量单位),并且实现产品溢价,价格上涨3%~5%。英利公司2010年的年报显示,2010年全年组件产品销售1 061.6兆瓦,比2009年全年组件产品销量的552.3兆瓦增长了近1倍。从营收规模来看,在2009年营收规模还仅为72.55亿元,通过赞助世界杯,公司品牌销量及知名度大大提升,2010年营收大幅增长,增速达到72.29%。

资料来源:根据《世界杯营销:官方还是搭车》改编。

复习思考题

一、名词解释

1. 体育赛事
2. 奥运经济
3. 奥运会的虹吸效应

二、问答题

1. 体育赛事的分类有哪些?
2. 奥运会的经济效益包括哪些?
3. 影响后奥运经济的主要因素有哪些?
4. 国际足联从世界杯中获得哪些经济效益?

延伸阅读

[1] FIRGO M. The causal economic effects of Olympic Games on host

regions [J]. Regional Science and Urban Economics, 2021, 88: 103673.

[2] PORTER P K, FLETCHER, D. The Economic Impact of the Olympic Games: Ex Ante Predictions and Ex Poste Reality [J]. Journal of Sport Management, 2008, 22 (4): 470-486.

[3] ANDREFF W, Szymanski S. Handbook on the Economics of Sport [M]. Cheltenham. Edward Elgar Publishing, 2006.

第十一章 体育对外贸易

本章导语

近年来，我国体育用品对外贸易快速增长，为体育产业国际化发展奠定了坚实基础，也为经济高质量发展提供了重要支撑。本章介绍了几个经典的国际贸易理论，分析了中国体育用品贸易发展现状及面临的挑战，回顾了体育资本"引进来""走出去"的实践。

学习目标

- ◆ 了解我国体育用品对外贸易发展现状与面临的挑战。
- ◆ 了解国际产业转移发展历程。
- ◆ 理解中国体育资本"走出去"的必要性。

第一节　体育用品对外贸易

随着经济全球化的发展，货物和资本的跨国流动不断加速。体育领域也不例外，体育用品对外贸易是一国国际经贸关系中的重要组成部分。国际贸易理论作为经济学的重要组成部分，对于研究体育用品对外贸易具有重要意义。

一、经典国际贸易理论概述

（一）重商主义

重商主义的主要观点是金银货币是财富的唯一表现形式。重商主义的发展经历了早期和晚期两个阶段。

（1）早期重商主义的贸易观点。早期重商主义者认为所有的购买都会减少货币，售卖则会增加货币。因此，一国在对外贸易中必须扩大出口、减少进口甚至不进口。如此，贵金属或者货币才能流入国内，增加一国的财富。早期重商主义的弊端突出体现在：第一，容易产生"劣币驱逐良币"现象；第二，大量金银的流入国内可能引发通货膨胀，在国际上更易引起贸易伙伴的报复。

（2）晚期重商主义的贸易观点。晚期的重商主义坚持"贸易差额论"，不再过分强调出口，而是强调贸易顺差，主张"货币产生贸易，贸易增加货币"。为实现贸易顺差，重商主义提出了产业政策和税收政策，以此鼓励和支持本国制造业的发展。

综上所述，重商主义将国家政策和产业发展联系起来，肯定了政府在产业发展中的重要作用。但重商主义错误地将金银和货币、财富等同。正如马克思所言：金银天然不是货币，只是在特定的生产关系下才成为货币。实际上，根据劳动价值论，只有生产过程中的劳动才是物质财富真正的源泉。

（二）绝对优势理论

亚当·斯密在批判重商主义的基础上提出了"绝对优势理论"。他认为，通过自由贸易，各个国家可以集中生产它们能生产的成本最低的商品，并随之获得劳动分工的收益。这种劳动分工具有三种优势：第一，劳动者的专业性更强；第二，劳动分工减少了工作转移的时间；第三，许多简化劳动和缩减劳动的机械的发明，可以使人做更多工作。基于此，他进一步指出，一国如果在某种产品上具有比别国更高的劳动生产率，该国在这一产品上就具有绝对优势；相反，在劳动生产率低的产品上就不具有绝对优势，即处于绝对劣势。因此，各国应集中生产并出口具有绝对优势的产品，进口"劣势"产品，结果比本国生产所有产品更有利。与此同时，斯密反对国家干预经济。他认为，国家为了保护某一产业的生产，限制某种外国产品的进口，说明该产业没有国际竞争力，生产效率低。这种做法表面上保护了本国的产业，实质上使本国资源从效率高的部门转移至效率低的部门，造成资源的不合理配置。

斯密首次论证了贸易双方均可以从国际分工与交换中获得利益的思想，为资本主义国家自由贸易政策的出台奠定了理论基础。然而，绝对优势理论建立在任何一个国家都有绝对优势产品的基础上，这与实际情况形成巨大反差。例如，有些国家比较发达，有可能在任何产品的生产上都具有绝对优势，而另一些国家可能不具有任何绝对优势，但两国之间仍有贸易发生。显然，斯密的理论无法解释这种绝对先进和绝对落后国家之间的贸易。

（三）比较优势理论

比较优势理论最早是由英国经济学家托伦斯[①]提出并由李嘉图发展起来的。李嘉图最大的理论贡献在于突破了斯密关于一个国家必须具备绝对优势才能参与国际贸易的假设前提，其在《政治经济学及赋税原理》一书中对此进行了详细阐述。他认为即使两个国家在任何产品的生产上存在绝对优势与劣势，两个国家间依然存在贸易的可能性。其主要原因在于两国

---

① 罗伯特·托伦斯（Robert Torrens，1780—1859年），英国经济学家、军人，1834年南澳大利亚殖民地的开拓者之一。在其1815年出版的《论对外谷物贸易》（*An Essay on the External Corn Trade*）中提出了比较优势（成本）的概念。当代经济学家萨缪尔森曾戏谑地称李嘉图"棉布和葡萄酒贸易"一例中的数字为"四个有魔力的数字"。正是由于这四个数字，人们在讨论这一理论时只记住了李嘉图而不知道托伦斯。

劳动生产率在任何产品上均有差异,因此处于绝对优势的国家不必生产全部产品,而应集中生产本国具有最大优势的产品,处于绝对劣势的国家也不必停产所有产品,而只应停止生产本国处于最大"劣势"的产品。因此,根据比较优势理论,相对落后国家只要遵循已有的比较优势发展经济便可以获得利益,而无须重视产业结构的调整与升级。但从国际贸易的发展进程和发展中国家的实践来看,如果不及时进行产业升级和产业结构调整,发展中国家则容易陷入"比较优势陷阱",始终沦为外围国家。[①]

重商主义、绝对优势理论与比较优势理论对解释现代国际贸易的实践尽管仍有局限性,但为国际贸易的发展与经济全球化的形成奠定了基础。从体育产业来看,这些经典国际贸易理论为我国体育用品对外贸易的发展提供了重要理论支撑。

二、我国体育用品对外贸易发展现状与挑战

(一)我国体育用品对外贸易发展现状

改革开放40多年以来,中国经济发展取得举世瞩目的成绩,对外贸易实现跨越式发展。国家统计局公布数据显示,2020年中国国内生产总值首次突破百万亿元,达到1 015 986亿元,比2019年增长2.3%。从对外贸易视角来看,海关总署公布数据显示,2020年,我国货物贸易进出口总值32.16万亿元,比2019年增长1.9%,创历史新高。其中,出口17.93万亿元,增长4%;进口14.23万亿元,下降0.7%;贸易顺差3.7万亿元,增长27.4%。在新冠疫情的冲击下,我国成为全球唯一实现货物贸易正增长的主要经济体,充分体现了我国外贸的强大韧性和综合竞争力。

从体育产业来看,尽管我国起步较晚,但早在20世纪90年代末我国已成为体育用品对外贸易大国。[②] 世界体育用品联合会曾于1998年对世界体育用品产业发展状况进行调查,其公布结果显示,作为重要的世界体育

[①] 这一说法源于"中心-外围理论",发达国家处于世界经济的中心,其他国家则在世界经济的外围。

[②] 杨文刚,杨明,孙茜.体育用品对外贸易大国与对外贸易强国的理论探析[J].武汉体育学院学报,2020,54(06):54-60.

用品生产基地，中国已发展成为世界体育用品制造大国。2010年，我国跃居国际贸易第二大国，体育用品业的国际贸易也稳步发展。根据《中国体育产业发展报告（2020）》相关数据（图11-1），2017年中国体育用品业出口额为168.3亿美元，同比增长4.15%；2018年出口额为181.0亿美元，同比增长7.55%。数据表明，基于开放型经济发展战略，依靠在国际分工中的比较优势，中国体育用品业出口保持良好的增长态势。

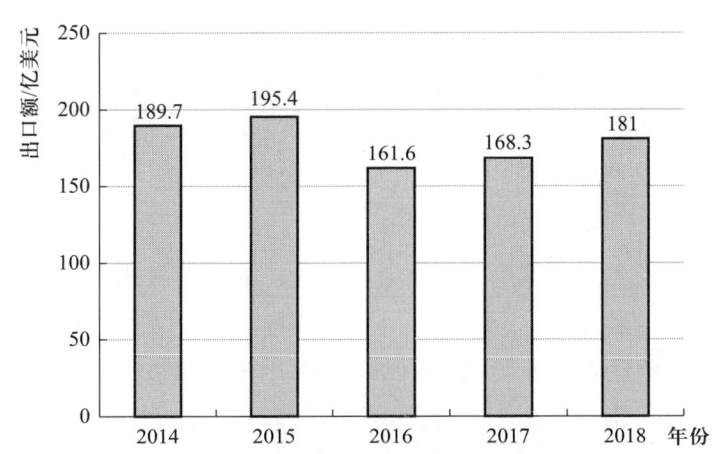

图11-1　2014—2018年中国体育用品业出口额情况

资料来源：根据《中国体育产业发展报告（2020）》相关数据改编。

（二）我国体育用品对外贸易发展的挑战

已有研究表明，体育用品对外贸易强国应至少具备以下特征：必须拥有一大批具有显著比较优势和较强国际竞争力的体育用品及国际著名品牌；该国体育用品在全球价值链上处于高端，且能从国际贸易中获得足够多的利益；通过体育用品国际贸易，能够促进和带领世界经济不断发展；能够主导体育用品领域内国际贸易政策的制定，且在国际政策制定机构或协调机构中拥有足够的主导权和话语权。基于以上论述，我国目前仍是体育用品对外贸易大国，而非"贸易强国"。具体来说，我国仍面临以下挑战：

一方面，体育用品知名品牌数量较少。自《国务院关于加快发展体育产业促进体育消费的若干意见》出台以来，我国体育产业保持了快速增长。国家统计局公布的数据显示，2019年，全国体育产业总规模（总产出）和增加值分别为2.948 3万亿元、1.124 8万亿元。即便受新冠疫情冲击，

2020—2022年的体育产业增加值也均保持在1万亿元以上。但与发达国家相比，我国体育产业的发展还存在明显差距。在产业总量占比方面，美国、英国、德国、日本等国家体育产业占GDP比重均在2%以上，而我国目前仅达到1%。从体育用品细分行业来看，在球类产品市场中，阿迪达斯、耐克、斯伯丁等国际品牌牢牢占据全球市场领先地位，国内只有李宁、红双喜等少数品牌具有一定的国际知名度；在专项运动器材及配件制造中，以竞技体育器材为例，除了泰山体育占有一定的市场份额，很少有国内企业具备国际竞争力；在训练健身器材市场中，由于我国健身器材行业起步较晚，规模以上企业数量较少，而且产品技术水平、附加值较低，缺少品牌影响力及有效的营销网络，国内外市场大多被力健、必确、泰诺健等全球知名品牌占据；在新兴的智能可穿戴设备市场，目前也只有小米和华为具有一定的国际知名度，大多国产品牌竞争力不强。而从体育用品企业自身来看，我国企业发展起步较晚，管理经验和人才储备上存在明显不足，产品核心研发设计和企业核心竞争力相较于阿迪达斯、耐克等国际品牌仍有差距。

另一方面，体育用品产业链国际竞争力较低。自第一次工业革命以来，全球范围内发生了五次国际产业转移浪潮，中国在承接第四次国际产业转移过程中发展成为世界制造业中心（表11-1）。然而，随着我国经济规模的扩大，要素成本不断攀升，我国劳动力比较优势不断削减。对体育产业而言，一是在西方国家"再工业化"战略下，高端制造业回流至发达国家，价值链的高端环节出现区域性收紧，使中国体育产业向产业链高端发展面临更大困难；二是中国劳动力成本、土地成本、自然资源成本等普遍上升，会增加中国企业的生产经营成本，严重削弱中国制造业的国际竞争力，极大地制约中国体育产业的转型升级。尽管目前我国体育用品出口额遥遥领先，但仍处于体育产业价值链的低端环节，以代工生产和代工设计业务为主，从事"两头在外"的生产加工贸易模式，不利于提升我国体育产业的核心竞争力。同时，由于制度因素、意识形态、产品国际竞争力等的影响，当前体育用品对外贸易仍处于西方国家主导的国际贸易规则之下，我国体育用品国际市场话语权还有待进一步提升。

▶ 表 11-1 国际产业转移简史

次数/国家	时间	产业转出国	转出原因	转移产业的内容	转入国（地区）	禀赋优势	分工特点	结果
第一次国际产业转移	19世纪40年代	英国	生产要素供应求，生产成本上升以及产业容量饱和	毛/棉纺织业、交通、采矿、制造	美国、法国、德国等	自然资源丰富、开放的政策	产业间分工	美国成为第一个"世界工厂"
第二次国际产业转移	20世纪50年代	美国	美国产业结构调整	钢铁、纺织等资源与劳动力密集型产业	日本、德国	工业基础好、历史因素	产业内分工	日本和德国成为"世界工厂"
第三次国际产业转移	20世纪60年代	日本、联邦德国	资源不足、市场狭小、产业升级	从劳动密集型产业到汽车、电子等资本密集型和技术密集型产业	中国（香港、台湾）、新加坡和韩国	区位优势、人力资本优势	产品内分工	"亚洲四小龙"成为新的"世界工厂"
第四次国际产业转移	20世纪80年代	发达国家	转向高技术化、信息化和服务化产业	劳动密集型产业和制造业生产加工环节	中国	劳动力、土地等生产要素的低成本优势和优惠的外资政策	工序内分工	中国成为"世界工厂"
第五次国际产业转移	21世纪前10年	中国大陆	土地成本增加、劳动力价格上升、资源短缺	劳动密集型低端产业	东南亚国家、中国内陆	要素价格成本低	工序内分工	出现两端转出的"双线路转移"，全球制造业呈多中心态势
				部分中高端的产业	发达国家	"再工业化"战略下政策红利	产业间融合	

247

（三）提升我国体育用品对外贸易竞争力策略

针对我国体育用品对外贸易中的"大而不强"问题，我国既要从整体上充分发挥对体育用品业的政策引领的助力功能，也要努力搭建国产体育品牌发展平台，并积极培育与引进高级生产要素，助力体育产业高质量发展。

1. 充分发挥政策引领的助力功能

当前，以数字化、智能化、信息化为基础，以新一代信息技术、人工智能为引领，以新材料技术、生物技术、新能源技术等相互渗透融合发展为特征的新一轮科技革命正在全球兴起，全球制造业技术体系发生重大变革，为中国体育制造业嵌入价值链高端，从而摆脱发达国家主导的国际分工体系提供了"新车道"。同时，以供给侧结构性改革为主线的经济政策，旨在促进我国产业结构优化升级和经济转型发展。通过出台相关扶持政策，为中国体育用品对外贸易创造良好政策环境，有助于中国体育用品企业提升国际竞争力。

2. 努力搭建国产体育品牌发展平台

面对阿迪达斯、耐克等国际知名品牌的资本优势、渠道优势、品牌优势、经营管理优势等，相关机构应从"双循环格局"入手，搭建有利平台，促进体育企业高质量成长。一是积极打造现代制造产业集群、制造产业园区等，通过形成规模效应、溢出效应以及竞合效应，为体育企业转型升级提供平台。二是依托平台经济发展，借助电商企业，拓宽体育用品销售渠道，构建体育用品电商服务生态系统，形成网络价值链。三是抓牢抓实"一带一路"建设历史机遇和政策红利，开拓和深挖体育市场，大力支持体育企业"走出去"。

3. 积极培育与引进高级生产要素

体育用品对外贸易强国的根基在于其所拥有的技术研发等高级生产要素，因此，要坚持培育和引进两条途径并驾齐驱。培育可以通过集合国家之力进行关键核心技术研发与突破，以及产、学、研一体化和自主研发来实现；引进则可以通过并购国际知名品牌、设立海外研发机构、以市场换技术等方式手段来实现。通过高级生产要素的使用，推动我国体育用品企业向微笑曲线的两端转移，提升产品附加值和企业盈利能力。

第二节　体育资本的"引进来"和"走出去"

2008年金融危机以来，全球经济增速显著放缓。新冠疫情的大流行让本已脆弱的世界经济雪上加霜，逆全球化思潮有所抬头。坚持建设开放型世界经济，是应对逆全球化的有力举措，更是重振世界经济的必由之路。坚持"引进来"和"走出去"并重，是开放型经济发展到较高阶段的重要特征，也是更好统筹国际国内两个市场的有效途径。对我国体育产业而言，既要坚持体育资本"引进来"，促进体育产业高质量发展，也要推动体育资本"走出去"，积极参与国际竞争，助力中国体育产业国际化发展。

一、国际投资简述

国际投资是货币资本和产业资本跨国流动的一种形式，是资金从一国流向另一国产生的经济活动。国际投资的主体可以概括为以下四类：① 官方和半官方的机构，指各国政府和国际性组织，它们是某些带有国际援助性质的基础性、公益性国际投资的主要承担者；② 跨国公司（又称跨国企业），指非金融类跨国公司，它们通常是国际直接投资的主体；③ 跨国金融机构，指跨国投资银行、商业银行、保险公司和基金管理公司等，它们是参与国际证券投资以及参与金融服务业直接投资的主体；④ 个人投资者，他们主要是国际证券投资的主体。国际投资的客体可以概括为以下三类：① 有形资产，指土地、厂房、设备和原料等以实物形式存在的资产；② 无形资产，指管理技术、专利技术、商标等；③ 金融资产，指国际债券、国际股票和金融衍生产品等。

> **知识链接**
>
> ★ **垄断优势理论**
>
> 垄断优势理论，由美国麻省理工学院教授海默在其博士论文《国内企业的国际经营：对外直接投资的研究》中首先提出。海默指出，美国跨国公司的对外直接投资由其垄断优势决定，这些优势主要包括：① 资金优势。美国跨国公司凭借其庞大的规模和良好的信誉，

更容易从各个金融机构获得贷款。② 技术优势。新产品和新工艺是技术优势中最实质性的组成部分，美国跨国公司拥有庞大的科研团队和雄厚的资金支持研发新产品和新工艺。③ 规模优势。美国跨国公司通过垂直或者水平一体化的对外直接投资，取得东道国企业不能达到的生产规模，获得竞争优势。④ 组织管理优势。优秀的管理人才、统一的管理体系、具有良好市场反应的组织结构，以及迅速、全面获取全球市场信息的能力，使美国跨国公司拥有普通企业所不具备的组织管理上的优势。⑤ 信誉和商标优势。悠久的历史和显赫的信誉度以及由此产生的驰名商标，成为美国跨国公司巩固老市场和开拓新市场的锐利武器。据此，海默认为，垄断优势是跨国公司对外直接投资的根本原因，通过对外直接投资，跨国公司可以获得长期利益。然而，该理论却无法解释许多发达国家并无垄断优势的中小企业以及发展中国家企业的对外直接投资活动。

知识链接

✪ 国际生产折中理论

国际生产折中理论，由英国经济学家邓宁于1977年在《贸易、经济活动的区位和跨国企业：折中理论方法的探索》中提出。邓宁从厂商特定的所有权、内部化和区位三个方面综合解释当时的国际直接投资现象。根据国际生产折中理论，三个最关键的核心因素影响和决定了跨国公司的行为选择和对外直接投资决策：厂商特定的所有权优势、内部化优势和区位优势。所有权优势是基础，是企业对外投资的必要条件；内部化优势是实现所有权优势的载体，所有权优势越大，实现内部化的可能性也越大；区位优势是实现上述两个优势的充分条件。因此，企业可以依据自身拥有优势的情况，决定选择什么样的国际经济活动方式。这三个影响因素的不同组合，决定了企业采用的国际经济参与方式，只有当三个因素都具备时，企业才可能选择对外直接投资。与垄断优势理论类似，该理论很难解释一些并不同时具备三种优势的发展中国家迅速发展的对外直接投资行为，特别是向发达国家的大量直接投资活动。

尽管垄断优势理论与国际生产折中理论在分析某些跨国公司对外直接投资行为时存在明显的局限性，但直到如今，它们仍是解释对外直接投资的重要理论。对体育资本的"引进来"和"走出去"而言，也同样具有重要的理论参考价值。

二、体育资本的"引进来"

改革开放以来，随着中国经济快速增长和人均收入稳步提升，体育领域蕴含的巨大消费潜力逐渐显现，吸引着海外资本将投资转向中国体育消费市场。进入21世纪，中国消费市场不断升级，体育消费人口基数不断扩大，海外资本竞相加码中国体育消费市场，覆盖了体育用品销售、体育场馆运营、体育赛事运作等众多细分行业。毋庸置疑，中国体育消费市场已成为海外资本越来越重要的增长引擎。

> **案例**
>
> ★ **安舒茨娱乐集团的中国之路**
>
> 安舒茨娱乐集团（AEG）是最早进入中国体育市场的外企之一，并创造了多个第一。AEG在中国的第一笔生意是与五棵松篮球馆开发商民航房地产公司共同组建联营公司——五棵松公司，该公司获得了北京奥林匹克篮球馆的运营权。上海世博会期间，AEG既担任世博演艺中心开幕前期的设计顾问，又与东方明珠集团共同管理场馆。2009年，AEG将世博演艺中心冠名为梅赛德斯奔驰文化中心，这是中国场馆首次实现冠名权交易。2011年，AEG又将五棵松体育馆冠名为万事达中心。至此，万事达中心和梅赛德斯奔驰文化中心均成为中国重要的国际篮球交流场所，世界顶级篮球联赛美国男子职业篮球联赛的季前赛多次在这两座场馆举行。2012年，AEG与大连体育中心开发建设投资有限公司签订15年的合作协议，共同管理大连市体育馆。2013年9月，AEG又促成中升集团对大连市体育馆的冠名，即中升文化中心，这是第一次由中国企业冠名体育场馆。AEG在中国的业绩与其自身优势密不可分，该公司不但具备显著的资金优势和庞大的规模优势，还具备优秀的人才和独特的运营管理技术优势，通过不断对中国体育场馆的投资，实现双赢。

党的十八大以来，一系列推进经济转型升级的政策措施陆续出台，消费品市场规模迈上新台阶，保持了较快、稳定、健康发展。对体育产业而言，自《国务院关于加快发展体育产业促进体育消费的若干意见》出台以来，体育消费结构逐步优化，对国民经济快速发展和转型升级发挥了重要作用，也为海外资本投资中国体育产业提供了政策支持。2019年6月，国家发改委、商务部联合发布《鼓励外商投资产业目录（2019年版）》，其中全国目录中第十三类即是文化、体育和娱乐业，主要包括：演出场所经营、体育场馆经营、健身、竞赛表演及体育培训和中介服务；旅游基础设施建设及旅游信息服务。在中西部地区外商投资优势产业目录中，体育相关产业也多次被提及。政策红利的释放正进一步吸引海外资本布局中国体育市场。

案例

★ 曼联体验中心"空降"北京坊

2019年6月，英超知名IP曼联的中国首家体验中心在前门北京坊开门迎客。试运营阶段，曼联体验中心为球迷开放包括荣耀长廊、球员更衣室、讲述球星故事的互动雕塑以及俱乐部商品专卖店等，球迷可尽情挑选当季各种炙手可热、备受瞩目的曼联官方正版特色商品。与此同时，曼联体验中心积极打造独具家庭特色的、沉浸式主题文化体验中心，让球迷全面感受一种变革性的曼联文化体验。其不仅将曼联的历史、激情和体验带给中国球迷，更把它分享给更多的家庭以及下一代，让孩子们从中受益，在娱乐中感受体育运动的魅力。通过一系列独特的、富有参与性的体验，曼联体验中心谋划在不同文化和几代人之间构架桥梁，使大众生活变得更加丰富多彩。虽然这种全新尝试的前景存在一定的不确定性，但曼联"并不在意"，毕竟中国这样一个超大规模市场对任何一家国际体育巨头来说都引力十足。

资料来源：根据《中国首家曼联体验中心空降北京坊，全球"红魔"快来get打卡新地标》改编。

三、体育资本的"走出去"

中国体育产业既需要国外资本的注入，提升产业发展的活力，又需要国内资本"走出去"，实现中国体育产业发展的国际化。

（一）中国体育资本"走出去"的必要性

一般来说，体育产业链分为上游、中游和下游三个部分，分别对应赛

第二节 体育资本的"引进来"和"走出去"

事资源、媒体传播和衍生产业。体育产业链的上游是赛事资源，主要包括国内职业联赛、大众体育赛事和国外核心赛事，以企业赞助、广告赞助、联赛分红和票务收入为主要收入来源。从职业联赛视角来看，目前在世界范围内，欧洲足球五大联赛、网球四大公开赛、美国男子职业篮球联赛等国际顶级赛事发展比较成熟，受欢迎程度较高。与国外相比，我国体育职业化进程起步较晚。例如，1992年的红山口会议才确立中国足球职业化改革的方向；国内著名的北京马拉松赛事，直到如今也仅有40余年发展历史；中国职业篮球联赛与美国男子职业篮球联赛相比差距同样比较显著。由此可见，中国体育职业化发展还有很大空间，这就决定了中国体育资本必须"走出去"，通过深入学习发达国家的俱乐部模式、赛事管理经验等，来提升本国职业化水平。体育产业链的中游是媒体传播，主要包括传统媒体和新媒体，其收入来源为体育赛事内容付费、体育相关节目和体育用品销售。体育产业链的下游是衍生产业，可以分为传统渠道和新兴渠道，其收入来源为体育彩票、体育旅游和健身培训等。中国体育资本只有"走出去"，才能借鉴国外先进赛事转播经验并开发衍生产业，提高中国体育产业核心竞争力。

从中国体育产业结构上看，体育用品制造占比仍较高，产业结构不协调问题依然突出。新华体育网统计数据显示，2021年中国体育上市公司市值排行前6名的公司分别为安踏体育（2 583.56亿元）、申洲国际（1 841.75亿元）、李宁（1 825.32亿元）、华利集团（1 039.21亿元）、东鹏饮料（727.38亿元）、波司登（436.53亿元）。中国体育上市公司前40名企业中，14家主营业务涉及运动鞋服生产和销售的公司，总市值达8 944.22亿元，占比高达80%，而其他26家非运动鞋服类体育上市公司市值总计2 149.49亿元，还不及安踏一家公司的市值。因此，为更好地促进我国体育产业的健康发展，中国体育资本有必要"走出去"。

从"走出去"的方式上看，中国体育资本通过赞助、收购或入股海外体育企业，可以快速学习和借鉴其先进经验，能够为我国体育俱乐部运营模式、青少年培训、赛事设计等提供参考，从而反哺国内体育产业的成长，进一步促进中国经济高质量发展。因此，为实现体育产业成为国民经济支柱性产业目标，中国体育资本必须"走出去"。

（二）中国体育资本"走出去"的实践

随着中国经济发展迈入新阶段，中国体育资本"走出去"的形式和投资的领域变得更加多元。其一，并购国外（或境外）体育企业与俱乐部。2016年3月，阿里巴巴与蚂蚁金服以24亿港元入股体育休闲及体育彩票综合企业亚博科技，占股50.70%；2016年6月，苏宁以约2.7亿欧元的总对价，通过认购新股及收购老股的方式，获得意大利国际米兰足球俱乐部约70%的股份，成为蓝黑军团第一大股东。其二，布局国际顶级单项体育赛事。2016年3月，国际足联在位于瑞士苏黎世的总部宣布，万达集团正式成为国际足联的合作伙伴（FIFA partner），将获得2016年到2030年国际足联顶级联赛赞助商权益（包括2030年世界杯）；在2021年欧洲杯赛场，来自中国的海信、VIVO、支付宝及抖音成为欧洲杯的主要赞助商，令中国成为输出赞助商最多的国家，彰显了中国强大的经济实力与企业对体育赛事的重视程度。其三，赞助奥运会。2017年1月，国际奥委会与阿里巴巴签署长期合作协议，后者正式成为国际奥委会的全球合作伙伴，拥有的全球合作权益覆盖2018年平昌冬奥会、2020年东京奥运会、2022年北京冬奥会，以及将于2024年、2026年和2028年举办的奥运会。中国企业通过赞助体育赛事，不仅可以打破西方国家长期垄断体育赛事赞助市场的格局，更能助力我国体育赛事发展，为我国承办高质量体育赛事提供宝贵经验。

案例

★ 中国资本进军欧洲足球俱乐部

2016年8月5日，中欧体育投资管理公司宣布，与意大利菲宁维斯特公司达成收购意大利AC米兰足球俱乐部99.93%股权的签约。同一天，云毅国凯（上海）体育发展有限公司宣布，将收购英超西布罗姆维奇足球俱乐部控股公司100%股权。奥瑞金包装股份有限公司则以700万欧元的价格，拿下了已经降入法国乙级联赛的老牌球队欧塞尔的59.95%股权。

中国资本一天横扫三家欧洲足球俱乐部，仅是国内各类资本竞逐体育产业的一个缩影。根据相关机构整理，截至2016年上半年，国内就已成立了超过20支体育文化产业投资基金，基金规模累计超过400亿元。除了百度、阿里巴巴、腾讯、万达、苏宁等企业在体育产业展开积极布局，红杉资本等创投机构也开始在这一领域频繁出手。

资料来源：根据《经济参考报》文章《中国资本竞逐万亿级体育产业》改编。

知识链接

★ 从赞助欧洲杯看资本"走出去"的意义

2021年6月12日，因疫情推迟一年的欧洲杯正式开赛。除了赛场上奔跑的运动员，对中国观众来说，最抢眼的莫过于球场边的围栏广告。欧足联官网显示，本届欧洲杯的官方赞助商共有12家，包括缤客、可口可乐、喜力啤酒、海信、卡塔尔航空、TikTok、VIVO等，其中有4家来自中国，创下欧洲杯历史上最多中国企业赞助的纪录，打破了欧、美、日、韩企业包揽国际体育盛会的局面。众多中国赞助商的背后，是国际经济格局的悄然变迁。

一方面，从国家实力看，受百年一遇的疫情重创，除中国外的世界主要经济体在2020年全线尽墨，2021年的表现也不尽如人意。在发达经济体深陷萎缩旋涡的同时，中国对全球经济发展的贡献进一步提升，对欧洲杯的赞助只是其中的一个缩影。

另一方面，从企业实力看，欧洲杯对顶级赞助商选拔异常严格，部分传统金主隐退，自然需要实力更强的企业接棒前行。海信等中国企业已经成为国内细分市场的领头羊，实施好"走出去"战略既符合企业自身发展定位和规律，也是身体力行反制"逆全球化"浪潮的真切诠释。展望未来，更多中国企业赞助大型国际体育赛事有望成为常态。

中国资本以赞助国际顶级赛事等形式"走出去"，不仅是中国实力进一步增长、中国企业在全球影响力进一步提升的客观展现，更是践行新发展理念、构建新发展格局的务实行动。

复习思考题

一、名词解释

1. 国际投资

2. 体育用品贸易强国

3. 体育产业链

二、问答题

1. 我国体育用品贸易发展面临的挑战有哪些?

2. 简述提升我国体育产品对外贸易竞争力的主要路径。

3. 请简要分析体育资本"引进来""走出去"的必要性。

延伸阅读

[1] Andreff M, Andreff W. Global Trade in Sports Goods: International specialisation of Major Trading Countries[J]. European Sport Management Quarterly, 2009, 9 (3): 259-294.

[2] 鲁友章,李宗正.经济学说史[M].修订版.北京:中国人民大学出版社,2013.

[3] 钱学锋,范冬梅.国际贸易与企业成本加成:一个文献综述[J].经济研究,2015,50(2):172-185.

第十二章
数字体育

本章导语

当前，世界正处在新科技革命和产业革命的交汇点上，以云计算、大数据、人工智能、区块链等为代表的新一代信息技术加快发展，以数字化、网络化、智能化为特征的信息化浪潮兴起，推动全球进入数字经济时代。本章首先阐述数字经济的概念和分类，分析目前全球数字经济发展规模，并阐述数字体育的基本概念和我国数字体育的发展基础。其次分别从数字技术、线上平台以及智慧场馆等视角选取典型案例，深入剖析数字体育的实践应用。再次，着重论述新兴体育运动——电子竞技的相关理论和发展实践。最后针对我国数字体育的发展趋势，从体育制造业、体育服务业、体育制造与体育数字化融合以及互联网平台等维度提出系统性的思考。

学习目标

- 了解数字经济的基本概念和分类。
- 理解数字体育的相关概念。
- 理解电子竞技的相关概念与发展历程。
- 理解数字体育的实践应用。

第十二章 数字体育

第一节 数字经济与数字体育概述

一、数字经济概述

数字经济是继农业经济、工业经济之后的一种新的社会经济发展形态，已成为当前全球范围内产业转型升级的重要驱动力。把握数字经济的基本理念，探索数字经济的重要性和规律性，具有重要的理论与现实价值。

（一）数字经济的基本概念

当前，由于视角和目标不同，人们对数字经济内涵的认识存在一定的差异。

有学者基于驱动力的视角，认为数字经济是在数字技术催化作用下，制造领域、管理领域和流通流域以数字化形式表现的一种新的经济形态。也有学者认为数字经济是以信息通信技术（ICT）为基础，通过互联网、移动通信网络、物联网等实现交易、交流、合作的数字化。

然而，随着数字技术深入发展和广泛运用，驱动力的视角不足以刻画数字经济的整体架构，一些机构从数字经济的条件、路径、目标等多个方面进行阐述。中国信息通信研究院认为，数字经济是以数字化的知识和信息为关键生产要素，以数字技术创新为核心驱动力，以现代信息网络为重要载体，通过数字技术与实体经济深度融合，不断提高传统产业数字化、智能化水平，加速重构经济发展与政府治理模式的新型经济形态。2016 年，G20 杭州峰会发布的《二十国集团数字经济发展与合作倡议》指出，数字经济是指以使用数字化的知识和信息作为关键生产要素、以现代信息网络作为重要载体、以信息通信技术的有效使用作为效率提升和经济结构优化的重要推动力的一系列经济活动。2021 年，国家统计局发布《数字经济及其核心产业统计分类（2021）》，在此内涵基础上，进一步确定了数字经济的基本范围。

综上所述，本书采用国家统计局的概念界定，即数字经济是指以数据资源作为关键生产要素、以现代信息网络作为重要载体、以信息通信技术的有效使用作为效率提升和经济结构优化的重要推动力的一系列经济活动。

（二）数字经济的分类

根据国家统计局的界定，数字经济可以分为数字产业化和产业数字化两个方面。①

数字产业化部分（可产出数字化产品的产业），进一步细分为数字产品制造业、数字产品服务业、数字技术应用业、数字要素驱动业四大类，主要包括计算机通信和其他电子设备制造业、电信广播电视和卫星传输服务、互联网和相关服务、软件和信息技术服务业等，是数字经济发展的基础。

产业数字化部分（其他非数字产业部分使用数字技术和数字产品带来的产出），主要包括数字化效率提升业，指的是应用数字技术和数据资源为传统产业带来的产出增加和效率提升，是数字技术与实体经济的融合。

（三）全球数字经济发展规模

当前，数字经济已经成为全球经济发展的重要驱动力量，是目前各国重点关注和发展的核心领域，全球各国在数字经济领域的竞争日趋激烈。中国信息通信研究院统计数据显示，2021年，测算的47个国家数字经济增加值规模为38.1万亿美元，同比名义增长15.6%，占GDP比重为45.0%。从单个国家数字经济发展情况来看，如图12-1所示，美国凭借技术创新优势，走在全球数字经济前列，数字经济规模蝉联全球第一，2021年达15万多亿美元；中国凭借强大的国内市场优势，倒逼技术革新与模式创新，数字经济体量位居全球第二，规模为7万多亿美元；德国、日本、英国位列第三、第四、第五，数字经济规模均超过2万亿美元；法国位列第六，数字经济规模超过1万亿美元；韩国、印度、加拿大、墨西哥位列第七至第十。

从数字经济与GDP匹配视角来看，如表12-1所示，2021年全球数字经济规模前十大经济体中有9个国家的GDP保持前十行列，表明数字经济规模与GDP排名基本一致。同时，德国、英国、美国数字经济规模占GDP比重最高，占比均超过65%，韩国、日本、法国数字经济规模占比均超过

---

① 国家统计局《数字经济及其核心产业统计分类（2021）》。

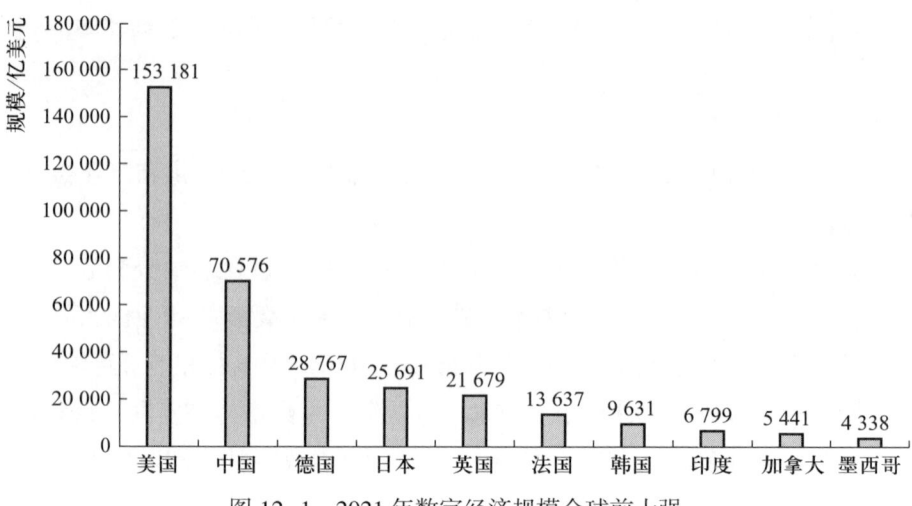

图 12-1　2021 年数字经济规模全球前十强

资料来源：根据中国信息通信研究院《全球数字经济白皮书（2022 年）》改编。

45%，中国和墨西哥数字经济规模占比均超过 30%，[①] 意味着数字经济在各国经济中已成为重要组成部分。

▶ 表 12-1　2021 年数字经济规模全球前十强及其 GDP 排名

国家	数字经济规模排名	GDP 排名
美国	1	1
中国	2	2
德国	3	4
日本	4	3
英国	5	5
法国	6	7
韩国	7	10
印度	8	6
加拿大	9	9
墨西哥	10	15

① 中国信息通信研究院《全球数字经济白皮书（2022 年）》。

从数字经济细分领域来看，数字产业化占比趋稳、产业数字化占比逐步提升是全球数字经济发展的普遍规律。根据《全球数字经济白皮书（2022年）》，2021年，测算的47个国家数字化规模为32.4万亿美元，占数字经济比重为85%，占GDP比重约为38.2%，产业数字化成为驱动全球数字经济发展的关键主导力量。

二、数字体育概述

（一）数字体育的基本概念

数字经济的核心在于利用以互联网、大数据、物联网、人工智能等为代表的新一代信息技术对传统产业进行改造和赋能，实现产业数字化转型。数字体育正是科技进步在体育领域中的具体体现。随着体育与科技融合发展不断深化，信息技术的进步和应用愈来愈多地改变了传统体育的面貌与形式，引发了一系列有关数字体育的理论探索。

迄今为止，理论与实践界针对"数字体育"的概念界定仍未达成共识。数字体育发展初期，我国有学者认为数字体育是在体育领域中，应用信息技术，通过组织采集、分析和传播体育管理、人员信息、体育娱乐、运动训练比赛、体育市场变化等专业数据信息，实现提高体育目标任务的一种技术手段。也有学者从广义和狭义两个视角对数字体育的概念进行解构，认为广义的数字体育是指应用数字技术的体育及其相关活动，即以微电子、计算机、通信等软件以及硬件技术为手段，对体育过程及相关因素进行信息采集、整理、加工、建模等数字处理，以达到管理、体验、传播等目的的体育及其相关活动；狭义的数字体育则是指被数字化的体育活动，包括体育行为的数学建模、虚拟体育仿真、数字运动项目（如电子竞技）等。

然而，随着数字经济的蓬勃发展和新形态的加速形成，数字体育的概念已经不局限于单纯的技术手段，以及对体育过程的技术应用。因此，本书结合数字经济的内涵，认为数字体育是以数字化的知识和信息为关键生产要素，以数字技术创新为核心驱动力，以现代信息网络为重要载体，通过数字技术与体育领域的深度融合，推进体育领域核心业务数字化转型的一系列社会活动。从不同视角来看，"数字体育"有多种范畴：

（1）内容应用视角。数字体育包括了新一代信息技术对体育产业、全民健身、体育训练、体育竞赛等体育各领域的数字化转型升级，或部分改变体育内容（如在传统体育内容中引入先进技术），或完全创新体育内容，或变革体育内容的展现形式。

（2）信息处理环节视角。数字体育包括在体育领域中依托数字技术开展相关信息采集、转化、传播、利用等所有社会活动。

（3）数字技术视角。数字体育包括以5G、人工智能、大数据、区块链等为核心的新一代信息技术在体育领域中的所有应用活动。

（4）功能业态视角。数字体育包括但不限于数字运动会、电子竞技、数字健身、数字体育教育、数字体育娱乐、数字体育场馆、数字体育管理、数字体育传播、数字体育培训等社会活动。

数字化转型的主要形式包括要素数字化、过程数字化、产品数字化。因此，对数字体育而言，也包括以上三种形式。以体育产业数字化转型为例，体育产业的要素数字化主要体现在对高级生产要素的数字化转型，如通过培养体育产业复合型数字化人才，改变传统的业务运转方式，或通过搭建线上平台企业与用户的联系，提供定制化服务、数字化管理等方式。体育产业的过程数字化涉及体育企业生产的数字化、研发设计的数字化、销售服务的数字化等方面。体育产业产品数字化主要体现在数字技术应用于体育产品与服务的生产、设计、销售等环节，催生出体育新业态和新商业模式，如智慧体育场馆以及运动可穿戴设备等。

发展数字体育有利于促进体育产业数字化转型。其一，数字体育可以提升体育产业技术水平。数字体育可以为体育信息处理系统提供更好的技术支撑，实现人工智能识别、健康数据全程跟踪等物联网技术在体育领域的深度应用，赋能体育产业加快发展。其二，数字体育助推体育消费市场升级。依托新一代信息技术，数字体育能够更有效地促进体育消费潜力释放。其三，数字体育有利于促进体育对外开放。尤其是后疫情时代，在网络空间全球联通背景下，通过发展数字体育，向全球市场提供更加精准化的服务，助力体育产业高质量发展。

（二）我国数字体育的发展基础

1. 政策基础

积极发展数字体育，是实现体育经济高质量发展的必然选择。自2017年数字经济首次被写入政府工作报告以来，数字体育迎来重大发展契机。国务院及其下属相关部委和省市有关部门积极推进数字体育改革建设，出台了若干指导意见和扶持措施。2019年1月，国家体育总局、国家发改委联合印发的《进一步促进体育消费的行动计划（2019—2020年）》提出，有力推动体育消费与信息消费融合，加快推进体育产品和服务生产、传播、消费的数字化、网络化进程，拓展新媒体体育消费。2019年8月，国务院办公厅印发的《体育强国建设纲要》明确指出，加快推动互联网、大数据、人工智能与体育实体经济深度融合，创新生产方式、服务方式和商业模式，促进体育制造业转型升级、体育服务业提质增效。2020年5月，国家体育总局印发《促进体育消费试点工作实施方案》，提出试点城市要鼓励和引导体育企业利用大数据、云计算、人工智能、区块链等新技术，创新体育产品和服务供给；积极发展数字体育、在线健身、线上培训等新业务。2020年10月，国务院办公厅印发《国务院办公厅关于加强全民健身场地设施建设发展群众体育的意见》，指出要积极推进"互联网+健身"，提高全民健身公共服务智能化、信息化、数字化水平。

从地方层面来看，早在2016年11月，广东省政府印发的《广东省全民健身实施计划（2016—2020年）》指出，推进全民健身公共服务信息资源共享平台建设，建立移动互联网、云计算、大数据、物联网等现代信息技术手段与全民健身相结合的公共服务信息平台，形成全域共享、互联互通的公共数字体育服务网络。为实现2025年浙江省体育领域核心业务全面数字化的目标，2021年1月，浙江省市场监督管理局发布了全国首个省级地方标准《大中型体育场馆智慧化建设和管理规范》。该标准通过运用现代信息技术加快推进体育产业数字化转型、公共体育服务数字化，形成了集体育场馆即时感知、科学决策、主动服务、高效运行、智能监管等功能于一体的新型建设和运行管理模式。2021年6月，浙江省印发了《浙江省数字政府建设"十四五"规划》，明确提出要构建优质便捷的普惠服务体系，着重打造公共服务类重点应用。其中在数字体育方面，提出要整合全省数字化体育资源，打造集全民健身、体育产业等于一体的综合应用项目。2021年2月，江苏省体育局下发《关于加快推进体育公园、健身步道建设的通知》，提倡引进现代科技和信息技术，提高数字化、智能化水平，打造智慧型体育公园、健身步道。

总的看来，一系列政策扶持与相关举措为我国数字体育建设提供了良好的发展空间。

2. 经济基础

如今我国已发展成为世界第二大经济体，作为第三产业的重要组成部分，体育产业产值也在持续增加，为数字体育的发展奠定了坚实的经济基础。

从我国经济整体上看，2020年，面对严峻复杂的国内外环境特别是新冠疫情严重冲击，我国经济仍然保持增长，如图12-2所示，2020年国内生产总值（GDP）突破100万亿元大关，达到101.6万亿元，同比增长2.3%，是全球唯一实现经济正增长的主要经济体；人均GDP达72 000元，连续两年超过1万美元。

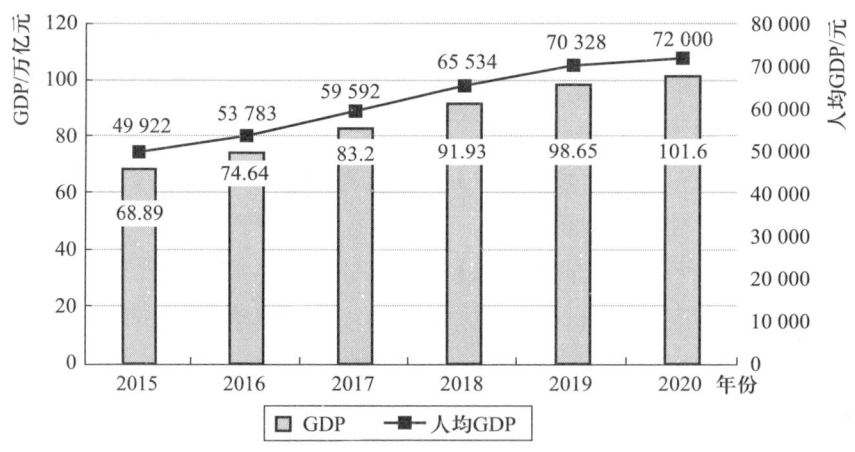

图12-2 我国GDP与人均GDP规模

资料来源：根据国家统计局相关数据改编。

第一节 数字经济与数字体育概述

从数字经济的增速来看,在全球经济增长乏力和疫情冲击的双重背景下,我国数字经济继续保持高速增长,2020年到2022年的增速分别为9.7%、16.2%和10.3%[①],为我国数字体育的发展提供了良好的经济基础。

国家统计局数据显示,2021年,全国体育产业总规模(总产出)为31 175亿元,增加值为12 245亿元。从名义增长看,总产出比2020年增长13.9%,增加值增长14.1%。在国家政策大力支持引导下,预计到2025年体育产业总规模超过5万亿元,到2035年体育产业成为国民经济支柱性产业,数字体育的发展也将取得巨大突破。

3. 社会基础

当前,数字化已经广泛渗透至社会各个方面,数字形态已经成为人民群众最喜闻乐见的体育消费形态。发展数字体育对满足社会和大众文化消费需求具有重要意义。对数字体育而言,其发展同样离不开大众参与。我国具有全球规模最大的线上消费市场,我国移动互联网连接人数超过11亿人,人均每日线上时间超过6小时,线上市场总规模巨大。有关统计数据显示(图12-3,图12-4),2019年中国数字体育月活跃用户超过1.2亿人,其中通过数字媒介观看篮球赛事的月活跃用户超过3 000万人,足球用户超过2 000万人;健身领域中,数字健身用户达到2 000多万人。大量数字体育消费用户为我国数字体育的发展提供了广阔的市场容量。此外,后疫情时代体育消费意愿的提升也为数字体育的发展奠定了强大的社会基础。

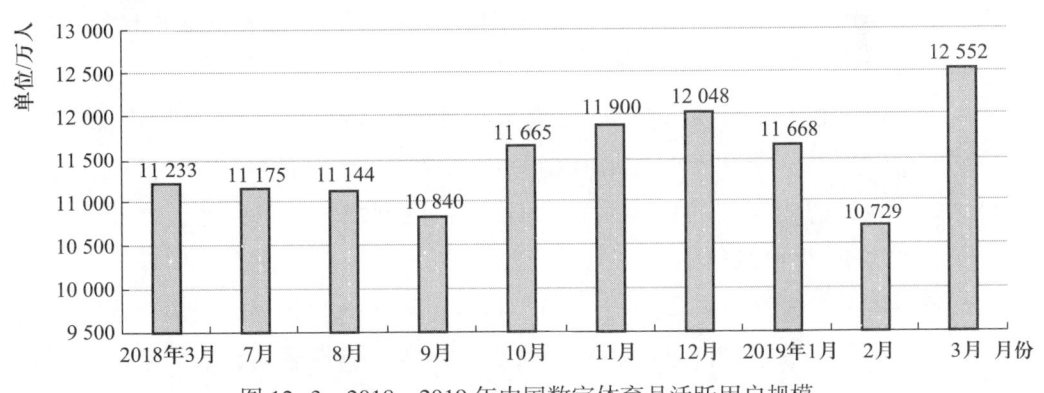

图12-3 2018—2019年中国数字体育月活跃用户规模

资料来源:根据前瞻产业研究院相关研究数据改编。

---

① 中国信息通信研究院《中国数字经济发展白皮书(2023年)》。

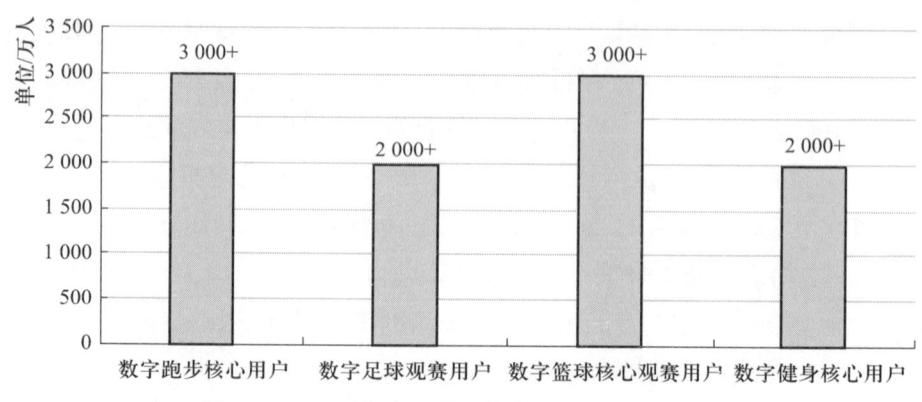

图 12-4　2019 年中国数字体育细分领域用户规模
资料来源：根据前瞻产业研究院相关研究数据改编。

4. 技术基础

数字体育的发展，离不开 5G、人工智能、大数据、云计算、区块链、物联网和各种智能设备制造等技术的有力支撑。以智慧体育场馆为例，需综合运用 5G、物联网、大数据、区块链、人工智能等新一代信息技术，对体育场馆的管理模式、服务模式进行创新和重塑，实现提高效率、降低成本、增加营收、提升体验的业务目标。新一代信息技术在我国的蓬勃发展和广泛普及为我国数字体育的发展提供了强大的技术支持。

从新一代移动通信技术领域来看，当前我国已建成全球规模最大的 5G 独立组网网络，5G 融合应用成为经济社会数字化、网络化、智能化转型的重要引擎。尽管疫情给经济带来了冲击，但我国 5G 部署仍取得良好进展。顶层设计上，中央和地方政府积极出台支持政策。截至 2020 年 9 月，各省市（区、县）先后共出台 5G 政策文件累计达 460 多个，积极推进 5G 网络建设、应用示范和产业发展。相关统计数据显示，截至 2020 年 10 月，我国已累计建成 5G 基站 70 万个，5G 终端连接数超过 1.8 亿个，已获得进网许可的 5G 手机达到了 217 款。[①]

从大数据领域来看，"十三五"以来，我国大数据蓬勃发展，融合应用不断深化，数字经济量质齐升，对经济社会的创新驱动、融合带动作用显著增强。相关统计数据显示，2019 年我国以云计算、大数据技术为基础的

---

① 中国信息通信研究院《中国 5G 发展和经济社会影响白皮书（2020 年）》。

平台类运营技术服务收入2.2万亿元,其中典型云服务和大数据服务收入达3 284亿元。① 从企业层面来看,我国目前大数据领域的企业超3 000家,而超70%的大数据企业为10人至100人规模的小型企业,为我国大数据的发展发挥着重要作用。

从人工智能领域来看,当前人工智能理论和技术取得了飞速发展,在语音识别、文本识别、视频识别等感知领域取得了突破,达到或超过人类水准,成为引领新一轮科技革命和产业变革的战略性技术。自2015年以来,我国人工智能产业规模逐年上升。中国信息通信研究院统计数据显示,2015年到2018年复合平均增长率为54.6%,高于全球平均水平(约36%)。2018年,我国人工智能产业市场规模已达到415.5亿元,2019年市场规模持续突破达到554亿元。从人工智能专利申请量来看,根据《中国人工智能发展报告2020》,过去10年全球人工智能专利申请量超52万件,其中中国人工智能专利申请量近39万件,占全球总量近3/4,位居世界第一。同时,我国在自然语言处理、芯片技术、机器学习等10多个人工智能子领域的科研产出水平居于世界前列。

从区块链行业来看,根据相关机构统计,随着2018年、2019年资本大量投入,我国区块链产业已具有一定的规模。整体产业规模上,虽然受全球新冠疫情暴发的影响,但我国区块链产业呈稳定增长态势,2020年全年产业规模达48.15亿元,较2019年大幅上升。② 截至2019年年底,已有超过80家上市公司涉足区块链领域,积极部署在供应链金融、资产管理、跨境支付、跨境贸易等领域的应用,并呈现多领域协同发展态势。专利方面,自2013年至2020年9月,全球区块链发明专利申请量达到3.5万件,授权量达到2 165件。③ 中国在申请量和授权量方面分别以2.1万件和998件处于国际领先水平。科研方面,截至2019年,全球区块链相关学术论文发表量为2 793篇,中国在区块链领域研究热度依然处于国际领先水平。与此同时,我国区块链政策环境积极向好。2020年,我国国家部委、各省(自治区、直辖市)政府及省会城市发布与区块链技术有关的政策、法规、方案

---

① 中国信息通信研究院《大数据白皮书(2020年)》。
② 赛迪区块链研究院调研统计。
③ 中国信息通信研究院《区块链白皮书(2020年)》。

文件共 217 份，表明我国积极发展区块链产业，促进自有技术创新，鼓励区块链技术应用落地。

第二节　数字体育应用实践

当前，新技术、新设备在体育行业的应用，已经不局限在体育场馆、体育赛事等领域。随着全民健身战略深入推进，数字体育的发展空间将持续扩大，越来越多嵌入大众生活中，成为广大用户日常消费的重要组成部分。

一、"鹰眼"技术在体育竞赛中的应用

数字体育在体育竞赛表演活动中的典型实践即"鹰眼"技术。"鹰眼"又称"即时回放系统"（instant replay），由英国人保罗·霍金斯发明，是英国鹰眼创新公司推出的产品，能够在各类赛事中对精彩回合和争议回合进行现场回放。"鹰眼"技术的基本原理是使用多台摄像机从不同视角连续拍摄体育比赛的画面，利用图像处理技术对画面中球体目标进行识别和定位，并根据球体在图像中的像素坐标计算其在实际空间中的三维世界坐标，最终得到球体目标的精确运动轨迹。与此同时，借助于高性能计算机对比赛场地进行虚拟重建，将球的运动轨迹无缝地融合到虚拟环境中，由显示设备清晰地呈现出不同视角下球体的运动轨迹和落点。

早期的"鹰眼"技术主要作为电视转播的辅助手段，为电视观众和解说员服务。在"鹰眼"技术正式引入体育赛事之前，由于现代球类运动不断发展和球速不断加快，误判引发的赛场纠纷以及较为单一的转播形式严重影响了比赛的公平性和娱乐性，这一现象加快了体育赛事和现代科技的融合。作为竞技体育赛事和现代科技融合发展的产物，2006 年"鹰眼"技术在网球赛事中率先作为判罚手段使用。迄今为止，"鹰眼"技术已经在足球、羽毛球等各项球类运动中得到了广泛应用。当然，"鹰眼"技术在体育赛事中的应用也改变了赛事直播的形式，推动了运动项目改革，使赛事受众对相应体育项目产生了新的认知。

（一）提高竞赛现场比赛结果的精准度

在体育比赛过程中，科学地利用"鹰眼"技术可以对比赛的结果进行更加准确和公平的判定，并且极大地减少为判断一些球的分数而浪费的求证时间，让比赛能够更加紧张地快速进行，提升比赛的效率。

以网球为例，"鹰眼"技术在当今网球赛事中的应用以球员挑战和大数据收集为主。根据现有赛事规则，在参赛球员对击球落点的判断与主裁判发生不一致时，球员每盘有三次机会申请"鹰眼"挑战，通过计算机模拟的慢动作回放判断争议球的落点位置，从而更改主裁的误判。同时，"鹰眼"技术能够计算并收集球员在比赛过程中的跑动距离、网球旋转、击球速度和网球落地弹跳高度等现场数据，便于球员及其团队在赛后对自身状态和技战术水平进行总结。不难看出，"鹰眼"技术的出现不仅改变了网球赛事的规则，也重塑了球员的训练模式。

（二）提升日常训练的运动技能

在"鹰眼"技术的助力下，分析对手的发球技巧、运球习惯以及运动员自身的各种运动技能变得更加现实。例如，对羽毛球、网球和乒乓球等球类运动来说，发球尤为重要。由于"鹰眼"技术可以根据比赛的信息数据，全面地分析发球时的速度、时间、方向、是否会出界、是否会擦网等，从而有利于判断对手的发球方式和习惯，并据此制定一系列的对战策略与运动员技能提升计划，从而在一定程度上提升体育比赛中的竞技水平。

二、Keep 在体育健身中的应用

数字体育在体育健身休闲活动中的典型应用即在线健身平台的发展。近年来，随着生活节奏的加快和时间的碎片化，具有便捷性、社交互动性，能碎片化管理的运动健身 App 逐渐获得大量人群的青睐，在线运动健身市场的用户规模不断增长。相关机构统计调研显示（见图 12-5），2021 年部分体育 App 用户规模中，Keep 用户达 1 478 万人，拥有较大的市场容量。

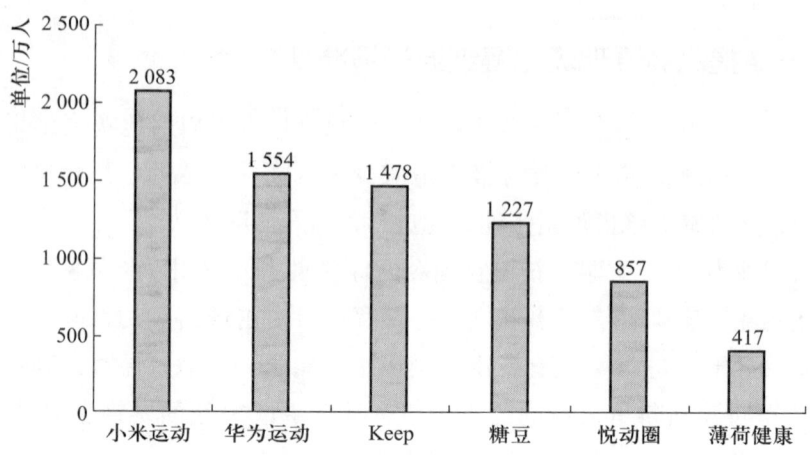

图12-5 2021年中国部分群众体育App用户规模
资料来源：根据前瞻产业研究院相关研究数据改编。

作为一家运动科技公司，Keep早期定位于移动线上健身工具，面向市场上存在的大量健身初学者提供健身类课程，迅速积累了大量用户。随着课程种类的不断丰富和用户体验的不断优化，Keep陆续增加户外跑等功能，为用户提供多样化的运动场景，产品定位也由"健身工具"转变为"自由运动场"，并开始进军电商，进行商业化的探索。

2018年，Keep推出线下运动空间Keepland，将线上流量引到线下，打造用户城市生活的运动场景，并发售KeepKit系列智能硬件产品，推出了Keep K1智能跑步机以连接用户的家庭运动场景，满足用户多场景的运动需求，实现线上线下全方位闭环服务。尤其在人工智能领域，一方面基于传感器或摄像头积极探索运动和人工智能的结合，实时反馈用户的运动轨迹；另一方面通过App应用及智能硬件内采集的海量数据，给用户做个性化的运动指导。此外，Keep还推出自营品牌的服饰和轻食等产品，旨在涵盖用户的吃、穿、用、练四大场景，致力于打造一站满足所有运动需求的平台，让用户拥有更为完善和优质的运动生活体验。

总的来说，依托新一代信息技术，以Keep为代表的运动科技企业，逐渐改变了众多健身用户的健身模式，为用户提供更健康、更精准的健身选择和服务，极大地提高了用户的消费体验，为体育产业数字化转型提供了良好的群众基础。

三、李维斯球场的智慧应用

随着大数据、人工智能等技术的广泛应用，智慧场馆建设逐渐成为体育产业发展的新引擎。坐落于美国硅谷中心的李维斯球场，被称为全球智慧场馆的典范。

在高科技网络方面，李维斯球场配置了良好的网络环境。李维斯球场传输带宽高达40GB/s，为美国其他球场的40倍，是美国国家橄榄球联盟（NFL）球场带宽标准的4倍。每100张座椅部署一个连接点，比赛期间为球迷全程提供无线互联网服务。与此同时，该场馆还有大约1 700个高科技信标机（beacon）。利用最新的低功耗蓝牙标准，这些信标机既可用于引导人们到达其座位和球场的其他位置，也可以向球迷发送推销活动等提醒信息。强大的网络支持可同时让7万名观众连接Wi-Fi和4G网络，将场馆的所有人、比赛、终端、屏幕连接起来，并通过网络与应用的深层次耦合，为观众提供非常享受的观赛体验。

在软硬件设施方面，李维斯球场的智慧应用更加突出。硬件支持上，李维斯球场独具环保特色，借助太阳能电池板，通过生态屋顶吸收阳光产生能源，并利用可循环水源，大大降低了场馆能源成本和设施维护成本。在软件系统支持上，李维斯球场安置了视频监控系统对球场的所有公共区域进行可视监控，摄像机（包括可变视角可变焦摄像机和固定式摄像机）数量达800多台，实现了面部识别技术，其图像分辨率达到司法鉴定品质，这些不但能确保赛场的安全情况，也帮助场馆减少管理成本。同时，该球场设置逾2 000台索尼电视机、覆盖多数套房的70台4K电视机以及球场两端的两个超大LED屏幕，保证了球迷现场的优良体验。

在运营管理上，李维斯球场的数字化运营效率更高。场馆管理人员通过一套实时运营系统实现坐在控制室中管理整座场馆的运营。该系统具有多屏幕仪表板，可跟踪9个数据源的场内操作，包括出勤、停车、食品和饮料、零售、天气、票务和社交媒体。体育场经理可以在7万座位场地的比赛日当天，向工作人员实时传递信息，以解决相应的问题，在提高运营效率的同时，也大大降低了人力资源成本。除了球迷的现场体验，李维斯球场还推出了专属App，融合了场馆内导航、线上订餐、数据统计、精彩回放、管理球票等功能，也令观众收获了更好的观赛体验。

场馆的智慧化给李维斯球场赋予了最好的用户体验、最有效的场馆管理、最具价值的大数据，极大地提升了其商业价值。

第三节　数字体育运动项目——电子竞技

随着数字体育的发展，各种新兴体育运动项目犹如雨后春笋般涌现。电子竞技作为近年来最受欢迎的新兴体育运动项目之一，逐渐成为经济增长的新动能，在刺激大众消费的同时，也拓宽了就业渠道，成为当前体育领域理论与实践界关注的焦点。

一、电子竞技概述

（一）电子竞技的概念

21世纪以来，随着电子竞技在青少年群体中的影响不断加深，对电子竞技概念的探索与研究也迈上新的台阶。整体上看，国外对电子竞技的研究较为深入，对电子竞技的定义略有不同。雷特曼（Reitman）等人认为，"电子竞技是人们使用信息和通信技术来开发和培养智力或体能的体育活动"。哈马里（Hamari）和索布洛姆（Sjöblom）认为，"电子竞技是一种由电子系统提供主要内容的运动形式，而参与的运动员、队伍以及电子竞技系统的输出都是以人机界面为载体"。相对而言，国内对电子竞技的研究起步较晚。2003年，国家体育总局首次将电子竞技列为正式开展的第99个体育项目，电子竞技的概念逐渐被学术界与实践界广泛讨论。在2006年中国电子竞技产业高峰论坛上，原中国奥委会副主席何慧娴将电子竞技界定为"从网络游戏中脱颖而出的阳光游戏，它是按体育精神、体育规则在网络的虚拟世界里进行的一项体育运动"。学者杨越认为，"电子竞技是信息时代人类体育行为的一种演化，它是以电子游戏内容为载体，借助电子交互技术和硬件工具实现人与人之间竞技比赛的竞技体育活动"。也有学者认为，电子竞技是以信息技术为核心、以体育规则为导向、以现代科技软硬件设备为载体进行的人与人之间、人与机器之间、机器与机器之间的对抗性运动。

通过以上有关电子竞技概念的梳理与归纳，我们不难看出，"信息技术""电子游戏""竞技"等字眼频繁出现。因此，我们认为，广义上的电子竞技是一种人类通过对抗性电子游戏，在体育规则下进行竞争，并在此过程中学习数字信息技术的社会性活动。狭义上，电子竞技则建立在高度成熟的对抗性电子游戏产品之上，具备高度职业化的特征。换句话说，只有具有职业联盟、职业联赛、职业俱乐部以及职业选手的对抗性电子游戏项目，才可以被称为电子竞技。显然，电子竞技与电子游戏之间既有联系又有区别。

（二）电子竞技与电子游戏的联系与区别

1. 电子竞技与电子游戏的联系

电子游戏通常指的是依托于电子设备平台而运行的交互游戏。在电子游戏中，玩家按照一定的规则在已建立的虚拟游戏空间内进行联合或对抗，以获取共同的游戏体验。电子游戏带来了广泛的玩家群体，其中一部分玩家基于一定的规则约束在游戏中竞技，形成了电子竞技。因此，电子竞技是一种有组织的、群体性的电子游戏活动。

2. 电子竞技与电子游戏的区别

电子竞技与电子游戏虽然联系紧密，但也有着本质区别，主要可以归纳为以下三个方面：

第一，根本目的有所差异。电子游戏产生的目的是满足人们的娱乐需求。电子竞技是一种运动，重在竞技过程中的对抗。电子游戏玩家在游戏的虚拟世界中扮演一定的角色，从而获得游戏体验。电子竞技则是以电子游戏为基础，在游戏环境中进行对抗，重点是获得游戏技能的提升。

第二，运行规则有所不同。电子竞技是在统一的比赛规则下进行的，在规定要求内取得相应的比赛成绩（或积分）。电子游戏则没有统一规则，并且通常不受时间的限制。

第三，根本属性有所区别。电子竞技是参赛选手之间进行的比赛，通过体力和智力的比拼，以最终比赛成绩判定胜负。电子游戏是人机对战或者人与人之间的虚拟交流，是娱乐性的活动，这也是电子竞技和电子游戏之间的主要区别。

（三）电子竞技的分类

一直以来，学术界对电子竞技的分类提出了不同标准。本书主要从游戏内容视角对电子竞技进行分类，主要包括：

（1）多人在线战术竞技游戏（简称MOBA），是以竞技场为游戏场景的多人在线即时战略游戏，具有无须付费、公平竞技和即时对抗的特点。如《英雄联盟》《风暴英雄》等。

（2）第一人称射击类游戏（简称FPS），是通过玩家的主观视角进行的射击游戏。如《反恐精英》《使命召唤》等。

（3）集换式卡牌游戏（简称TCG），以收集卡牌为基础，玩家需要通过购买随机包装的补充包收集卡牌，然后根据自己的策略灵活使用不同的卡牌构筑符合规则的套牌以进行游戏。如《炉石传说》。

（4）格斗类游戏（简称FTG），是从动作类游戏脱胎分化出来的，由玩家操作各种角色与计算机或另一玩家所控制的角色进行一对一的决斗。如《拳皇》等。

（5）即时战略游戏（简称RTS），属于策略游戏中的一种，这类游戏主要考验玩家的全局战略意识、宏观战术、细节操作以及反应能力。如《魔兽争霸》《星际争霸》等。

（6）第三人称射击类游戏（简称TPS），与第一人称射击类游戏的区别在于，第一人称射击类游戏在屏幕上只显示主角的视角，而第三人称射击类游戏主角在屏幕上是可见的，有利于玩家观察周围环境。如《绝地求生》等。

（7）体育竞技类游戏（简称SPG），指模拟各种体育运动的游戏。如F1、NBA 2K、FIFA等。

（8）休闲类游戏，主要包括竞速类（如《极品飞车》等）、棋牌类（如网上围棋等）、音舞类等游戏。

第三节 数字体育运动项目——电子竞技

案例

★《王者荣耀》的发展历程

2015年10月,腾讯旗下天美工作室推出了手机游戏《王者荣耀》(曾用名《英雄战迹》《王者联盟》等)并开始测试。《王者荣耀》是类《刀塔》手机游戏,游戏中的玩法以竞技对战为主,玩家之间进行1V1、3V3、5V5等多种方式的PVP对战,还可以参加游戏的冒险模式,进行PVE的闯关,在满足条件后可以参加游戏排位赛等。《王者荣耀》的发布,标志着MOBA手游化的开始。由于玩法简单、易上手,在腾讯强大的渠道推广下,《王者荣耀》引起了众多游戏玩家的关注。和以往MOBA类游戏不同的是,《王者荣耀》吸引了众多女性玩家。2016年下半年,随着《王者荣耀》官方赛事KPL联赛正式推出,《王者荣耀》的活跃在线人数达到5 000万,随后更是突破了8 000万。2016年11月,《王者荣耀》荣登2016中国泛娱乐指数盛典"中国IP价值榜——游戏榜top10"。仅仅用了一年的时间,《王者荣耀》就红遍全国,完成了从全民《英雄联盟》到全民《王者荣耀》的过渡,成为一款现象级的MOBA。对于MOBA来说,《刀塔2》和《英雄联盟》已经陷入了疲软状态,很难再有爆发点。而《王者荣耀》的出现,对MOBA进行了不断提升和优化,它更快、更便捷化,有效地利用了碎片时间,逐步建立了自身完整的游戏运营体系。2018年,《王者荣耀》的欧美版本 *Arena Of Valor* 在任天堂Switch平台发售,开启国际化发展之路。

资料来源:根据《电子竞技新论》改编。

(四)电子竞技产业链

随着电子竞技的发展,以赛事为核心的电子竞技产业链基本形成,主要由内容授权、内容生产、内容制作、内容传播、内容消费、内容监管等环节构成(图12-6)。在电子竞技产业链中,内容授权是电子竞技的基础,主要涉及游戏研发商和运营商(如腾讯游戏、网易游戏、完美世界等)开发游戏提供游戏版权,其作用是为市场推出高质量的精品游戏。内容生产涉及电子竞技赛事赞助商、主办方、电竞俱乐部和职业选手等组成的内容生产方,共同打造电子竞技赛事。内容制作涉及电子竞技赛事节目制作,通常由赛事执行方向节目制作方提供赛事版权。内容传播主要是指内容制作完成后,由节目制作方授权发行,通过在线直播平台(如斗鱼、虎牙或电视游戏频道等）进行传播，为电子竞技产业提供重要流量和变现渠道。内容消费主要是指用户通过消费行为（如游戏商品消费、打赏主播、观看比赛等）参与到电子竞技产业链中。当然，电子竞技产业链的各个环节都离不开相关部门的监管。

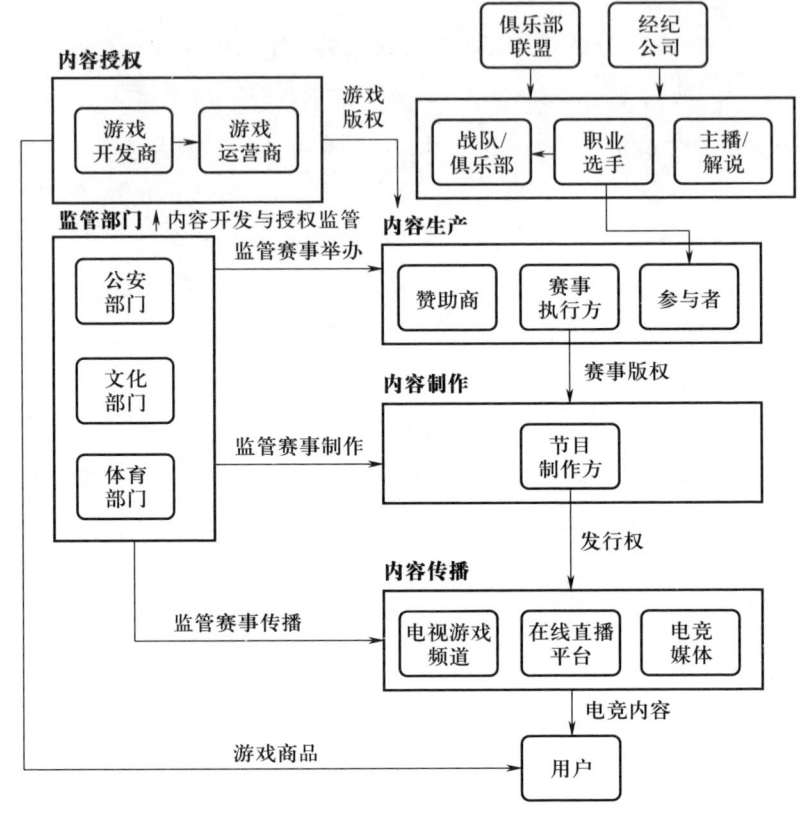

图 12-6　电子竞技产业链

资料来源：根据艾瑞咨询《2020 年中国电竞行业研究报告》改编。

案例

● **探索电竞线下化——上海电竞主题购物中心**

2021 年 6 月 23 日，国内首个电竞文化体验中心，聚焦电竞、二次元文化、新文创，以及跨界零售的线下年轻人潮玩聚集地——主场 ESP 购物中心（简称"主场 ESP"）正式开业。主场 ESP 购物中心是"电竞＋商业模式"的首创者，拥有全国首家为王者荣耀职业联赛（简称"KPL"）电竞赛事打造的专业赛馆，同时融合了与Z世代[①]消费者产生"强共性"的跨界餐饮、联名零售、沉浸式娱乐、极限运动体验等丰富业态，打造了一个基于电竞主题的年轻人精神文化"超级数字场景"。

此前，"主场ESP"在行业及市场屡获殊荣：2020年获得赢商网"年度城市商业新地标"奖项；同年，获评上海首批电竞场馆"上海电子竞技B级场馆"；2021年荣获"时尚100+"年度时尚新卡点。未来，主场ESP将继续以优质资源联动行业顶尖合作伙伴，共建多元生态平台，为电竞爱好者、Z世代年轻人群输出更丰富的游戏娱乐主题活动，及更时尚尖端的购物消费体验。

资料来源：根据《魔都首家电竞文化体验中心——主场ESP购物中心盛大开业》改编。

二、电子竞技的发展历程

（一）电子竞技的起源

电子竞技起源于电子游戏。电子游戏是依托电子设备平台运行的交互游戏，最早可以追溯到1947年汤玛斯·T·戈德史密斯二世与艾斯托·雷·曼设计的"阴极射线管娱乐装置"，该设计用八根真空管（电子管）模拟飞弹对目标发射，很遗憾没有对外销售。1952年，计算机科学家亚历山大·道格拉斯在真空管计算机平台开发了井字游戏。1958年，曾参与开发世界上第一颗原子弹的美国物理学家威廉·辛吉勃森博士，创建了一款名为"双人网球"（Tennis for Two）的游戏，实现了让公众在示波器上打网球，这是世界上第一款互动游戏。1962年，麻省理工学院的7名学生开发出世界上第一个真正意义上的具有娱乐性质的电子游戏——《太空战争》（Space War），标志着数字化游戏形式的正式诞生，尽管其画面简陋，但初步具备了电子竞技的属性。1971年，同样来自麻省理工学院的诺兰·布什内尔设计出世界上第一台电视游戏机。计算机游戏和电视游戏相继问世标志着电子游戏初级生产与消费模式逐渐形成，为孕育电子竞技奠定了重

[①] Z世代，互联网用语，意指在1995—2009年出生的人。

要基础。

（二）电子竞技的发展

1. 国外电子竞技的发展

（1）萌芽阶段（1981—1990年）。随着计算机的发展，电子游戏的发展逐渐步入快车道。1981年，国际商业机器公司（IBM）推出了世界第一台个人计算机，计算机游戏开始出现在大众视野，但受制于技术原因，没有广泛普及。1983年，日本任天堂公司成功开发出第一代家用游戏机（也称"红白机"），一系列经典游戏如《魂斗罗》《超级玛丽》《街头霸王》等从此走进千家万户。20世纪80年代末，任天堂推出第一代便携式游戏机Game Boy，打破了空间场所的局限，电子游戏得到迅速推广。技术进步和游戏发展使电子游戏玩家不断增多，为电子游戏比赛创造了有利条件。1990年，任天堂在美国29个城市举办了名为"任天堂世界锦标赛"的大型电子游戏比赛，拉开了电子竞技大赛的序幕。

（2）形成阶段（1991—2001年）。20世纪90年代起，网络技术逐渐兴起。与传统竞技类体育不同，电子竞技与网络有着天然的联系。通过网络技术，电子竞技可以突破传统体育的空间限制。1995年，美国西木工作室（Westwood Studios）推出了即时战略游戏《命令与征服》，该工作室使用局域网技术，实现了人与人在不同设备上同场竞技，这使得众多开发商认识到网络技术对电子游戏的巨大意义。同年，美国诞生了第一个游戏对战收费平台Kali，世界范围的互联网对战逐渐流行起来。随后五年，电子游戏空前发展，《红色警戒》《魔兽争霸》《星际争霸》相继出现，*FIFA*系列、*NBA*系列、《极品飞车》系列将传统体育项目带入电子游戏中，在全球范围内拥有了庞大的用户群体。与此同时，随着互联网技术广泛应用，世界性的电子竞技比赛应时而生。1996年，美国著名娱乐网站共有娱乐网提出将竞技类游戏职业化的设想，在多家电信巨头的赞助下成立了第一个职业电子联盟——职业电子竞技联赛（PGL）。1997年，美国人安吉尔·穆诺兹创建了电子竞技职业联赛（CPL），奖金总额超过100万美元，是当时世界上最规范的电子竞技联赛。1998年，第一届电子竞技世界杯在法国举办，全球超过60个国家参与了该项赛事。2001年，韩国举办首届世界电子竞技大赛

（WCG）。WCG以推动电子竞技的全球发展为目标，旨在促进人们在网络时代的沟通、互动和交流，促进人类生活和谐发展，并且在筹办方式上采用了奥林匹克运动会的形式，因此也被称为"电子奥运会"。至此，电子游戏已经具备了丰富的比赛项目、大量的比赛选手、正规的世界性比赛以及完善的比赛规则，完成了从游戏向竞技的转变，电子竞技正式登上了历史舞台。

（3）繁荣发展阶段（2002年至今）。进入21世纪，互联网与数字技术飞速发展，硬件技术不断升级，大量新游戏相继问世，电子竞技项目不断增加。《魔兽争霸Ⅲ》《星际争霸Ⅱ》《反恐精英》等掀起全世界游戏爱好者的竞技狂潮，引领了21世纪前10年世界电子竞技的发展。2013年，随着最后一届电子竞技大赛在中国昆山落下帷幕，这一延续10多年之久的电子奥运会退出历史舞台，游戏厂商举办独立赛事的时代正式开启。实际上，早在2009年美国拳头游戏公司推出了MOBA《英雄联盟》（LOL），并为其打造了一套完整的电子竞技赛事体系，形成了独有的电子竞技文化。2013年，美国维尔福公司推出了经典MOBA *DOTA* 的第二部作品 *DOTA2*，并重金打造国际邀请赛，吸引全世界众多电子竞技选手参赛。《英雄联盟》与 *DOTA2* 的赛事成为继WCG后世界电子竞技的主流项目，引领当今世界电子竞技的发展。尽管电子竞技的发展势头十分迅猛，但国际上对其是否可以作为一项"竞技运动"一直争论不休。2017年年底，国际奥委会在瑞士洛桑举办了第六届峰会，认为"电子竞技增长势头强劲，可为奥林匹克运动提供平台"。2018年，电子竞技作为表演赛项目进入雅加达亚运会。2020年12月，第38届亚洲奥林匹克理事会批准电子竞技作为正式项目入选2022年杭州亚运会。显然，作为一项竞技运动，电子竞技即将迎来新的发展机遇。

2. 我国电子竞技的发展

（1）探索阶段（1998—2003年）。与国外相比，我国电子竞技运动起步较晚，发展道路相对曲折。20世纪90年代末，我国涌现出一批游戏制作厂商，但由于经营水平有限，且市场不够成熟，特别是受到盗版的冲击，多数研发公司难以为继，国内游戏研发从此走向低谷。与此同时，电子游戏对青少年吸引力较强，而青少年自控能力差，沉迷电子游戏现象屡见不鲜，加之媒体对电子游戏进行大量负面宣传，并冠以"电子鸦片"的称号，使国人对电子游戏普遍反感。进入21世纪后,《魔兽争霸Ⅲ》《反恐精英》《星际争霸Ⅱ》等游戏进入内地市场,吸引了国内大量玩家,国内各大网络对战平台逐渐兴起,有组织的线上业余电子竞技比赛活跃起来。也正是在这一时期,国内网吧数量激增,催生出了我国第一批电子竞技选手。2001年12月,第一届WCG在韩国举行,历时4天角逐,中国电子竞技选手以2金1铜的成绩获得第二名,在国内引起强烈反响,电子竞技逐渐受到社会关注。

（2）起始阶段（2003—2008年）。我国电子竞技经过五年的探索和发展,正式进入起始阶段。2003年4月,中央电视台体育频道创办了以体育类电子竞技游戏为主要节目内容的电视周播节目《电子竞技世界》,深受广大电子竞技玩家喜爱。同年,国家体育总局正式批准电子竞技为第99个体育比赛项目（2008年更改为第78个）。2004年3月,中华全国体育总会举办了首届全国电子竞技运动会,标志着我国有了自己的正式电子竞技赛事。在这一时期,我国早期的一些职业电子竞技俱乐部开始出现,但其运营模式仍然停留在网吧赞助阶段:网吧为选手提供食宿和训练场地,选手在网吧训练并为网吧招揽生意。虽然当时训练条件和生活环境恶劣,但可以不花钱就能在网吧打游戏,并且能挣钱,这在当时是非常有吸引力的。我国第一代电子竞技职业选手就在这样艰苦的条件下产生了。2005年,中国电子竞技选手李晓峰在《魔兽争霸Ⅲ》中一举夺得单人项目世界冠军,为中国带来了WCG上首个单项赛事金牌。2006年,李晓峰又在意大利蒙扎再次获得该项目世界冠军。李晓峰的两连冠在一定程度上改变了国内一些群众对电子竞技的负面看法,一定程度上影响着社会舆论。与此同时,业内也开始思考并探索中国电子竞技的发展之路。

案例

李晓峰——中国电子竞技领军人物

在世界电子竞技大赛的众多游戏比赛中,有三款最受欢迎的游戏:《魔兽争霸》《反恐精英》《星际争霸》。在电子竞技发展的"黄金时代",许多职业选手都为"身披国旗而自豪",这在世界上留下了浓墨重彩的印记。其中我国电子竞技职业选手李晓峰（SKY）成为世界众多职业选手的偶像。2005年，来自河南汝州的李晓峰从小组赛战胜Grubby，到8进4战胜Creolophus，再到半决赛击败ToD，最终斩落黑马ShortRound，在WCG的舞台上获得了《魔兽争霸Ⅲ》的冠军，这是中国电子竞技史上第一个WCG单打冠军。当李晓峰在WCG竞技场高举五星红旗时，无数人潸然泪下。这个冠军的意义非同寻常。它改变了中国电子竞技的整体形象，成为当时国内电子竞技产业处于危险境地下的"稳定剂"。第二年，李晓峰再次夺冠，让中国人备感骄傲。与此同时，李晓峰也进入了WCG名人堂，与其他世界著名的电子竞技选手一样享有崇高的荣誉。

资料来源：根据《简谈中国电子竞技的发展史，论中国电竞的后续之路！》改编。

（3）快速发展阶段（2008—2016年）。受一批优秀电子竞技选手在WCG上优异表现的鼓舞，越来越多初具规模的电子竞技职业战队和业余团体相继出现。随着2008年国家体育总局将电子竞技改批为第78个正式体育竞赛项目，国内一大批电子竞技俱乐部和各大类型电子竞技比赛层出不穷。尤其在2011年，随着金融危机的影响逐渐褪去，大量资本已经开始布局电竞产业，投资成立了一大批电子竞技俱乐部。在雄厚资金助力下，中国电子竞技俱乐部迅速发展，取得了不错成绩。2012年，WE战队在第五届IGN职业联赛（IPL5）获得中国第一个LOL世界冠军。2013年，国家体育总局信息中心主办全国电子竞技大赛（NEST），填补了国内综合类电竞赛事的空白。同年，腾讯游戏和拳头游戏联合举办英雄联盟职业联赛（LPL），且发展为中国最大的职业电子竞技联盟。2014年，NewBee战队在第四届DOTA2国际邀请赛中获得全球总冠军。2015年，EDG战队击败韩国SKT战队，夺得英雄联盟季中赛世界冠军，打破LOL国际大赛韩国战队的冠军垄断地位，成为第二支夺得LOL世界冠军的中国战队。

（4）繁荣发展阶段（2016年至今）。2016年至今为我国职业电子竞技的繁荣发展阶段。在这一阶段，PC端电子竞技稳步发展，很多电子竞技游戏逐步建立成熟的赛事体系，同时移动电子竞技的加入让电子竞技的发展更加迅速。此外，国家积极出台一系列政策鼓励电子竞技的发展，我国电子竞技水平稳步提升。在2018年雅加达亚运会上，中国电子竞技代表团取得两金一银的优异成绩。随着中国电子竞技运动的发展，电子竞技已成为社会不同阶层、不同年龄人群最为喜爱的运动之一，逐渐受到社会的广泛认可。不可否认，未来中国电子竞技的发展将更加成熟。

三、电子竞技市场环境

根据艾瑞咨询《2023年中国电竞行业研究报告》，2022年中国电竞市场规模约为1 579亿元，电子竞技用户①规模达5.04亿人，同比增长10.6%。在整体产业构成中，游戏收入（含端游电竞与移动电竞）、电子竞技赛事收入、电子竞技俱乐部收入、直播收入等占据主体，其中游戏收入占比达75.6%以上。如图12-7所示，目前国内游戏厂商主要致力于移动电竞的发展，2022年我国移动电竞市场规模达到819亿元，占比达51.8%，其中腾讯旗下的《王者荣耀》《和平精英》占据了国内手游市场的半壁江山。随着职业电子竞技联盟化的到来，电子竞技赛事主场化能够激活当地电子竞技场馆与周边配套商圈，形成电子竞技商业娱乐综合体，助推当地电子竞技生态产业发展。②

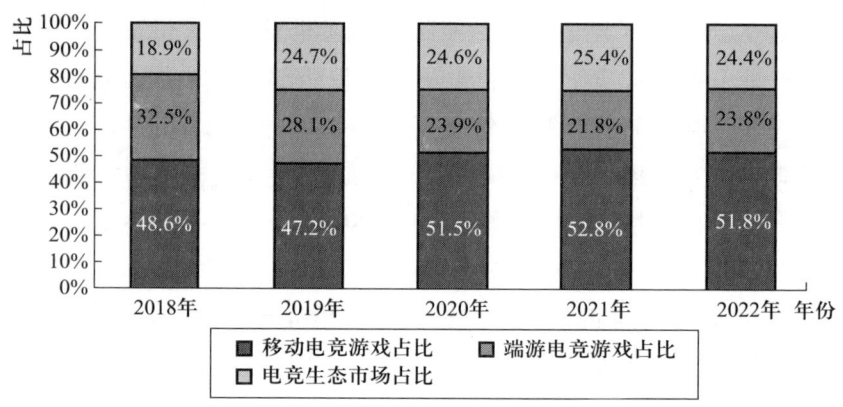

图12-7　2018—2022年中国细分电子竞技市场规模占比

资料来源：根据艾瑞咨询《2023年中国电竞行业研究报告》和《2020年中国电竞行业研究报告》改编。

---

① 这里的电子竞技用户，既包括观看的用户，也包括玩家。
② 端游电竞游戏是指依靠下载客户端，在计算机上进行的电子竞技游戏；移动电竞游戏是指与市面上即时通信软件深度绑定，通过软件来进行邀赛、炫耀与分享的电子竞技游戏；电竞生态市场规模，包括赛事门票、周边、众筹等用户付费以及赞助、广告等企业围绕赛事产生的收入，电竞俱乐部及选手、直播平台及主播等赛事之外的产业链核心环节产生的收入。

第三节　数字体育运动项目——电子竞技

中国电子竞技的繁荣发展，离不开我国政策环境、经济环境、社会环境与技术环境等市场环境的支持。

（一）政策环境

近年来，国家加大了对电子竞技产业的扶持力度，相继推出利好政策。2016年4月，国家发改委发布《关于印发促进消费带动转型升级行动方案的通知》，明确指出，在做好知识产权保护和对青少年引导的前提下，以企业为主体，举办全国性或国际性电子竞技游戏游艺赛事活动。同年7月，国家体育总局发布《体育产业发展"十三五"规划》，指出电竞可以作为引导健身休闲项目发展的重点运动。2016年9月，文化部发布《关于推动文化娱乐行业转型升级的意见》，提出鼓励电子竞技场所建设，支持区域性、全国性乃至国际性电子竞技赛事，引导和扶持各种电子竞技比赛与游戏游艺行业融合发展。同月，教育部发布《关于做好2017年高等职业学校拟招生专业申报工作的通知》，明确在体育类中增补"电子竞技运动与管理"专业，将电子竞技融入教育体系。2016年10月，国务院办公厅印发《关于加快发展健身休闲产业的指导意见》，指出要推动电子竞技运动项目健康发展，培养相关专业培训市场。2017年4月，文化部发布《文化部"十三五"时期文化产业发展规划》，提出要促进电子游戏新业态发展，将指导行业协会举办游戏竞技赛事作为文化产业升级的重要任务。2019年1月，人力资源和社会保障部确定了15个拟发布新职业，其中包括了电子竞技运营师和电子竞技员。同年4月，《体育产业统计分类（2019）》经国家统计局第4次常务会议通过，其中电子竞技被正式归为体育竞赛项目（编码020210210）。2023年3月，我国首个国家级电竞研究院——中央广播电视总台国家电子竞技发展研究院在北京正式宣布成立。

除国家政策外，地方政府也陆续发布相关政策性文件。其中，上海市发布电子竞技相关政策性文件最多。2018年，为响应建设"全球电竞之都"的目标，上海电子竞技运动协会正式发布了《上海市电子竞技运动员注册管理办法（试行）》。2019年，上海市出台《关于促进上海电子竞技产业健康发展的若干意见》，指出将建立健全电竞产业发展标准化体系，力争3~5年内，全面建成"全球电竞之都"。其他多数省（自治区、直辖市）及其下属市区（县）也纷纷出台发展电子竞技的相关举措。例如，2018年，杭州市下城区政府发布了针对小镇电子竞技产业发展的政府文件，其中囊括了16项电子竞技产业扶持政策，不仅扶持小镇整体的电子竞技产业发展，而且对小镇内的企业、人才、俱乐部及培训机构等提供相应补贴，推动电竞数娱产业集聚发展。2021年，深圳市发布《深圳市南山区关于支持电竞产业发展的实施意见》，明确提出要培育具有先行示范价值的电竞产业链。2022年，成都市发布《2022年成都市市级文化产业发展专项资金数字文创产业引导项目扶持计划申报指南》，重点支持体现成都"电竞文化之都"特色的国际性、全国性多层次电子竞技赛事活动类项目。显然，国家和地方不断出台相关政策支持，为电子竞技产业高质量发展提供了良好的政策环境。

（二）经济环境

根据国家统计局《中华人民共和国2020年国民经济和社会发展统计公报》，2020年中国GDP规模达101.6万亿元，首次突破百万亿元大关，人均GDP达72 447元，人均可支配收入32 189元，是全球主要经济体中唯一实现经济正增长的国家（美国GDP同比下降3.5%，欧盟GDP同比下降6.4%，日本GDP同比下降4.8%），2021年和2022年分别增长了8.1%和3.0%。从产业结构上看，2022年第一、第二、第三产业占GDP比重分别为7.3%、39.9%和52.8%。虽然我国第三产业已成为支柱产业，但电子竞技产业占比仍然较低，未来仍有很大提升空间。随着人均可支配收入的增长，未来电子竞技受众人数将不断上升。

目前，我国电子竞技产业仍处于迅速扩张阶段，资本投入依然是电子竞技发展的主要动力。从市场内部来看，腾讯、网易、完美世界以及巨人网络四家厂商占据国内90%以上的电子竞技市场，其中腾讯的市场份额超过50%。此外，腾讯和网易基本垄断了所有热门电子竞技比赛主办权。从区域分布来看，电子竞技产业主要集中于北京、上海、深圳、广州、成都、西安等城市。这些城市不仅经济发达，同时人口密集，具有大量的潜在电子竞技人口。随着英雄联盟推出主客场赛制，LPL的俱乐部纷纷落户一线城市，与当地大型场馆合作建立主场电子竞技比赛场馆，进一步推动地方产业集聚发展。

（三）社会环境

近年来，国内社会对电子竞技的认可度不断提高。2020年3月14日起，中央电视台发现之旅频道和腾讯电竞联合拍摄的6集电竞纪录片《电子竞技在中国》在央视播出，这是继2003年《电子竞技世界》后电子竞技相关节目再次登上央视。历经曲折的发展过程，电子竞技从"不务正业"到"为国争光"，其原有的负面印象正在逐渐褪去，不仅受到主流媒体的认可，还得到了社会的广泛关注。在2018年的英雄联盟全球总决赛，国内观看人数达到2亿人次。2021年的英雄联盟全球总决赛，B站直播最高人气峰值达到近5亿，创历史新高。对广大电子竞技爱好者而言，电子竞技不再是单纯的游戏，而是一代人的青春情怀。

（四）技术环境

现代电子竞技对网络的要求越来越高，职业电子竞技的网络延迟要精确到几毫秒以内，稍有差距就会影响到整场比赛的走向。工信部《5G应用"扬帆"行动计划（2021—2023年）》报告显示，目前我国5G应用基本实现了国内所有地级市的全覆盖，5G普及率在2023年超过40%，5G用户超过5.6亿。未来，国家将继续推动5G发展，实现5G在中小城市全覆盖。预计到2030年左右，5G基站数量将达到1 500万个，每一万人拥有的5G基站数量将超过18个，与此同时，还将建成超过3 000个5G行业虚拟专网。显而易见，我国即将建立世界领先的互联网络，为电子竞技产业发展提供了坚实保障。

综上所述，得益于政治、经济、社会、技术等方面的强大支持，我国电子竞技产业具有较强的发展潜力。

四、电子竞技产业的未来发展趋势

（一）专业化和市场化程度进一步提升

国内电子竞技市场的专业化和市场化程度将进一步加深，逐渐向足球、篮球等成熟传统体育项目市场靠拢。从赛事层面来看，各级赛事体系将更加丰富化、成熟化，赛事品牌逐步趋向国际化，赛事赞助商类型更加多元化，赛事门票、版权、众筹等渠道将成为主办方提升盈利能力的核心要素。从内容制作层面来看，电子竞技自媒体逐渐进入专业生产内容（PGC）领域，电子竞技内容专业化程度将大幅提高，游戏厂商、直播平台、品牌方等合作力度进一步加大。从职业战队及选手层面来看，综合性职业俱乐部逐渐产生，俱乐部内部分工将不断细化，战队之间转会机制逐步成熟，战队及选手逐渐走入广告商的视线。从直播平台层面来看，平台以自主举办赛事、制作PGC内容等形式推动跨界营销将更加频繁，平台广告价值与粉丝经济价值进一步凸显。

案例

★ 美孚速霸——跨界赞助谋发展

2021年3月31日，在上海虹桥天地的发布会中，美孚速霸正式成为英雄联盟职业联赛LPL官方合作伙伴，与此同时，美孚也成为首个与LPL达成深度战略合作的润滑油品牌。通过整合双方资源，围绕赛事，在产品、服务与体验方面进行深度合作，美孚速霸为消费者打造一系列全方位、沉浸式的联合互动体验，同时赋能终端，创造充满乐趣与创意的互动场景，塑造更为年轻、有活力的品牌体验。

实际上，埃克森美孚深耕中国市场多年，前瞻性地预见到了市场的变化，入局电竞就是其重要举措之一。结合电竞本身数字体育的特性，美孚速霸将通过先进的数字技术，将线上线下全触点进行全面整合，在多元场景内与消费者持续互动，建立、培养并加深与品牌的情感连接。具体而言，美孚速霸以契合电竞文化的新语言与消费者对话，与电竞爱好者们共享"胜利时刻"。在赛场外，美孚速霸也以"神装"亮相，能让消费者零距离感受沉浸式的电竞体验。

资料来源：根据《美孚速霸："前瞻性地预见到市场变化，入局电竞是重要举措之一"》改编。

（二）电子竞技娱乐化趋势更加凸显

电子竞技产业与娱乐产业融合态势更加明显。随着面向的年轻用户群体重合度不断提高，电子竞技和娱乐产业相互借势提升影响力的趋势明显加强。从电子竞技产业链上游来看，游戏研发商（或运营商）以跨界并购等方式拓展电子竞技商业版图更加凸显。从产业链中游来看，一方面，电子竞技产业娱乐化意味着电子竞技选手将逐渐涉足演艺界，电子竞技内容将以真人秀等娱乐形式呈现，职业选手或主播将出演娱乐节目、音乐短片甚至以俱乐部名义参加综艺选秀节目。另一方面，传统演艺界的艺人也将大量参与电子竞技游戏直播、代言赛事或加入赛事现场表演，以扩大其自身知名度。从产业链下游来看，电子竞技将逐渐成为普通民众日常娱乐的重要形式。

案例

★ 索尼后疫情时代战略

2021年5月20日，索尼披露后疫情时代企业战略，即在新需求、新技术、新模式不断催生，个性化主张引领社群娱乐的后疫情时代，索尼将致力于"开拓创意娱乐生态圈，打造传递感动价值链"。为实现此宏伟目标，索尼正在全球范围内开展一系列战略投资，扩大娱乐平台合作。除了4亿美元注资中国B站，索尼还以11.75亿美元收购美国动漫公司Crunchyroll，以4.5亿美元投资游戏开发与发行平台公司Epic Games，以4.3亿美元收购Kobalt音乐公司旗下的唱片音乐运营业务等。索尼希望通过这些举措将精彩的娱乐内容传递给全球更多用户，利用索尼累积的视听、交互、虚拟制作、AI等技术优化并重塑新一代在线娱乐体验。

资料来源：根据《开拓创意娱乐生态圈 打造传递感动价值链！"Sony Expo 2021"披露后疫情时代企业战略》改编。

（三）移动化市场逐渐兴起

移动电子竞技将成为电子竞技产业的新风口。国内有数亿庞大的手游用户群体，由于其操作门槛低，用户参与（操作与观赛）意愿较高。随着移动设备性能不断提升，以《王者荣耀》为首的竞技类手游成功填补了市场空白，形成先占效应，在腾讯等大型游戏公司布局下，打破了传统电子竞技在时间和空间方面的限制，移动电子竞技赛事日趋多元化和成熟化。

在移动电子竞技发展过程中，端游职业电子竞技人不断以代言、制作人身份助力移动电子竞技发展，一方面拉动传统端游电子竞技用户，扩大移动电子竞技的影响力，另一方面推动了移动电子竞技的职业化进程。随着传统电子竞技项目的大众化、移动电子竞技的兴起、未来电视转播权的开放，国内电子竞技行业的用户群体将不断扩大，迎来全民参与时代。

（四）虚拟化引领消费热潮

电子竞技产业将充分发掘虚拟现实（VR）电子竞技的无限潜力。未来，随着 VR 技术逐渐成熟，电子竞技无论在操作形式还是游戏品类上都有更大的想象空间，5G 等信息技术的大力发展更为 VR 电子竞技提供了网络支持。因此，VR 将成为电子竞技未来的发展方向。如今，虚拟现实设备层出不穷，逐渐成为电子竞技用户群体的标配。与传统游戏操作形式相比，VR 电子竞技对用户群体将产生更大吸引力。

五、我国电子竞技产业未来发展策略

（一）全方位提高电子竞技职业化水平

提高我国电子竞技职业化水平，是电子竞技产业发展的重要驱动力。因此，首先要深化职业电子竞技协会实体化进程，完善电子竞技项目管理机制。其次要依法改进电子竞技俱乐部的运营机制，使其良性运转。再次要积极完善电子竞技经营管理机制，规范赞助、电视转播权转让、队员转会、门票等支柱性收入。最后要加快经纪人队伍建设。电子竞技经纪人深谙电子竞技规则，能够很好地把握市场变化和体育发展方向，从而提出专业性指导意见，对电子竞技的职业化起到催化指导作用。

（二）多措并举加大政府扶持力度

政府部门应与时俱进，积极引导电子竞技发挥其对经济发展的重要作用。一方面，对电子竞技的扶持举措，除相关政策文件支持外，应逐步细化到税收优惠、银行资金贷款支持、基础技术研究开发和产业化预警等更多领域，激发社会力量投资电子竞技热情，使政府力量与社会力量形成合力，共同推动电子竞技产业的发展。另一方面，要加强对电子竞技产业的监管，制定适用于电子竞技产业的行业规范准则和法律条例，做到有法可依。

（三）多视角传播提升行业影响力

加强电子竞技宣传，是吸引用户群体的关键。一方面，创新电子竞技宣传模式。电子竞技产业属于新兴产业，其宣传方式不能局限于传统模式的运用，而应采用互动传媒、立体交互等创新形式，融合微信、微博等传播工具，逐步让更多人更全面、更深入理解电子竞技的价值和内涵。同时，以举办电子竞技相关学术性研讨会为突破口，通过学术讨论、品牌运作、价值挖掘等手段全面传播电子竞技价值，扩大电子竞技传播途径。另一方面，加大对电子竞技的教育宣传。要加大对电子竞技概念、内容、积极效应等方面的宣传力度，通过广播、网络、电视、移动互联网等手段，弘扬电子竞技正能量，尤其是对能够代表新时代体育精神或价值的内容进行广泛宣传，进一步提高社会对电子竞技的认可度。

（四）增强电子竞技自主研发能力

目前，国外游戏厂商生产的电子竞技游戏，牢牢占据着中国乃至世界电子竞技游戏市场，而游戏厂商在产业链中占据顶层，掌握着话语权。因此，必须提高我国电子竞技游戏的自主研发能力。例如，积极学习国外游戏厂商先进经验，鼓励企业、行业协会和大学产、学、研合作，设置电子竞技课程与竞技游戏软件研发等专业，并制定电子竞技软件开发人才培训制度，实施人才发展项目，确保人才输出质量。与此同时，相关企业应加大产品研发的投入力度，自主研发具有中国特色的电子竞技游戏，探索和研究电子竞技商业模式，建立和完善游戏平台，举办高水平电子竞技赛事，打造中国领先、世界一流的电子竞技品牌，提高我国电子竞技的国际竞争力。

（五）夯实电子竞技管理人才培养基础

体育项目比赛的成功离不开团队的共同努力，其幕后工作人员的付出至关重要。电子竞技比赛也同样如此,电子竞技产业不仅需要高水平的电竞选手,还需要高水平的专业管理团队,包括教练、助教、管理层等。只有电子竞技管理人才具备丰富的专业知识,才能推动整个电子竞技产业高效发展。因此,要加大对电子竞技管理人才的培养力度,形成拔尖选手与优秀管理团队融为一体的电子竞技人才体系,助力电子竞技高质量发展。

第四节 我国数字体育未来发展趋势

展望未来,数字技术对我国体育产业的推动作用将全面呈现,将创造更多新产品、新服务、新商业模式和新跨界生态,推动体育产业数字化转型更进一步。[①]

一、体育制造业将加速提质升级

从全球体育装备制造业来看,我国体育装备制造业仍处于价值链中低端,体育产品科技含量与国外相比仍有一定差距。通过体育产业数字化转型,依托数字化平台促进供需两端精准匹配,将较大提升体育企业的生产效率,全面提高体育制造业技术水平、产品供给质量以及消费者服务体验,助力体育产业实现高质量发展。一方面,在生产过程环节,通过传感器接入大量设备和工具,联通整个体育制造业产业链,实时获取生产和运营信息,将极大提升生产过程数字化水平。另一方面,在消费终端环节,智能制造体系能够为消费者提供个性化定制方案,消费者可以根据个人喜好选择或自主设计产品形式,提升消费者的感知体验。此外,在核心产品的质量上,通过运用新技术,生产多种高端体育设备和器材,其中包括多种类型的数字和智能装备,如手表、手环、眼镜、服饰等可穿戴智能设备等,实时感知人体运动的生物学信息,及时、准确判断人体活动状态,在满足消费者多样化需求的同时,助推体育制造业转型升级。

---

① 江小涓. 数字时代中国体育产业发展展望[N]. 中国体育报,2021-01-04.

二、体育服务业新业态将不断涌现

在5G、人工智能、区块链等新一代信息技术的支撑下，数字体育服务将不断开拓新形态。数字健身服务、数字群众体育活动、数字赛事转播、数字体育培训等，都将得到较大发展空间，促进传统体育消费体验升级。

一方面，在数字技术的支持下，体育赛事的受众早已不局限于比赛场地的物理空间，而是能够以较低的边际成本实现观众规模的几何级数增长。随着数字转播技术的提升，支持多点远程制作的云端赛事制作平台将加快发展，在多路赛事信号场景下呈现最精彩画面，使各类体育赛事的线上观赏度达到较高水平，将吸引越来越多的消费者线上参与，成为用户流量新高地。

另一方面，基于互联网平台的健身连锁服务快速发展，自助程度将显著提高，消费者可以依据个人偏好选择最方便的时间和地点健身。随着5G技术支撑下的场景仿真技术不断进步，全民健身的智能化、信息化、数字化水平将得到较大提升，互联网体育培训业也将获得较快发展。与此同时，数字技术能够跨界连接多个产业和多种场景，形成庞大的IP生态圈。生态圈内的服务提供者和服务消费者彼此联结，不断丰富用户需求图谱。例如，在数字化技术支持下，体育与娱乐在IP层面的融合将进一步加深，能够更大程度发挥各自的优势特点，动态满足人们不同的观看欣赏和体验共情的需求。

案例

★ 家庭智能运动健身将去向何方？

2022年4月，在上海居家隔离的刘畊宏，凭借自创的《本草纲目》版毽子操，拉上妻子与岳母，每周五天向全网直播90分钟的"暴汗燃脂"过程，单场直播创下4 000多万人次观看纪录，7天涨粉1 000万人，造就了现象级的直播+健身风潮。这种现象很容易让人联想到"全民健身计划"下的体育产业数字化转型，尤其是全民健身智慧化服务。家庭智能运动健身作为推动运动健身行业数字化、全民健身普及化的新赛道，将如何汲取经验加速发展？

1. 开启智能运动健身 3.0 时代，居家智能运动健身场景开发兴起

智能运动健身，指的是一种以科学健身技术为核心，以智能化健身硬件为载体，获取用户运动信息加以分析处理，并反馈给用户，以满足个性化、高效健身需求为目标的新型健身方式。自 2008 年北京奥运会成功举办激发大众运动健身热情开始，到 2022 年北京冬奥会加速点燃全民运动健身激情，我国运动健身行业在政策、赛事、科技的多重驱动下，经历大众自发休闲运动 1.0 时代、专业服务化 2.0 时代，如今已升级到智能运动健身 3.0 时代。

叠加疫情影响，智能运动健身 3.0 时代呈现出以居家智能运动健身场景开发为主要增长极的整体趋势。随着广大家庭用户可以接入的线上健身资源日益丰富，家庭中的智能健身器材逐步增加完善，进一步开发居家健身场景，为用户提供全连接、可视化、智慧化、沉浸式的家庭健身场景新体验，正成为体育产业深化数字化转型、提供全民健身智慧化服务的新赛道。

2. 三大流派竞逐家庭智能运动健身市场，优势和劣势同样明显

市场研究显示，近年来中国居家运动健身行业市场规模持续增长，2019 年营收已达 281.5 亿元，2022 年预估营收达 462.6 亿元，2024 年则将达到 578.5 亿元，预估年复合增长率高达 15.5%。目前来看，家庭智能运动健身市场主要包括线上健身平台、智能健身硬件、硬件+内容三大流派，各自均取得了长足的发展，但优势和劣势同样比较明显。

（1）线上健身平台流派。以 Peloton、咕咚、Keep 等为代表，它们以健身 App 的形式提供视频流媒体健身课程内容，帮助用户精准记录健身数据，初期主要采用会员付费或流量带货模式变现，后期也逐渐涉足健身硬件市场。这类平台内容丰富、用户量大，但也面临内容同质化严重、用户付费率低、缺少实时智能纠错、小屏幕视野受限等问题。

（2）智能健身硬件流派。以为用户提供更具科技含量的智能健身设备为核心业务，主要营收来自硬件销售。这类智能健身设备健身体验相对单一，缺乏专业指导反馈，目前以 GYMGEST、舒华等为代表的厂商正在积极求变，在传统器材上配置显示屏和 AI 摄像头等组件，此举能够一定程度提升健身体验，但也推高了设备成本。

（3）硬件+内容流派。既有任天堂、微软 Xbox 等老牌体感游戏玩家，也有

Mirror、FITURE等智能健身镜新兴势力,还有以电视为中心的华为、小米等大屏健身玩家,以及主打XR①健身的FitXR等。它们以硬件+内容为载体,或为用户提供实时AI运动指导与反馈,或寓练于乐为用户提供创新健身服务,营收来源为硬件销售+内容服务费。这一赛道扩展性强、可玩性高,但却面临用户认知成本高、健身氛围不足、主机和健身镜等新设备采购价格高、XR设备穿戴负担重及体验不完善等挑战。

3. 集多重优势于一身,运营商在家庭主场作战大有可为

运营商深耕智慧家庭多年,拥有交互式网络电视(IPTV)客厅中枢大屏、双千兆网络及海量套餐用户优势,且前期已经开发了较为丰富的包括运动健康在内的泛家庭数字生活新场景、新体验,有利于在家庭智能运动健身领域构筑基建能力,打造开放生态,降低行业玩家及用户两侧的参与门槛,推动行业跨越式发展。

第一,运营商可发挥智能电视/智慧屏的大屏优势,借助OpenHarmony生态的大小屏协同、视频流转等能力,赋能普通智能健身硬件"无屏变有屏,小屏变大屏",普遍降低设备可视化改造的成本,并使用户可以更好地看到自己的健身动作。

第二,基于自身中立、可信的产业链角色地位,运营商可开放生态合作汇聚海量的运动健身垂类应用,并引入视觉AI能力使它们提供"AI教练"服务,智能纠错提升健身体验。比如,运营商可以在云上部署华为骨骼跟踪算法,精准识别近30个人体关键点位,智能分析对比用户和教练的动作差异,提供语音反馈。

第三,针对体感运动、智能健身镜等已初步探明的市场,运营商可积极扩大电视(TV)大屏能力,结合交互式网络电视和家庭宽带等向用户提供运动健身融合套餐。比如,当前的智能健身镜售价基本都在3 000元以上,用户进入壁垒高,通过将家庭摄像头或手机拍摄到的运动画面自动流转到客厅电视,大屏秒变健身镜,将硬件边际成本降至0,大幅降低用户参与门槛。

第四,运营商充分发挥特有的千兆网络、云与边缘计算的优势,积极布局XR/元宇宙运动健身,无限扩充场景,打造沉浸、自由的极致体验,可抢占智能健身的下一个风口。以呼声较高的XR骑行为例,通过数字孪生和数字原生技术,可克隆出任

---

① 扩展现实(简称XR),是指通过计算机将真实与虚拟相结合,打造一个人机交互的虚拟环境,也是AR、VR、MR等多种技术的统称。

> 何已经存在和尚不存在的骑行路段及环境，用户戴上VR头盔或AR眼镜就能足不出户骑遍天下景点奇观，获得真实骑行体验，还能与其他用户组队骑行、比赛PK，随时随地开启元宇宙生活。
>
> 虽然疫情已经过去，但其"造就"的新型消费模式将会延续。家庭智能运动健身行业想要做大做强，引领智能运动健身3.0时代发展方向，可以从刘畊宏健身直播火爆全网事件吸取经验，让更多运动健身爱好者都能找到喜欢的"刘畊宏"。
>
> 资料来源：根据《刘畊宏健身直播爆红引发的思考：家庭智能运动健身将去向何方？》改编。

三、体育制造与体育服务数字化融合将进一步加深

在5G、人工智能等新技术的支持下，体育制造业和体育服务业融合发展态势将进一步加强。智能制造系统依托传感器、网络通信系统、数据挖掘和计算能力，形成了硬件制造销售、系统平台与应用开发、大数据及相关服务、广告及其他增值服务为一体的产业链闭环。例如，智能体育以高端智能制造为前端，以运动场景为后端，通过数字技术相联结，集合制造、健身、赛事、文旅、康养、体育培训、内容传媒、场馆运营等业态，是第二、第三产业复合的生态链式产业。智能体育将虚拟网络游戏实体运动化，突破物理空间与时间限制，使消费者足不出户体验山地骑行、滑雪、高尔夫球等对场地要求较高的运动项目。对消费者来说，既能享有网络空间和数字技术的乐趣，又有真实的身体运动，实现了娱乐与健身的双重目的。

四、互联网平台的中介作用将更为凸显

依托互联网平台效应，开发并提供丰富多元的产品线和服务内容，将有利于扩大市场容量，吸引大量消费者参与体验。

一方面，作为互联网平台内容的核心，体育赛事的关注度较高，因此涉及体育赛事版权开发与传播等内容将成为互联网平台发挥优势的关键。一是衍生内容将助推"注意力经济"的快速发展。网络平台依托其强大的互动能力，个性化地推送核心赛事信息、赛事特定信息、赛事花絮、场内

外趣闻轶事等,从而吸引大批核心体育迷、非核心体育迷和非体育爱好者的关注,进一步提升对体育核心内容的消费意愿。二是社群互动将进一步促进消费者购买行为。依托互联网平台构建的互动社区,将拉近消费者之间的距离,通过消费者互动提高运动项目参与率。除此之外,平台通过提供运动设备、运动培训、俱乐部会员、活动安排等相关服务,加快潜在消费者向现实消费者转化,进一步提高流量变现能力。

另一方面,互联网平台的商业价值将得到进一步开发。依托新一代信息技术,以助推全民健身为核心的体育App除了通过收集运动者的位置、文字、声音、图像信息、关联社交媒体信息,进而对大众进行细分与画像,探知其更多的偏好与潜在需求以外,也在积极探索AR/VR等创新应用,推动5G+创新应用在体育场景的落地,带给消费者更深层次的消费体验。因此,强大的消费市场和流量优势为相关企业的融资提供了良好铺垫。预期未来,银行信贷产品和企业债等金融工具的作用将得到进一步发挥,如通过主动推进体育产业与传统集中授信、供应链金融、资产证券化业务的融合,逐步构建起体育产业数字化转型特色信贷体系,推动体育产业数字化转型特别债券等创新产品的落地。此外,社会资本的股权融资等形式,在强大的市场潜力下,也将开启多轮投资,助力体育产业数字化转型。

复习思考题

一、名词解释

1. 数字经济
2. 数字体育
3. 电子竞技

二、问答题

1. 数字经济的分类有哪些?
2. 数字体育的发展基础是什么?
3. 电子竞技与电子游戏的区别是什么?
4. 电子竞技产业链的构成要素有哪些?
5. 如何提高我国电子竞技产业的核心竞争力?

延伸阅读

[1] HAMARI J, SJÖBLOM M. What is eSports and why do people watch it? [J]. Internet Research, 2017, 27（2）: 211-232.

[2] MURIEL D, CRAWFORD G. Video Games as Culture [M]. New York: Routledge (Taylor & Francis), 2018.

[3] 丁少华. 重塑数字化转型范式 [M]. 北京: 机械工业出版社, 2020.

[4] 姜汉烽, 吕楠. 电子竞技产业概论 [M]. 北京: 电子工业出版社, 2020.

[5] 杨越. 新时代电子竞技和电子竞技产业研究 [J]. 体育科学, 2018, 38（4）: 8-21.

[6] 张轩, 巩晓亮. 电子竞技新论 [M]. 北京: 电子工业出版社, 2019.

[7] 中国科学院科技战略咨询研究院课题组. 产业数字化转型战略与实践 [M]. 北京: 机械工业出版社, 2020.

郑重声明

高等教育出版社依法对本书享有专有出版权。任何未经许可的复制、销售行为均违反《中华人民共和国著作权法》，其行为人将承担相应的民事责任和行政责任；构成犯罪的，将被依法追究刑事责任。为了维护市场秩序，保护读者的合法权益，避免读者误用盗版书造成不良后果，我社将配合行政执法部门和司法机关对违法犯罪的单位和个人进行严厉打击。社会各界人士如发现上述侵权行为，希望及时举报，我社将奖励举报有功人员。

反盗版举报电话　（010）58581999　58582371
反盗版举报邮箱　dd@hep.com.cn
通信地址　北京市西城区德外大街4号
　　　　　高等教育出版社知识产权与法律事务部
邮政编码　100120

读者意见反馈

为收集对教材的意见建议，进一步完善教材编写并做好服务工作，读者可将对本教材的意见建议通过如下渠道反馈至我社。

咨询电话　400-810-0598
反馈邮箱　gjdzfwb@pub.hep.cn
通信地址　北京市朝阳区惠新东街4号富盛大厦1座
　　　　　高等教育出版社总编辑办公室
邮政编码　100029

防伪查询说明

用户购书后刮开封底防伪涂层，使用手机微信等软件扫描二维码，会跳转至防伪查询网页，获得所购图书详细信息。

防伪客服电话　（010）58582300